现代性视野中的陈三立

杨剑锋◎著

中国社会科学出版社

图书在版编目（CIP）数据

现代性视野中的陈三立/杨剑锋著.—北京：中国社会
科学出版社，2011.3

ISBN 978-7-5004-9526-0

Ⅰ.①现… Ⅱ.①杨… Ⅲ.①陈三立（1853—1937）
—人物研究 Ⅳ.①K825.4

中国版本图书馆 CIP 数据核字（2011）第 020865 号

责任编辑　刘志兵
责任校对　刘晓红
装帧设计　回归线视觉传达
技术编辑　李　建

出版发行　中国社会科学出版社
社　　址　北京鼓楼西大街甲 158 号　　邮　编　100720
电　　话　010—84029450（邮购）
网　　址　http://www.csspw.cn
经　　销　新华书店
印　　刷　北京新魏印刷厂　　　　　装　订　广增装订厂
版　　次　2011 年 3 月第 1 版　　　印　次　2011 年 3 月第 1 次印刷
开　　本　880×1230　1/32
印　　张　10　　　　　　　　　　　插　页　2
字　　数　245 千字
定　　价　28.00 元

序

袁　进

在近代作家中，"同光体"诗人因为民国建立后大多继续怀念清朝统治，而被目为遗老遗少，被视为"顽固派"，在文学史叙述中常常受到歧视，其实这是很片面的。"同光体"诗人当年大都是改革者，并不是"顽固派"。他们在文化上大都持一种开放的态度，并不反对引进西学。沈曾植曾任总理各国事务衙门俄国股章京，光绪二十一年与康有为等在京师创办"强学会"，主张维新变法。戊戌变法失败后，被张之洞聘请主持两湖书院讲习。后又被盛宣怀延请主持南洋公学讲习。义和团运动时，参与策划"东南互保"。戊戌变法前，陈三立帮助父亲陈宝箴在湖南推行新政，创立"时务学堂"、算学堂、湘报馆、南学会，延请梁启超、谭嗣同、熊希龄等，促使"湖南士习为之一变"。戊戌变法失败，陈三立父子都被革职。庚子事变后，陈三立虽被开复原职，仍拒绝复出。袁世凯托人邀他北上，他不肯到京。溥仪典学，有人推荐他当老师，他力辞不就。郑孝胥1891年任清政府驻日使馆书记官，1892年任驻东京领事，后任驻大阪和神户的总领事。回国后又任总理各国事务衙门章京。1906年任上海中国公学校长。1924年任溥仪的总理内务大臣。陈衍早年曾入台湾巡抚刘铭传的幕僚，戊戌变法后，又入湖广总督张之洞幕，任官报局总纂，后进京任学部主事、京师大学堂教习。民国建立后，曾任厦门大学、无锡国学专科学校的教授。仅从这四个人身上，我们便可以发现：他们在清代都是洋务派、维新派官员，为"洋务"和"维新"出谋划策，有的人还在改良运动中为此付出沉重的代价，因此他们从来就不拒绝吸收西学，相反，他们曾经鼓吹引进西学，甚至还为中国的现代化作出过切实的贡献。陈三立参与过江西南浔铁路的创建，程颂万开设过工艺所，郑孝胥主持过汉口铁路局并任总办，等等。把他们视为拒绝改革的"顽固派"，实在是冤枉了他们。

但是，"同光体"诗人的政治理想不是民主共和，而是君主立宪。当民国建立之后，他们不能像梁启超那样顺应时代潮流，投身共和，而是像康有为那样坚持君主立宪，留恋大清。他们普遍采取一种保守中国传统文化的立场，力图打通中西古今，复兴中国文化。陈三立曾说："吾观国家一道德同风俗，盖二百余年于兹矣，道咸之间，泰西诸国始大通互市，由是会约日密，使命往还，视七万里之地如履户阈，然士大夫学术论议亦以殊异。夫习其利害，极其情变，所以自镜也。蔽者为之溺而不返，放离圣法，因损其真。矫俗之士至欲塞耳闭目，摈不复道。二者皆惑，非所谓明天地之际，通古今之变者也。君子之道莫大乎扩一世之才，天涵地蓄，不竭于用，傲然而上，遂滂然而四达，统伦类师万物而无失其宗。"① 他们固守中国文化的心态，由此可见一斑。因此，正确的说法是："同光

① 陈三立：《振绮堂丛书序》，《散原精舍文集》，辽宁教育出版社 1998 年版，第 56 页。

体"作家并不反对引进西学，但是他们反对完全用西学代替中学，仍然坚持以中学为本位，尤其是坚持中国传统道德的立场，这就是他们复古主义的依据。

于是，"同光体"作家对于"现代性"的态度就表现得颇为复杂：像福柯所说的那样，现代性是一种与传统断裂的态度，"一种使现在'英雄化'的意愿"①，这种"现代性"不可能出现在"同光体"作家的身上，他们对于传统是太留恋了。但是我们也要注意一点，中国的现代化是与西方不同的：西方的现代化是原发性现代化，他们的文化传统并没有因为现代化而断裂；中国的现代化是后发性现代化，是在西方列强的挑战下被迫的现代化，"现代化"在相当长的时期内意味着"西化"，这就意味着文化传统的断裂。对于这种文化上的"西化"，"同光体"中的不少作家是抗拒的，他们留恋中国传统文化，关注中国文化传统的传承，把这看作是立国之本。沈曾植解释"专制"："'天动而施曰仁，地静而理曰义。任成而上，义成而下。上者专制，下者顺从。'《易纬》之言专制，非不美之辞也。不解近儒不为新学者，何亦畏此二字。"②表面看来，这似乎是沈曾植在美化专制，其实不然。沈曾植是主张君主立宪的，并不是专制主义者，他坚持的是用中国自己的"专制"概念，而不是外来的"专制"概念，中国的"专制"概念不必屈从于外来的"专制"概念，反对文化的"西化"，这种反对不是说拒绝吸收西方文化，而是反对中国原有的文化语言变成西方的文化语言。

---

① 福柯：《何为启蒙》，《福柯集》，上海远东出版社1998年版，第534页。

② 沈曾植：《海日楼札丛》，辽宁教育出版社1998年版，第3页。

这种坚持似乎是在争夺话语权，其实却是看到了语言对于文化的重要性，在坚持中国文化的传承。这种面对外来文化挑战的回应，有保留地吸收外来文化的态度，可以理解为是一种"反现代性"，也应理解为是一种对"现代性"的回应。它本身就具有"现代意义"。然而，对于后发现代化国家来说，"全球化"的经济发展，文化上的被迫"西化"却是必然趋势，这种回应也就显得软弱无力了。

"同光体"诗人成就最高的自当首推陈三立。他早年的诗留存不多，"凭栏一片风云气，来作神州袖手人"，梁启超《饮冰室诗话》中引录的残句，显示了他的抱负胸襟和遭到严谴之后的无可奈何。他赞赏严复翻译的《群己权界论》，既肯定穆勒"卓彼穆勒说，倾海挈众派"，又坚持"吾国奋三古，纲纪匪狡狯。侵寻狃糟粕，滋觉世议隘"①，这说明了他的"以学问为诗"包含了吸收西学的开放态度以及他不同意随便否定中国传统文化的立场。他目睹清廷拖延立宪："自顷五载号变法，卤莽剽剟滋矫诬。中外拱手徇故事，朝三暮四给众狙。任菁作柱亦已矣，僵桃代李胡为乎。"延误改革时机，导致大局不可收拾。但他只能"岁时胸臆结垒块，今我不吐诚非夫。闻者慎勿嗤醉语，点滴泪水沾衣襦。"② 将满腹牢骚化作诗歌。因此他的诗歌是悲凉的，具有一种沉浸在骨子里的孤独，一种凄凉满目的悲哀。"陆沉几椠更何辞，剩有人间澈骨悲。""苦拨死灰话怀抱，新亭雨泣

---

① 陈三立：《读侯官严复氏所译英儒穆勒约翰群己权界论偶题》，《散原精舍诗文集》，上海古籍出版社 2003 年版，第 83 页。

② 陈三立：《除夕被酒奋笔写所感》，《散原精舍诗文集》，上海古籍出版社 2003 年版，第 149 页。

恐多时。"① "生涯获谤余无事，老去耽吟倘见怜。胸有万言艰一字，摩挲泪眼问青天。"② "寻常节物已心惊，渐乱春愁不可名。煮茗焚香数人日，断笳哀角满江城。江湖意绪兼衰病，墙角公卿问死生。倦触屏风梦乡国，逢迎千里鹧鸪声。"③ 即使是古代诗歌中常见的景色，陈三立也能写得与众不同，试看《野望》："春满山如海，飞鸣不自知。杂花温日影，新柳长烟丝。田水听蛙急，吟楼过雁悲。扶筇往来路，寸寸泪痕滋。"④ 一首春日野望的诗，在古代诗歌中是那么充满生气，却被陈三立写得如此悲凉。陈三立显然继承了中国古代士大夫从《诗经》以来，身不逢时、感慨身世的"黍离之悲"传统，其诗歌的深沉、悲愤、回肠荡气，都是第一流的。他的诗是中国最后一个封建王朝的挽歌，也流注着最后一代士大夫对国家对社会充满忧患意识的热血。

陈三立做诗最忌模拟剿袭前人。陈衍说他"论诗最恶俗恶熟，尝评某也纱帽气，某也馆阁气"。他喜欢学习苏轼、黄庭坚，曾有"吾生恨晚生千岁，不与苏黄数子游。得有斯人力复古，公然高咏气横秋"⑤ 之叹，可见其推崇的程度。尤其喜欢学习黄庭坚的"不俗"，于是黄庭坚的押险韵、诗句生涩也就一起学来了，一时以作诗生涩奥衍著称。其实陈三立的诗

① 陈三立：《次韵再答义门》，《散原精舍诗文集》，上海古籍出版社 2003年版，第 10 页。

② 陈三立：《衡儿就沪学……令持呈代柬》，《散原精舍诗文集》，上海古籍出版社 2003 年版，第 8 页。

③ 陈三立：《人日》，《散原精舍诗文集》，上海古籍出版社 2003 年版，第 2 页。

④ 陈三立：《野望》，《散原精舍诗文集》，上海古籍出版社 2003 年版，第 19 页。

⑤ 陈三立：《肯唐为我录其甲午客天津中秋玩月之作诵之叹绝苏黄而下无此奇矣用前韵奉报》，《散原精舍诗文集》，上海古籍出版社 2003 年版，第 51 页。

作中，生涩奥衍的毕竟是少数，多数诗作还是文从字顺。陈衍说："余旧论伯严诗，避俗避熟，力求生涩，而佳语仍在文从字顺处。"到辛亥之后，"则诗体一变，参错于杜、梅、黄、陈间矣"。[①] 也认为陈三立早年的好诗并不生涩奥衍，晚年的诗完全谈不上生涩奥衍。

对于"同光体"诗，当时就有各种不同的评价。章太炎认为他们复古不够，四言的古诗更好。南社柳亚子等人认为这是一群遗老的创作，代表了没落的清朝。后者为许多人所认同，大致成为近代文学史研究的主流，一直到90年代才有所转变。也有诗评家极为推崇"同光体"，如写《兼于阁诗话》的陈声聪："余尝评泊清同光间诗人，以为自宋以后数百年，诗之美盛，极于此际。盖玄黄剖判，风涛喧豗，变风变雅之余，学者各尊其薪向，而尽其瑰奇，一扫剿贼肤廓之弊，诗之境域寖广矣。然其后偏主清质，务以苦语相胜，流僻咀杀，亢极而衰，非主持风会之过也。"[②] 平心而论，同光体作家在诗歌艺术上，确实要超过同时代人。至于"务以苦语相胜"，其实是有对文化失落的担忧。王国维自杀后，众人大多认为他是殉清而死，唯有陈寅恪在追悼王国维时说，他的自杀是殉文化："凡一种文化值衰落之时，为此文化所化之人，必感苦痛，其表现此文化之程量愈宏，则其所受之苦痛亦愈甚；迨既达极深之度，殆非出于自杀无以求一己之心安而义尽也。吾中国文化之定义，具于《白虎通》三纲六纪之说，其意义为抽象理想最高之境。"[③] 这

---

① 陈衍：《石遗室诗话》，《陈衍诗论合集》，福建人民出版社1999年版，第202页。

② 陈声聪：《兼于阁杂著》，上海古籍出版社2002年版，第84页。

③ 陈寅恪：《王观堂先生挽词序》，《陈寅恪集·诗集》，三联书店2001年版，第12页。

个论述实际上通过殉纲纪把殉清和殉中国传统文化连在一起，陈寅恪这个结论背后是有着对他父亲陈三立的理解作后盾的。只是同光体作家的这一面，至今未被人们所认识，人们只看到他们是殉清遗老，没有能理解他们在面临中国千古未有之奇变时，对中国传统文化失落的痛苦。

杨剑锋是我的博士生，喜欢古代诗文，从他开始跟我读博士起，我就建议他研究陈三立。他没有辜负我的期望，读书用功，在陈三立研究上花费了较大的工夫，《现代性视野中的陈三立》是他的博士论文。杨剑锋论述陈三立的特点在于，他的研究视野比较开阔，他是把陈三立放到中国面对现代化全球化的大历史背景下论述的。杨剑锋不仅揭示了陈三立的艺术特点，而且看到陈三立走的另一条改良主义道路，坚持文化保守主义的意义，他以前被人们视为顽固派、封建遗老，其实只是提出了另一条现代化的道路，并且大胆地揭示了他与陈寅恪思想的联系。杨剑锋的博士论文在答辩时，得到黄霖、马卫中等答辩导师的一致好评。

我期待杨剑锋拿出更多的学术成果。

目　录

导论　陈三立与他的时代

第一节　陈氏一门与近代文化变迁

陈三立（1853—1937），字伯严，号散原，江西义宁（今修水县）人。早年襄助其父陈宝箴在湖南创办新政，提倡新学，推行变法维新。1898 年变法失败，父子同被革职，永不叙用，陈三立侍父退居南昌西山。其父死后，以诗歌自遣。清亡后，被目为"遗老"。1937 年，日寇占领北平，陈三立终日忧愤，绝食而死，表现了崇高的民族气节。

陈三立在清末民初诗坛享有盛誉。其诗初学韩愈，后师黄庭坚，避俗避熟，力求生涩，好用僻字拗句，自成"生涩奥衍"一派，是同光体中"江西派"的杰出代表，也是"同光体"中成就最高的诗人。梁启超对陈三立极为推崇："其诗不用新异之语，而境界自与时流异，酝深俊微，吾谓于唐宋人集中，罕见伦比。"[①] 陈衍认为："五十年来，惟吾友陈散原称雄

---

　　①　梁启超：《饮冰室诗话》，人民文学出版社 1959 年版，第 10 页。

海内。"① 还有人认为陈三立是"中国诗坛近五百年来之第一人"②,可见陈三立在近代诗坛的地位。

但是,陈三立最初并不是以诗人的形象出现在近代中国的历史舞台。他首先是一位胸怀大志、立志富国强兵的政治家、改革家。光绪二十一年(1895),陈三立的父亲陈宝箴被诏命为湖南巡抚。当时的清政府积贫积弱,中日甲午战争的惨败,更使中国的国际地位一落千丈。陈宝箴计划以湖南一隅为天下先,创立富强根基,使国家有所凭恃。为了帮助父亲实现抱负,也为了实现自己的政治理想,年富力强而胸怀大志的陈三立随侍父亲到湖南上任。父子二人效法日本明治维新,在湖南办时务学堂、武备学堂、算学馆、《湘报》、南学会,罗致了包括谭嗣同、梁启超、黄遵宪在内的维新志士,湖南风气为之一变,成为全国维新运动的中心之一。这其中,陈三立起到重要作用,与谭嗣同、丁惠康、吴保初并称"维新四公子",名动一时。1898 年,慈禧太后发动戊戌政变,谭嗣同等"戊戌六君子"被杀,陈宝箴被革职,陈三立也被加上"招引奸邪"的罪名,与父亲一起被清廷革职。父子在湖南苦心经营的改革举措一一被废。至此,陈三立的政治抱负尽数付之东流。

陈三立所处的时代,正是中国由传统向现代痛苦蜕变、中西文化激烈碰撞、民族危亡与文化危机日益深重的时代。鸦片战争以后中西文化的碰撞与交锋,先后出现了三种不同的发展形态:第一次鸦片战争前后,面对西方(主要是英国)这个用"坚船利炮"武装起来的敌人,依然沉浸在"天朝上国"

---

① 钱仲联主编:《清诗纪事》光宣朝卷,江苏古籍出版社 1989 年版,第 13225 页。

② 张慧剑:《辰子说林》,上海书店出版社 1997 年版,第 19 页。

幻想中的顽固派士大夫死守着"天不变，道亦不变"的封建正统观念，对西学盲目排斥，作为"自我"的中学面对强势挑战的"非我"，居于绝对的主导地位，但是同时也导致了这个"老大帝国"前所未有的失败；随着民族危机的加剧，西学在中国进一步传播，一些思想较为开通的士大夫开始认真审视"自我"之外的世界，中学开始逐渐以理性的精神接纳西学，出现了"中学为体，西学为用"等兼蓄中西又坚守民族文化本位的理论。然而洋务运动的失败被急功近利的人们认为是"中体西用"模式的失败，使这一较为理性、稳妥的现代性方案并没有真正付诸实践；最后，民族危机全面加剧，中国深陷半殖民地、半封建社会的泥淖而无法自拔，民族文化承担了导致近代中国落后的全部罪名。以对"中体西用"说的批判为拐点，以儒学为代表的中学合法性地位最终全面丧失，"全盘西化"之说甚嚣尘上。之所以会出现这种情况，是因为国人对社会现代化的渴望，远远大于对现代化境遇中人的存在本身的探寻，"现代性的焦虑"笼罩了晚清以降的中国思想界，不断深化的激进的反传统思想正是这种焦虑的思想外化。特别是五四运动以来，中国人表现出对"进步"、"文明"、"现代化"的极度渴望与追求。这种渴望与追求是如此强烈，以至于有人对现代性下了一个无所不包的定义："所谓现代性，就是促进社会进入现代发展阶段，使社会不断走向科学、进步的一种理性精神、启蒙精神，就是高度发展的科学精神与人文精神，就是一种现代意识精神，表现为科学、人道、理性、民主、自由、平等、权利、法制的普遍原则。"① 这意味着在西方具有历时性变化的现代性，在中国则呈现为"共时

---

① 钱中文：《文学理论现代性问题》，《文学评论》1999 年第 2 期。

态"价值体系。"中国的现代性，有两个鲜明特征：一是确立了以'进步'为指向的社会文化的线性发展图式；二是确立了以西方物质文明、制度文明和精神文明为典范的坐标。"①于是，西方不仅成为现代化的典范，而且成为现代的等价体。知识分子的现代化渴望转变为对西方的渴望，随之出现的是对理性、科学、民主等"现代价值"（西方价值）的神圣化和宗教式膜拜，以及对传统文化的本能拒斥和全面批判。中西价值出现了戏剧性的"颠倒"。

在学者们看来，中国在走向国际文化舞台时却扮演着一个迟误的他者（other）形象。费正清（J. K. Fairbank）借用了法国历史学家汤因比的"挑战—回应"（impact-response）模式理论②，认为中国社会长期以来基本上处于停滞状态，缺乏内部动力突破传统框架，只有经过 19 世纪中叶西方冲击之后，才发生剧变，被赋予生命，并从永恒的沉睡中醒来。"于是对中国这头'野兽'说，西方就成了'美人'，经她一吻，千百年的沉睡终被打破，她那魔术般的力量把本来将永被锁闭的'发展'潜力释放出来。"③

"挑战—回应"理论不仅包含着"现代—传统"的简单二

---

① 杨联芬：《晚清至五四：中国文学现代性的发生》，北京大学出版社 2003 年版，第 11 页。

② 汤因比将用"挑战—回应"来解释历史发展的动因，在他著名的历史学巨著《历史研究》中，他写道："某个具有生命的一方对另一个遇到的对手所采取的主动却不是原因，而是挑战；其结局也不是结果，而是应战。挑战和应战与原因和结果的类似之外仅在于二者均体现了事件的先后次序。但这种次序的性质却并不一致。与因果关系不同，挑战和应战不是先定的，在所有的场合并非一定是均衡和对应的，因而它实际上是不可预测的。"见［英］汤因比《历史研究》（修订插图本），刘北成、郭小凌译，上海人民出版社 2000 年版，第 73 页。

③ ［美］柯文：《在中国发现历史——中国中心观在美国的兴起》（增订本），林同奇译，中华书局 2002 年版，第 168 页。

元对立，同时具有明显的西方中心论倾向。"西方冲击—中国回应"这一公式，显然夸大了西方的历史作用，它使得人们的视野局限于一定的历史现实而忽略了另一部分历史现实，从而使中国扮演着一个完全消极被动的角色。① 法国学者费边（Johannes Fabian）在《时间与非我：人类学如何构建其对象?》中对西方人类学的时间观、历史观以及客观诉求提出了挑战。费边的理论认为，人类学以及民俗学建立在对时间的进化论式的构想上，这种构想把"非我"事先放置在历史长河的"原始"那一端。人类学对"非我"在时间上的排拒造成时间的空间化，使得"非我"不能以主体的身份参与真正的对话或争辩。② "西方冲击—中国回应"这一公式正是将中国这一现代性的"他者"置于现代性历史长河的"原始"那一端，使之不能以主体的身份参与真正的对话或争辩。这样做的危险性就是把非西方社会的历史视为西方历史的延续，剥夺了中国历史的自主性，使中国历史沦为西方历史的附庸。

近年来，部分西方学者开始以中国为出发点，深入精密地探索中国社会内部的变化动力与形态结构，他们深信历史发展

---

① 费正清在他的《中国对西方之回应》一书中曾对这一理论模式有所反思："'刺激'（stimulus）（或'冲击'）与'回应'两词不甚确切。有人可能会误解，以为我认定先前之所以有一个'西方冲击'仅仅是因为后来有一个我们称之为'中国之回应'的活动。这个'中国之回应'的活动正是我们想研究的事物，但是显然它是中国行动总体的一部分。换句话说，西方冲击只是中国这个舞台中众多因素之一。"见 Teng and Fairbank, *China's Response to the West; A Documentary Survey, 1830—1965*（Cambridge：Harvard University Press, 1954），转引自柯文《在中国发现历史——中国中心观在美国的兴起》（增订本），林同奇译，中华书局2002年版，第45页。

② Johannes Fabian, *Time and the Other: How Anthropology Makes its Object*（New York：Columbia University Press, 1983），转引自刘禾《语际书写——现代思想史写作批判纲要》，上海三联书店1999年版，第18—19页。

的歧向性，强调历史统相的独特性，批判历史发展目的论。美国学者柯文称为"中国中心观"（China-centred approach），或译为"中国中心取向"："从中国而不是从西方着手来研究中国历史，并尽量采取内部的（即中国的）而不是外部的（即西方的）准绳来决定中国历史中哪些现象具有历史重要性。"①

从中国中心观出发，近代中国历史就是中国这一"自我"在自身发展过程中被西方的"非我"侵入并打断，在"自我"与"非我"的碰撞中，处于弱势的"自我"丧失了自身的合法性而被"非我"化；而"非我"则在驱逐了"自我"之后登上宝座从而拥有了不证自明的合法性。于是，"自我"与"非我"出现了戏剧性的颠倒，或者说"错位认同"。这种"错位认同"既是中国近代以来现代性发展的现实选择，也是中国本土雅文化被遗弃、民族文化本位丧失的过程。中国大多数现代知识分子主动选择了西方这一"自我"化了的"非我"，而将"自我"视为"非我"予以遗弃和排斥。这使得中国与自身的历史，与传统社会的关系趋于决裂，其标志是儒学的"游魂"（余英时语）化。

中国现代性的建构，最终表现为中学与西学的文化问题，而"全盘西化"最终成为事实的选择，"非我"驱逐了"自我"而确立了自身的合法性。1949 年以后的中国，基本上是沿着"全盘西化"的道路进行着现代化的努力，本土的雅文化成为现代性祭坛上的牺牲品，儒学变成缺少制度依托的"游魂"，最终导致中国文化现代性主体认同的危机。政治意义之上的"中国向何处去？"的问题更深刻地表现为"中国文

---

① ［美］柯文：《在中国发现历史——中国中心观在美国的兴起》（增订本），林同奇译，中华书局 2002 年版，第 201 页。

化向何处去？"的历史疑问。

在上述过程中，中国本土知识分子未尝没有经过痛苦的反抗，陈三立便是其中之一。他曾经试图通过改革维新来挽救民族危机。当政治理想破灭以后，陈三立不再参与政治，但实际上他始终强烈关心着时局，尤其是对当时严重的文化危机有着清醒，然而又是极其痛苦的认识。他自命为中国文化的"托命人"："四海犹存垫角巾，吐胸光怪掩星辰。已迷灵琐招魂地，余作前儒托命人。"（《余过南昌留一日渡江来山中适闻胡御史亦至有任刊豫章丛书之议赋此寄怀》）"托命人"，意谓文化的守卫者、传承者，亦即陈三立所谓"为国致太平与养生、求不死，皆非常人所能，且当守国使不乱，以待奇才之出，卫生使不夭，以待异人之至"（《〈庸盦尚书奏议〉序》）在文化层面的意义。陈三立的这一文化理想被其子陈寅恪继承。在《王静安先生遗书序》中，陈寅恪认为："自昔大师巨子，其关系于民族盛衰学术兴废者，不仅在能承续先哲将坠之业，为其托命之人，而尤在能开拓学术之区宇，补前修所未逮。故其著作可以转移一时之风气而示来者以轨则也。"陈寅恪研究的对象虽为史学，其真实的研究目的实在于重建中国文化。他以史学为切入点，研究的却是中国的文化问题，"文化托命人"的意识是显而易见的。陈三立、陈寅恪父子都强调个人对文化传承和文化发展的重要作用，正是在这个层面上，吴宓认为"义宁陈氏一门，实握世运之枢轴，含时代之消息，而为中国文化与学术德教所托命者也"[①]。应该说，吴宓对陈氏父子的理解是极其深刻的，也是符合事实的。

[①]　吴宓：《读散原精舍诗笔记》，《吴宓诗话》，商务印书馆2005年版，第291页。

陈三立毕生以维持民族文化主体地位为己任，力图挽救民族文化的危亡。他的文化观具有丰富的内涵、深刻的辩证法思想与可贵的理性主义特征。对于中学，他一方面坚信传统文化的永恒价值和普遍意义，另一方面又对传统中不合理、反人性的教条持坚定的批判态度；对于西学，他并不排斥，而是主张吸收西学以补中学之失，但又极为坚决地反对"全盘西化"论。这种理性主义的态度，使陈三立的文化观具有文化保守主义的思想价值。同时由于时代的局限性，陈三立思想中也包含深刻的矛盾，这种矛盾既与他特殊的个人经历、价值体系、思想认识有关，也打上了鲜明的时代烙印。

第二节 陈三立研究的历史与现状

一 1949 年之前的陈三立研究

对陈三立的研究始于 20 世纪初期，且主要集中于诗歌研究。其研究者最初为陈三立同时代的"同光体"诗人。郑孝胥堪称陈三立研究之开创者，在为陈三立《散原精舍诗》作的序中，他认为"大抵伯严之作，至辛丑以后，尤有不可一世之概。源虽出于鲁直，而莽苍排奡之意态，卓然大家，未可列之江西社里也"[①]。"同光体"诗歌的理论家陈衍论陈三立诗："伯严诗避俗避熟，力求生涩，而佳语仍在文从字顺处。世人只知以生涩为学山谷，不知山谷乃槎桠，并不生涩也。"[②]又云："散原为诗，不肯作一习见语，于当代能诗钜公，尝

---

① 郑孝胥：《散原精舍诗序》，《散原精舍诗》宣统二年（1910），上海商务印书馆刊本。

② 钱仲联主编：《清诗纪事》光宣朝卷，江苏古籍出版社 1989 年版，第 13223 页。

云：某也纱帽气，某也馆阁气。盖其恶俗恶熟者至矣。少时学昌黎，学山谷，后则直逼薛浪语，并与其乡高伯足极相似。然其佳处，可以泣鬼神，诉真宰者，未尝不在文从字顺中也。而荒寒萧索之景，人所不道，写之独觉逼肖。"① 后世遂以为定论。汪国垣作《光宣诗坛点将录》将陈三立比作"天魁星及时雨宋江"，认为"双井风流谁得似，西江一脉此传薪"②，又说："散原诗亦经数变，早年专事韩黄，大篇险韵，尽成伟观。辛壬避地海上，又兼有杜陵、宛陵、坡、谷之长，闵乱之怀，写以深语，情景理致，同冶一炉，生新奥折，归诸稳顺，初读但惊奥涩，细味乃觉深醇。晚年佐以清新，近体参以圆海，而思深理厚，尚不失自家面目。"③ 1949 年以前论陈三立诗歌风格者，多不出郑孝胥、陈衍、汪国垣所论。

　　与旧派诗人不同的是，以南社为代表的革命诗派则对陈三立诗歌持严厉的批判态度，如柳亚子批评以陈三立、郑孝胥为代表的同光体"貌饰清流，中怀贪鄙，吐言成章，少苍凉遒上之间，私以艰深自文浅陋，遂提倡所谓江西诗派者"。五四运动前后，作为旧文学代表的陈三立被当作新体诗歌的对立面而被否定。如胡适在其著名的新文学宣言《文学改良刍议》中，就将陈三立树立为旧文学的靶子加以批判，认为陈三立诗歌"病根所在，在于以'半岁秃千毫'之工夫作千古人的钞胥奴婢"④。

----

　　① 钱仲联主编：《清诗纪事》光宣朝卷，江苏古籍出版社 1989 年版，第13224 页。

　　② 汪国垣：《光宣诗坛点将录》，《汪辟疆文集》，上海古籍出版社 1988 年版，第 328 页。

　　③ 同上书，第 301 页。

　　④ 胡适：《文学改良刍议》，《胡适文集》第 2 册，北京大学出版社 1998 年版，第 8 页。

　　统观 1949 年以前对陈三立的研究，多为同时代的诗人、作家片言只语的评析，失之零散而不成系统，既缺少对其诗歌特色、诗学理论的全面把握，更谈不上研究其学术思想、时代特点，但是其创始之功，仍不可没。

二　20 世纪 80 年代以来的陈三立研究

　　五四运动以后，新文学取得了书写文学史的话语权，作为旧文学代表的陈三立被当作新体诗歌的对立面，几乎被全盘否定。1949 年以后，由于极"左"思潮在学术研究领域的蔓延，陈三立的艺术成就、文学地位未能得到承认。在新中国成立后出版的文学史中，陈三立要么被略去不谈，要么被戴上"形式主义"、"腐朽落后"的帽子，受到不公正的对待。长期以来，其诗歌艺术、思想价值以及在文学史上的地位一直得不到客观公正的评价和承认。

　　自 20 世纪 80 年代以来，学术界逐渐摆脱"左"的文艺倾向，开始认识到陈三立的艺术成就，逐渐进行了认真研究和深入探讨，并对陈三立在文学史上的地位进行了重新评价，陈三立研究进入新的发展阶段。

　　新时期以来的陈三立研究，由逐步兴起到发展、深入，大致可以分为四个阶段。

　　（一）从 1980 年起到 1993 年，是陈三立研究的发轫阶段

　　学术界开始逐渐认识到陈三立诗歌的文学价值，并摆脱长期以来的"左"倾文艺思想的影响，试图在文学史上给陈三立较为客观、公正的地位。

　　苏州大学著名学者钱仲联先生是新时期陈三立研究的开拓者。1981—1984 年，他先后发表《论"同光体"》、《论近代诗四十家》、《近百年诗坛点将录》等一系列论文，将陈三

立作为近代诗歌的重要人物予以论述。其观点认为陈三立祖述黄庭坚，好诗经过千锤百炼，看去却要似自然天成，这是陈三立论诗的基础。但这种炉火纯青的境界谈何容易，陈三立的诗歌创作大部分并没有做到这一点。① 在《论近代诗四十家》中，钱仲联重申了这一观点："如欲朝诸夏，抚万方，南面而王诗国，成大一统之业，则散原于此，力尚有所未逮也。"② 不过，他也承认陈三立论诗精妙，不抱江西诗派偏见，因此在《近百年诗坛点将录》中将陈三立比为托塔天王晁盖。③

钱仲联主持编写的《清诗纪事》煌煌 22 巨册，于 1989 年由江苏古籍出版社出版。其中"光绪宣统朝卷"的"陈三立"条，将清末民初有关陈三立的笔记资料爬罗剔抉，搜集甚全，为后来的研究者提供了极大的便利，是这一时期陈三立研究的重要成果。

20 世纪 80 年代中期出现的两部专著，对陈三立的评价出现较大差异。时萌在《中国近代文学论稿》中沿袭了传统的思维方式，认为陈三立"未能摆脱当时改良派那种改良不成、敌视革命的恶规律，这一命定的局限使他难以写出正视现实的可称之作"④。莫砺锋则在《江西诗派研究》一书中则将陈三立置于宋代以来江西诗派的大背景下进行研究，从艺术的角度

---

① 钱仲联：《论"同光体"》，《梦苕庵清代文学论集》，齐鲁书社 1983 年版，第 120 页。
② 钱仲联：《梦苕庵清代文学论集》，齐鲁书社 1983 年版，第 148 页。
③ 钱仲联：《近百年诗坛点将录》，《当代学者自选文库·钱仲联卷》，安徽教育出版社 1999 年版，第 669 页。
④ 时萌：《近代宋诗运动的渊源与倾向》，《中国近代文学论稿》，上海古籍出版社 1986 年版，第 339 页。

肯定了陈三立学习古人"不是亦步亦趋的模仿"①。

真正对陈三立在近代文学史上的地位进行较为客观、公正评价的，是山东大学郭延礼教授。他在《中国近代文学发展史》中对陈三立多持肯定态度，认为《散原精舍诗集》中最值得我们珍视的是他反映国事的诗作，这表明陈三立并不完全是一位"凭栏一片风云气，来作神州袖手人"的诗人。他还认为陈三立主张于奇崛中见平淡，甚至认为好诗经过千锤百炼，看上去又似自然天成，所谓"镌刻造化手，初不用意为"，这是祖述黄庭坚的观点，陈三立的诗实未能达到此境界，这与钱仲联看法相同。关于陈三立在文学史上的地位，郭延礼认为陈三立的诗，过去评价甚高，言过其实，"但如谓陈三立为近代诗坛上一位有影响、有一定成就的旧派诗人，是人们可以同意的"②，这是比较中肯的评价。

这一时期陈三立研究的显著特点是，基本上处于比较零散的初始状态。据笔者掌握的资料，这一阶段还没有出现专门研究陈三立的论文，而多是把陈三立置于"同光体"或宋诗派的大背景下，作为一个著名诗派的代表人物予以评价。这种局面导致了对陈三立的研究难以深入，多数学者将关注的重点放在陈三立的爱国思想和诗歌渊源的辨析上，其观点多是陈衍《拾遗室诗话》观点的延伸。也有部分学者未能摆脱新中国成立以来"左"倾文艺思想的影响，沿袭了新文学史家对陈三立的一味否定态度。如赵慎修认为："像陈三立这样一味以古为师，拒绝从时代生活中汲取营养，一味避熟求生，其结果不

---

① 莫砺锋：《江西诗派研究》，齐鲁书社 1986 年版，第 248 页。

② 郭延礼：《中国近代文学发展史》第 2 册，山东教育出版社 1991 年版，第 1411—1412 页。

能不成为落伍者。"① 多数学者对陈三立"避熟避俗"、"生涩奥衍"的艺术追求持否定态度，认为其成就没有达到诗歌的最高境界。

（二）1994 年至 1998 年，是陈三立研究的发展阶段

这一阶段，陈三立研究引起了学术界的进一步重视，更多的学者投入这一研究领域，陈三立研究初步走向深入，涌现出一些颇有分量的研究成果。

1994 年 10 月，"陈宝箴、陈三立学术研讨会"在江西南昌召开。就陈三立父子召开全国研讨会，这在全国还是首次。与会学者提交了多篇陈三立研究的专题论文，对于科学地评价陈三立以及确定他在中国近代史、近代文化学术史上的地位，具有积极的推动作用。在这之后，陈三立研究出现蓬勃发展的局面。

"陈宝箴、陈三立学术研讨会"召开之后的 1995 年，陈三立研究出现了第一个高峰，出现多篇高质量的论文。如曾宪辉的《论爱国诗人陈三立》，郑或文的《散原"袖手"别说》，郭延礼的《散原诗论》，管林的《黄遵宪与陈三立的交往》，马卫中、张修龄的《中国古典诗歌的末路英雄——陈三立诗坛地位的重新评价》、《陈三立崝庐扫墓诗读后》等。这些论文宏观和微观结合，对陈三立的爱国精神、诗歌内容、诗学主张及创作风格、艺术追求进行了较为全面的论述。

此外，由马卫中、张修龄二位先生编定的《陈三立年谱》也在同年发表②。这是迄今为止唯一一部陈三立年谱，对陈三

---

① 赵慎修：《避俗避熟的诗人陈三立》，《中国近代文学百题》，中国国际广播出版社 1989 年版，第 81 页。

② 马卫中、张修龄：《近代诗论丛》，安徽文艺出版社 1995 年版。

立生平、本事进行了考订、编年，虽也时有遗漏，但不失为颇有价值的成果。可惜由于种种原因，这一成果并没有引起足够的重视。1998年，钱文忠标点的《散原精舍文集》由辽宁教育出版社出版，这是陈三立文集自1949年中华书局出版之后再次面世，惜标点不精，疏误颇多。

1997年出版的两部文学史著作，对陈三立的文学地位给予了进一步肯定。复旦大学章培恒、骆玉明主编的《中国文学史》认为："陈三立堪称中国古典诗歌传统中最后一位重要的诗人，他的创作也表明在一定范围内古典诗歌形式仍有活力。"[1] 张炯、邓绍基、樊骏等主编的《中华文学通史》则认为："陈三立的诗，是最后一个封建王朝终将死亡的哀歌和终于死亡的挽歌，也驻留着中国最后一代忧国爱国、然而浸湮着君国观念的士大夫的精魂。"[2]

这一阶段陈三立研究的其他有关成果还包括张求会的论文《陈三立与谭嗣同》、《义宁陈氏源流述略》，前者对陈三立与谭嗣同二人维新思想的异同进行了分析，后者对义宁陈氏的渊源进行了考述，拓展了陈三立研究的领域。刘纳编著的《陈三立：传记、作品选》1998年由文史出版社出版，是新时期以来第一部陈三立诗文选集。同一作者的专著《嬗变：辛亥革命时期至五四时期的中国文学》也在同年出版。刘纳认为，以陈三立为代表的清末民初诗文是中国古典文学的回光返照，他"以诗人的敏感意识到自己所经历的不仅是一代兴亡，感时悯世的悲哀挟带着对旧有制度与旧有文化的追怀，使他的诗

---

① 章培恒、骆玉明主编：《中国文学史》，复旦大学出版社1997年版，第590页。

② 张炯、邓绍基、樊骏主编：《中华文学通史》第5册，华艺出版社1997年版，第452页。

负载着异常的沉重"①。

这一阶段对陈三立的研究，主要局限在诗歌领域，特别是对陈三立诗坛地位的重新评价方面。陈三立的爱国精神和诗歌艺术成就，以及他在近代文学史上的地位已得到学者认同。多数学者认为，陈三立是中国近代文学史的代表人物，是中国古典诗歌传统中最后一位重要的诗人。

（三）从 1999 年起到 2004 年，是陈三立研究的深入阶段

这一阶段的研究，可用"全面深入，成绩斐然"八个字加以概括。除了诗歌创作成就、文学地位外，陈三立的政治思想、文化观、古文创作、诗学理论以及资料整理，都引起了学者的关注。

刘纳发表在《文学遗产》1999 年第 6 期上的《陈三立：最后的古典诗人》是陈三立研究的一篇重要论文。作者将陈三立定位为中国"最后的古典诗人"，认为陈三立是中国古典诗歌史最后一位称得上"大"的诗人，他对于很难超越的前辈诗人其实有所超越。华东师大胡晓明在《散原论诗诗二首释证》一文中对陈三立的诗学观念进行了阐释。张求会发表了《散原精舍文杂说》一文，首次对陈三立古文进行了专题研究。他的另一篇论文《义宁陈氏诗歌初探》则将陈三立家族历代诗人作为一个整体进行研究，对其共同主题、艺术风格、论诗主张进行了有益探析。这一时期研究陈三立诗歌艺术的论文还有李瑞明的《陈三立以"夜气"说诗》、康文的《陈三立诗歌简论》等。刘世南的专著《清史流派史》中第十八章《宋诗运动和同光体》则对陈三立的诗歌风格、艺术风格

①　刘纳：《嬗变：辛亥革命时期至五四时期的中国文学》，中国社会科学出版社 1998 年版，第 207 页。

进行了细致的分析，论述精辟，引人注目。叶绍荣的《陈寅恪家世》于2001年由花城出版社出版，书中用较大篇幅考述了陈三立的生平经历，提供了不少真实可信的史料。

陈三立思想研究，也引起了一部分学者的关注。如邓小军在《陈三立的政治思想》一文中认为陈三立是中国近现代史上一位具有实践品格的思想家。胡迎建的论文《论陈三立政治思想的三个阶段》初步勾勒了陈三立思想发展的轨迹。闵定庆《以经缘饰治术：论陈三立的儒学史观与诸子学研究》以及他与邓耀东合作发表的《论陈三立的儒学史观》，对陈三立的儒学史观进行了考察，认为陈三立毕生坚持儒学中心论，是中国近代史上一笔极为珍贵的思想遗产。

此外，部分学者已有意识地将陈氏家族史作为中国近代文化史上的一个极为重要的文化现象加以研究。这方面值得注意的是张求会的研究。除了上文提到的《义宁陈氏源流述略》、《义宁陈氏诗歌初探》外，张求会还发表了《义宁陈氏的"文化保守主义"情结》，认为陈三立和整个义宁陈氏家族始终自觉地担负起传承文化的历史重任。胡晓明的《义宁陈氏之"变"论》，刘克敌、刘经富的《"圣人所以为圣人，中国所以为中国"——谈陈寅恪关于中国文化之家族》也对陈氏家族的文化观进行了考察，认为陈宝箴、陈三立、陈寅恪祖孙三代的文化思想具有一脉相承的特点。

由李开军校点的《散原精舍诗文集》作为"中国近代文学丛书"之一，于2003年由上海古籍出版社出版，堪称是近年来陈三立研究最为重要的成果之一。此书收录《散原精舍诗》、《散原精舍诗续集》、《散原精舍诗别集》、《散原精舍集外诗》、《散原精舍文集》、《散原精舍文集集外文》为一卷，资料收集较为齐全，校记也颇为精当，其"附录"有资料汇编的性质，给研究工作提供了方便。

由以上论述可知，这一阶段的陈三立研究已经不限于诗歌渊流传承、艺术风格等传统研究的领域，而是扩大到古文、诗学理论、政治思想、文化思想等更宽广的研究领域。出现了刘纳、张求会、邓小军、闵庆定、刘克敌、李开军、胡迎建等一批专家学者。与前两个阶段相比，这一时期的研究无论是在广度还是在深度上都有较大发展。

（四）自 2005 年起，可称为陈三立研究的全新拓展阶段

之所以如此划分，是因为 2005 年以来，陈三立研究出现了全新的气象，一批极有价值的学术成果不断问世。这一年，华东师范大学博士孙老虎以洋洋 30 万字的《陈三立诗学研究》一文通过博士论文答辩，这是近年来第一篇以陈三立为研究对象的博士论文。2007 年，苏州大学董俊珏、上海大学杨剑锋分别以陈三立为研究对象，完成了博士毕业论文，并顺利通过答辩。2005 年底，连续有三部有关陈三立及其家族的著作问世，即胡迎建著《一代宗师陈三立》（江西高校出版社）、吴应瑜著《义宁陈氏五杰》、潘益民著《陈方恪先生编年辑事》（中国工人出版社）。其中胡迎建著《一代宗师陈三立》是第一部陈三立的专人传记，潘益民的《陈方恪先生编年辑事》不仅首次公开陈三立四子陈方恪的大量诗、词、文稿，而且披露了陈三立早年部分珍贵诗作①，这对于义宁家族史、近代诗史研究皆大有价值。不久之后，潘益民、李开军辑注，收录陈三立早期诗作、佚诗、佚文的《散原精舍诗文集

---

① 如陈三立的名句"凭栏一片风云气，来作神州袖手人"，被梁启超《广诗中八贤歌》转引而广为传播，世人皆以为此句是陈三立在戊戌变法失败后赠给梁启超的，并对于其中的消极态度多有微辞。潘著首次披露此诗实作于 1895 年，诗名《高观亭春望》，作者认为此诗表达了作者忧国悲愤之情。见该书第 7 页。

补编》于 2007 年由江西人民出版社出版，湮没已久的陈三立早期诗文重见天日。2010 年 10 月，马卫中、董俊珏所著《陈三立年谱》由苏州大学出版社出版，全书 64 万字，是近年来陈三立研究的重要收获。

三　新时期以来陈三立研究的主要成果

目前的陈三立研究，已成为当前近代文学研究的一个重要组成部分。学术界对陈三立的诗歌、文学史地位、古文创作、思想等领域的研究均有所拓展。

（一）诗歌研究

陈三立主要是作为近代文学史上的诗歌大家出现的，因此诗歌研究是陈三立研究的核心问题。学术界对陈三立诗歌的研究主要集中在艺术风格和诗学主张等问题上。

1. 艺术风格

学术界突破了以往一提起陈三立诗歌，言必称"生涩奥衍"、"避熟避俗"的局限，对陈三立诗歌艺术风格展开了细致入微的阐发。如章培恒、骆玉明在其主编的《中国文学史》中认为，陈三立通过"镌刻"的功夫，凸显他的尖锐的人生感觉："陈三立诗中最引人注目的，是一种个人被外部环境所包围和压迫而无从逃遁的感觉。……这根本上源于需要自由空间的自我意志与压抑的社会总体环境的冲突，源于个人对外部世界敏感程度的强化。"[①] 张求会认为："《散原精舍诗》独特艺术风格的形成，和陈三立用古文的穿插起伏之法入诗、以单行之气行于骈偶之中的艺术手段大有关联。与这种独特的艺术

---

① 章培恒、骆玉明主编：《中国文学史》，复旦大学出版社 1997 年版，第589—590 页。

表达手段同样令人惊奇、也同样值得注意的，还有陈三立诗中情急词迫、奔进而出的抒情方式。……尽管陈三立向往的是锋芒内敛、含蓄蕴藉的审美旨趣，但老大帝国的僵而不死、酣梦难醒，使得哀其不幸、怒其不争的诗人常常将家国兴亡的深忧巨痛通过奔进而出的方式表达出来。"① 这些分析是相当精当的。

刘世南则将陈三立诗歌风格概括为"音调低沉"和"荒寒萧索"，还特别从语言风格上分析了陈三立诗歌的特色。他认为，陈三立善于选择一些狠、重的字眼，来显示残酷的现实对自己的心境造成的压抑感，以及自己蔑视这种压力的超脱态度和自我欣赏中的孤独感。在七律的句式运用方面，陈三立喜欢运用这么一类句式：有的是主谓结构，有的是主谓宾结构，有的是动宾结构。不管是哪种句式，都特别注重第七字的安排，都是动词（或同动词）。陈三立正是通过这种兀兀独造，酿成了散原七律的独特情味。陈三立还长于以文为近体诗。不管偶句还是散句，都是运用古文的句式，使得七律散发出一种极其古朴、高雅而浑厚的气势，给人以"高古厚重"的印象。②

郭延礼认为陈三立诗歌语言风格过去以"生涩奥衍"目之，既不确切，也不全面，陈三立集中相当一部分语言比较晓畅。关于诗歌风格，他认为陈三立诗歌风格是莽苍排奡，追求的是一种雄浑的气势。③

康文同样注意到了陈三立诗歌莽苍排奡的总体气势。他认

---

① 张求会：《义宁陈氏诗歌初探》，《华南师范大学学报》1999年第2期。
② 刘世南：《清史流派史》，人民文学出版社2004年版，第445—459页。
③ 郭延礼：《散原诗论》，《山东大学学报》1995年第3期。

为，陈三立诗歌的这种总体气势酷肖宋代诗人苏轼的诗歌意境，所谓莽苍排奡，即指追求诗歌音律的跌宕起伏，文词的深含意蕴，创造一种人景物交融的境界。这种气势造就了陈三立诗歌的奇美，并且突破了江西派的樊篱，在黄庭坚诗集中很难找到与此相似的作品。①

2. 诗学理论

陈三立的诗学理论散见于各诗文中，没有形成系统的论述。但学者还对是陈三立的诗学主张进行了梳理。如康文认为陈三立诗歌主张表现在"创新思想"、"注重诗歌的社会功能"和"诗歌要巧现匠心"三个方面。② 胡晓明则从陈三立两首论诗之诗入手，认为陈三立有极深的诗歌人文信仰。陈三立将诗心之本体定位为养气的体证，是对前人论诗的大突破，是"同光体"宋诗派最深刻的理论贡献之一，这大大提升了诗歌文学的人文品质，是近代区别于清代的重要诗学内核。③ 张求会则认为，陈三立一直恪记着诗言志、诗缘情、温柔敦厚的诗教传统。④ 孙老虎的《陈三立诗学研究》（华东师范大学 2005 年博士学位论文）则对陈三立诗歌理论进行了详细梳理，是近年来陈三立诗学研究的重要成果。

3. 佚诗文的搜集与整理

李开军校点的《散原精舍诗文集》除收录《散原精舍诗》、《散原精舍诗续集》、《散原精舍诗别集》、《散原精舍文集》外，还搜集了《散原精舍诗集外诗》、《散原精舍文集集

---

① 康文：《陈三立诗歌简论》，《福建省社会主义学院学报》2003 年第 1 期。
② 同上。
③ 胡晓明：《散原论诗诗二首释证》，《华东师范大学学报》2000 年第 11 期。
④ 张求会：《义宁陈氏诗歌初探》，《华南师范大学学报》1999 年第 2 期。

外文》，这对于尽可能全面地展示陈三立作品全貌功莫大焉。但是仍有不少陈三立佚诗文未能收入，特别是陈三立早年诗作对全面了解其诗学成就、政治思想尤有帮助。孙老虎的博士毕业论文《陈三立诗学研究》以附录形式收录陈三立佚诗佚文甚丰，可惜疏于校对，错讹颇多。潘益民《陈方恪先生编年辑事》也收录了一些陈三立的早年诗作。潘益民、李开军辑注的《散原精舍诗文集补编》则是搜集、整理陈三立佚诗、佚文的集大成之作。

（二）古文研究

陈三立古文创作也有较高成就。早在20世纪30年代，钱基博就在其《现代中国文学史》中认为陈文"恣肆奇峻"，只是"海内争诵其诗，至真知其文者不多"①。目前学术界对陈三立古文成就及其丰富的思想内容尚未予以足够重视，只有张求会《散原精舍文杂识》一文进行了初步探讨。张文认为陈三立论文不薄桐城派，又能做到不为桐城派所拘囿。他注意到有两点不容忽视：一是散原文中屡屡传递出的往返于新旧之间的独立思考，既可与散原诗相互发挥、相互补充，又可由此及彼，推论义宁陈氏在近代百年风云变幻中的种种创见。二是散原之文横跨几个时代，长达半个多世纪，各期风格也是同中有异。雄健挺拔、骏快激昂之外，沉郁顿挫、跌宕起伏、清醇雅洁之作也不时可见，陈三立的确堪称"近世以古文为大师者"之翘楚。②

（三）思想研究

对陈三立政治思想、文化思想的研究成为近年来陈三立研

---

① 钱基博：《现代中国文学史》，岳麓书社1986年版，第240—241页。
② 张求会：《散原精舍文杂识》，《江汉论坛》2000年第4期。

究的一个热点，出现了一些很有价值的研究成果。邓小军认
为，陈三立的政治思想，是近现代中国中学为体、西学为用思
想之一重要代表。其思想核心，即是以儒家人性思想及其政治
精神为根基，吸取西方自由民主学说，从而建立现代的中国政
治文化和政治制度，其中学、西学、中西会通的思想见识，标
志着近代中国中体西用思想的深度。其思想精神，则与孙中山
民主思想相通。他还认为，"陈寅恪希望以维护中国文化来回
应毁灭中国文化的巨劫奇变，以中体西用来回应中国文化的全
盘西化，实际上渊源于陈三立的思想"，陈三立是把自由主义
与儒家思想结合起来了，陈寅恪所高扬的"独立之精神，自
由之思想"家学渊源在此。①

胡迎建将陈三立的政治思想分为三个阶段：早年具有因时
通变思想，力图重新评价、诠释并会通百家学说，以为维新变
法服务，谋求富强之道；被革职后深刻反思变法失败原因，强
烈批判清朝政治的黑暗；辛亥革命后其思想转为保守而不合时
宜，表现出对传统文化的依恋及对变革的抵触，但他始终不放
弃其所谓道义责任，"反映了激烈变更时代一度进步的士人阶
层的理想与心态"②。对于陈三立的文化思想，张求会从清末
民初"文化保守主义"思潮入手，认为陈三立和整个义宁陈
氏家族始终自觉地担负起传承文化的历史重任，他所期盼和等
待的也正是传统文化精神的中兴与延续③，这一论断可谓抓住

---

① 邓小军：《陈三立的政治思想》，《原道》第 5 辑，贵州人民出版社 1999
年版。

② 胡迎建：《论陈三立政治思想的三个阶段》，《南昌大学学报》2000 年第
10 期。

③ 张求会：《义宁陈氏的"文化保守主义"情结》，《寻根》2001 年第 5
期。

了陈三立思想的关键环节。

胡晓明强调了陈三立《光裕堂老序》中的"不变其所当变与变其所不当变，其害皆不可胜言"思想，认为陈三立、陈寅恪父子对于文化精神内核的"固守勿失、不容稍变"是一脉相承的，并断言"义宁陈氏一门于世纪初波诡云谲之际的独立声音，必然成为二十一世纪最富迷魅的人文思想之一"①。刘克敌、刘经富进一步认为陈三立"具有近代知识分子的特点"，他的思想不仅极大地影响了陈宝箴在湖南的改革，其富有传奇色彩的经历和其所总结的思想，也极大地影响了陈寅恪。陈三立对于近代以来中国社会的演变有着他人难以企及的深刻理解，对于传统的中国文化如何在西方文化的进入中维系生存和谋求新生这样关系到中华民族命运的大问题，更有着独特的见解。首先，陈三立以为，在社会处于急剧动荡的时期，必须能够清醒地认识到，什么是应该改变的，什么是不应该改变的。其次，对于那些看起来似乎应该彻底给予变革的部分，也应谨慎从事，仔细区别"当变者"与"不当变者"，否则"其害皆不可胜言"②。

关于陈三立的儒学观，闵定庆、邓耀东认为，陈三立毕生坚持儒学中心论，这一信念的形成，与曾国藩、郭嵩焘的儒学追求紧密相关。这一儒学渊源足以涵养他的学术史观，进而塑造他的文化人格和生命意识。陈三立从未怀疑过儒学的真理性存在，自觉地肩负起实践儒学的历史使命，将儒家的纲常、忠义、贞节等观念作为评判世道人心的终极标准，至死都没有丝

---

① 胡晓明：《义宁陈氏之"变"论》，《文汇读书周报》2000 年 11 月 4 日。

② 刘克敌、刘经富：《"圣人所以为圣人，中国所以为中国"——谈陈寅恪关于中国文化之家族》，《世纪中国》2001 年 7 月。

毫改变。他在"覆国遗殃"之际为一批批孤臣烈士、孝子贞女树碑立传,在伤悼亡国的苦吟中放声唱出一曲曲文化沦亡、纲纪倾颓的悲歌,试图指引乱世灵魂的皈依与救赎之路。①

关于陈三立"凭栏一片风云气,来作神州袖手人"的论争,向来是陈三立研究绕不过的话题,对这句诗的理解,实际反映了对陈三立理解的深度。传统的观点认为这句诗表现了陈三立在戊戌变法失败之后的消沉,多持批评态度。在这一阶段,学术界突破了过去一味批判否定的陈旧观念,多认为陈三立实际并未忘怀国事。郑彧文认为,"来作神州袖手人"的诗句,"乃是一种愤极的沉默,恨余的冷眼",散原的"袖手"极似东坡的"袖手"。苏东坡因对王安石变法不满,被排挤出朝廷,有"袖手何妨闲处看"(《沁园春·赴密州早行,马上寄子由》)的词句。陈、苏二人的遭际相同,处变的态度也大抵一样,"袖手何妨闲处看"和"来作神州袖手人"都是牢骚激愤语。② 马卫中、张修龄认为:"陈三立自称'神州袖手人',主要是他经历了戊戌变法的重大挫折后,对魔方般变化无定的政坛心生厌恶,因此,他无意于投身政治之中。……但是,作为有正义感的中国知识分子……内心决非麻木不仁。"③刘纳从陈三立的作品中看到的不是"袖手"的逍遥自得,却是"袖手"的无可奈何的痛苦,认为陈三立的作品"提供了相当深沉的人生内容"④。然而,学术界这种讨论建立在一个

---

① 闵定庆、邓耀东:《论陈三立的儒学史观》,《九江师专学报》2003 年第1 期。

② 郑彧文:《散原"袖手"别说》,《九江师专学报》1995 年第 1 期。

③ 马卫中、张修龄:《中国古典诗歌的末路英雄——陈三立诗坛地位的重新评价》,《近代诗论丛》,安徽文艺出版社 1995 年版,第 92 页。

④ 刘纳:《嬗变:辛亥革命时期至五四时期的中国文学》,中国社会科学出版社 1998 年版,第 287 页。

错误的事实基础之上，即想当然地认为陈三立"凭栏一片风云气，来作神州袖手人"作于戊戌变法之后，因而对这句诗进行了"过度阐释"。2005 年 12 月，潘益民著《陈方恪先生编年辑事》在中国工人出版社出版，书中首次披露陈三立这两句诗出自 1895 年所作《高观亭春望》。2007 年 1 月由江西人民出版社出版的《散原精舍诗文集补编》收录了陈三立 1900 年之前的全部诗作。至此，随着陈三立早期诗作披露于世，这一段公案也大白于天下。

（四）陈三立在文学史上的地位

学者们对陈三立在文学史上的地位作了较为客观而谨慎的界定。郭延礼对陈三立在近代文学史地位的确立有突破性的贡献，他突破了过去对陈三立一笔抹杀的"左"的观点，认为"如谓陈三立为近代诗坛上一位有影响、有一定成就的旧派诗人，是人们可以同意的"[1]。章培恒、骆玉明主编的《中国文学史》认为："陈三立堪称中国古典诗歌传统中最后一位重要的诗人。"[2] 刘纳则将陈三立定位为"最后的古典诗人"[3]。李金涛认为，以陈三立为代表的"同光体"诗人的存在，反映了中国古典诗歌顽强的生命力，同时也有力地证明：随着社会的急剧发展，中国诗歌的创新和根本变革是不可避免的。[4] 2003 年出版的《中华文学发展史·近世史》则进一步重申了

---

① 郭延礼：《中国近代文学发展史》第 2 册，山东教育出版社 1991 年版，第 1411—1412 页。

② 章培恒、骆玉明主编：《中国文学史》，复旦大学出版社 1997 年版，第 590 页。

③ 刘纳：《陈三立：最后的古典诗人》，《文学遗产》1999 年第 6 期。

④ 李金涛：《艰难的突围——中国近代诗歌转型论》，中国文联出版社 2002 年版，第 136 页。

主编张炯在《中华文学通史》中的观点。①

四 目前陈三立研究中存在的主要问题

如果从 1909 年郑孝胥为《散原精舍诗》作序算起，陈三立研究已跨越了一百个年头。在这百年期间，特别是从 20 世纪 80 年代起，取得了不少成果，出现了陈衍、郑孝胥、郭延礼、张求会、邓小军、刘纳等专家学者。但是应该指出，这些成果与陈三立本人成就及其在文学史、思想史上应有的地位是不相称的。可以说，到目前为止，陈三立研究仍然相当薄弱。

第一，与龚自珍、黄遵宪、梁启超、王国维等近代文学大家的研究相比，陈三立研究仍处于相当冷清的状况，无论是发表的论文、论著数量，还是从事陈三立研究的学者数量都相当有限。近 20 多年来，有关陈三立的专题研究论文尚不足 30 篇，但直到 2010 年以前甚至还没有一部关于陈三立研究的专著问世，更谈不上学术争鸣了。而致力于陈三立研究的专家学者，也多是以余力从事此项研究。他们当中，或主要从事晚清诗歌研究，旁及陈三立，或主要从事陈寅恪研究，旁及陈三立。主要从事陈三立研究的学者屈指可数。

第二，在陈三立生平、本人事迹及作品整理方面，尽管出现了上海古籍出版社《散原精舍诗文集》这样集大成的成果，但由于种种原因，截止到目前散原精舍诗文笺注以及一部较为详尽的陈三立评传，仍然付之阙如。陈三立早期作品、佚文、佚诗的搜集整理工作，也有待进一步开展。

第三，对于陈三立诗文的研究，仍处于较为初始的阶段。

---

① 张炯主编：《中华文学发展史·近世史》，长江文艺出版社 2003 年版，第53—54 页。

其作品的创作方法、诗学理论、艺术价值尽管已取得不少成果，但有待进一步深入挖掘，如陈三立诗歌与"同光体"其他诗人的比较研究，对六朝以来诗歌艺术的借鉴与发展以及陈三立古文的艺术价值，等等。尤其是陈三立诗歌创作对中国旧体诗现代化所作的努力与贡献，涉及中国诗歌传统的关键性变革问题，仍是一个无人涉及的课题。

第四，在陈三立思想研究方面，目前学者主要是从儒家思想、政治思想入手，对于关键的维新观、文化观涉及不深，缺乏问题意识。虽然已有学者注意到陈三立思想对其子、历史学家陈寅恪的影响，但陈宝箴维新观、思想观对陈三立的影响，陈三立对陈寅恪文化人格的形成，以及祖孙三代文化保守主义思想的传承、变化与历史地位诸问题，还需要做进一步的探索。

第五，国内外不少研究者通过对梁启超、严复、王韬、章太炎等从传统向现代过渡时期重要思想人物的研究，探讨了中国文化的转向问题①。而对同样处于传统与现代之间的重要过渡人物陈三立，目前还没有学者对类似问题进行深入讨论，以反思近代以来中国文化的走向。

---

① 类似的研究有［美］柯文《在传统与现代性之间：王韬与晚清改革》，江苏人民出版社 2003 年版；［美］张灏《梁启超与中国思想的过渡》，江苏人民出版社 1995 年版；［美］史华慈《寻求富强：严复与西方》，江苏人民出版社 1996 年版；王玉华《多元神野与传统的合理化：章太炎思想的阐释》，中国社会科学出版社 2004 年版，等等。

第一章　生平经历及思想渊源

第一节　少年时期

公元1853年10月23日（农历癸丑年九月二十一日），陈三立出生在江西义宁州竹塅里（今江西省修水县义宁镇桃李片区竹塅村）。这一年是清朝咸丰帝登基后的第三年。11年前，清政府在英国炮舰的威胁下被迫签订了《南京条约》，昔日雄踞东方的天朝帝国从此结束了闭关锁国的历史，开始了中国历史上最为屈辱的时代。陈三立出生的时候，大清王朝的江山正岌岌可危，太平天国的农民武装席卷了包括江西在内的南方大地，尚在襁褓中的陈三立幸运地躲过了战乱①。仅仅七年之后，英法联军攻陷了北京，咸丰皇帝仓皇逃往热河。此时，陈三立的父亲陈宝箴正在北京应试，看到圆明园的干霄大火，

---

① 陈三立出生不久，太平天国军队攻打义宁。在后来为母亲黄夫人写的行状中，陈三立叙述了母亲背负着尚在襁褓中的自己历险的经过："咸丰三年，不孝三立生。岁余，避粤寇走邻县界，夫人常襁负不孝，夜群奔。一夕逢乱兵，伏道旁林中，同行妪语夫人持絮塞儿口，夫人恐儿死，不听，儿幸卒不啼。"见陈三立《诰封一品夫人先妣黄夫人行状》，陈三立著，李开军点校《散原精舍诗文集》，上海古籍出版社2003年版，第839页。本书引用陈三立诗文，如不特别注明出处，均引自该书。

不禁失声痛哭，从此萌生了变法救国的思想①。

义宁州位于江西的西北部，与湖南、湖北接界，古称"吴头楚尾"，历来是人文荟萃之地，宋代大诗人黄庭坚就出生在这里。离义宁不远的九江则是东晋大诗人陶渊明的故乡。这两位诗人，尤其是黄庭坚，对陈三立的诗歌艺术产生了极大的影响。陈三立的祖上原居福建上杭，属于客家系统，自高祖腾远公始迁至义宁。后来陈三立之子陈寅恪曾说，"吾家素寒贱，先祖始入邑庠"，此说并不完全准确。陈家虽非富家大户，但腾远公之子、陈三立曾祖父克绳公，学者称韶亭先生，已经是读书人了。陈三立的祖父陈伟琳，字琢如，生于嘉庆三年十一月九日，国子监生，以侍母疾精研中医之学，知名于乡村间，以至于中医之学后来成为陈氏家传之学，陈宝箴、陈三立父子都精于此道，至陈寅恪始转信西医。根据现有的资料，陈伟琳六七岁时就入塾读书，能通晓圣贤大旨，并倡建义宁书院，著有《北游草》、《松下谈》、《松下吟》、《劝学浅语》、《劝孝浅语》等，但未传世。郭嵩焘为陈伟琳所撰墓志铭中有以下记载，使我们得以窥见义宁陈氏学术渊源：

> 及长，得阳明王氏书读之，开发警敏，穷探默证，有如凤契，曰："为学当如是矣！奔驰夫富贵，泛滥夫词章，今人之学者，皆贼其心者也。惟阳明氏有发聋振聩之功。"于是刮去一切功名利达之见，抗心古贤者，追而蹑

---

① 陈寅恪《读吴其昌撰〈梁启超传〉书后》："咸丰之世，先祖亦应进士举，居京师。亲见圆明园干霄之火，痛哭南归。其后治军治民，益知中国旧法之不可不变。"见《陈寅恪集·寒柳堂集》，三联书店2001年版，第167页。

之。久之，充然有以自得于心。①

明清之际，以程朱为代表的宋明理学早已失去了最初拯救心灵、批判权力和建设秩序的意义，成了空洞的道德律令和苍白的教条文本。而作为对程朱理学的批判者，王阳明肯定日常生活与世俗情欲的合理性，把心灵的自然状态当成了终极的理想状态，肯定人的存在价值和生活意义②，这在中国思想史上具有划时代的意义。阳明之学颇盛于江西，至乾嘉之时虽已式微，但余绪尚存。不仅陈伟琳对王学"穷探默证，有如夙契"，陈三立后来也自称"意向阳明王氏，微不满朱子"（《清故护理陕甘总督甘肃布政使毛公墓志铭》），这说明他以王学为思想武器，对当时作为官方学说的程朱理学颇为不满。文廷式曾认为"伯严词多悖谬"③，正从侧面反映了这一点。此后，陈三立一再批判程朱理学对人的心灵的毒害，一方面固然受到西方人文主义思想的影响，另一方面阳明之学也发挥了重要作用。而"刮去一切功名利达之见"，是义宁陈氏，当然也是陈三立思想的重要特色。因此，如要探寻陈三立思想之来源，不得不提到其家学渊源。

陈氏虽以诗书传家，但直到陈三立的父亲陈宝箴，才开始显赫起来。陈宝箴，谱名观善，字右铭，号四觉老人，是陈伟琳的第三个儿子，生于道光十一年正月十八日（1831

---

① 郭嵩焘：《陈府君墓志铭》，《郭嵩焘诗文集》，岳麓书社1984年版，第437页。

② 参见葛兆光《中国思想史》第2卷，复旦大学出版社2001年版，第315—317页。

③ 文廷式《湘行日记》光绪十四年（1888）三月二十日记载："席散后仍与星海（梁鼎芬）宿伯严家。伯严词多悖谬，余以故交聊优容之。"见汪叔子编《文廷式集》，中华书局1993年版，第1126页。

年3月2日）。七岁始入塾，少负志节，诗文皆有法度。他"学宗张朱，兼治永嘉叶氏、姚江王氏说"（《先府君行状》）。咸丰元年（1851），陈宝箴21岁，以附生举辛亥恩科乡试。时逢太平天国之乱，陈宝箴从父治乡团，义宁团练名称一时。有记载称，陈宝箴此时已颇为曾国藩所器重，数次邀请他进入自己幕府，并送对联一副以表仰慕，其中下联云："半杯旨酒待君温。"①陈伟琳卒后，宝箴"哀昏得狂症，已仍战寇保其乡"②。英法联军攻陷北京之时，他正在北京应试，亲睹圆明园大火，痛哭南归。不久，抵湖南，参加好友易佩绅、罗亨奎的"果健营"，击拒石达开军。此后，他入席宝田幕府治军。清军攻克天京，陈宝箴献计擒获太平天国洪仁玕、幼王洪福瑱，积军功保知府，发湖南候补，从此开始了坎坷的仕宦生涯。

关于陈三立少年时代求学的经历，现存的资料不多。但已知他六岁即与伯父陈树年的长女德龄入邻塾读书。据他后来回忆，当时"佣者左右肩负入塾，及夕又共负以归"（《大姊墓碣表》）。其后又与弟弟陈三畏在四觉草堂学习，打下了深厚的国学基础。陈氏一门历来重视教育，四觉草堂即是陈宝箴创办的私学，延聘举人李复和廪贡生黄韵兰为西席。李复说明"四觉草堂"得名的由来："陈子又深有惧夫视、听、言、动之四目，恻隐、羞恶、辞让、是否之四端，而或有不能以自觉

---

① 俞大维：《谈陈寅恪先生》，1970年3月31日台湾《"中央"日报》副刊，转引自张求会《"陈学"研究中的几类不良倾向》，《九江师专学报》2000年第2期。据此文引陈三立孙女陈小从女士函，此联全文为"万户春风为子寿，半瓶浊酒待君温"。

② 范当世：《故湖南巡抚义宁陈公墓志铭》，《范伯子诗文集》，上海古籍出版社2003年版，第522页。

（觉）者，遂以名斯堂。"① 这也是陈宝箴自号"四觉老人"
的来历。陈三立与其弟三畏手足情深，对于幼时一同读书更是
印象深刻。二十多年后，三畏不幸早逝，陈三立在《弟绎年
义述》中饱含深情地回忆了兄弟两人当时在四觉草堂读书时
的情形：

> 方春夏时，风雾合雷雨飘震楼壁，危动群山沉沉然，
> 余则持君，瑟栗呼："弟无恐。"君阳高吟，杂以笑语，
> 欲以乱吾意。此俱为儿子寻常耳，自今思之，天穹地辽，
> 何可忘也？

陈三立少时即爱好读书，常常废寝忘食，伯父树年爱逾己
出，对他关怀备至。陈宝箴曾经写道："吾长子三立，自其少
时颇好读书，或时不措意服食，伯兄则目注神营，旦暮凉燠之
变必亟时其衣褕，饮啖必预谋适其所嗜。孩提至壮，跬步动
止，无一息不以萦其虑。"② 从这一段记载来看，陈三立是一
个典型的书呆子：嗜书如命，却不辨菽麦，对衣服、饮食更是
毫不关心。明乎此，近人笔记中记载他分不清韭菜和秧苗，甚
至自己穿衣也闹出了笑话③，也就毫不奇怪了。不过，这并不

---

① 李复：《四觉草堂记》，《一门四杰》，百花洲文艺出版社1994年版，第
12—13页。
② 陈宝箴：《诰封奉政大夫陈公滋圃墓表》，汪叔子、张求会编《陈宝箴
集》下，中华书局2005年版，第1894页。
③ 张慧剑《辰子说林》"韭菜条"记载："民国二十二三年，先生腰脚尚
健，曾归金陵小住，有以轻车载之往游陵园者，出中山门，见道旁秧田成簇，丰
腴翠美，先生顾而乐之，语其车中同伴曰：'南京真是好地方，连韭菜也长得这样
齐整！'闻者大噱，以为先生故作诺语，而先生穆然，盖真'不辨菽麦'也，其
心地浑厚质朴如此。"见张慧剑《辰子说林》，上海书局1997年版，第19页。

能说明陈三立真的"两耳不闻窗外事，一心只读圣贤书"。相反，他"少博学，才识通敏，倜傥有大志"①，这应当不是虚言。

19世纪中叶的中国，参加科举考试对读书人来说几乎是唯一的出路，陈三立也不例外。大概十四五岁的时候，他开始走出家门以应州试。应试的结果，文献有限，我们不得而知。同治六、七年间，由于席宝田的荐举，陈宝箴以知府发湖南候补。大约此后不久，陈三立随全家迁往长沙。此后数年，他在长沙继续研习经史，二十多岁已经以文才初露头角。据李肖聃《星庐笔记》称："伯严自弱岁名能古文，光绪元年序《鲁通甫集》，年才二十，文已斐然。"②

同治十二年（1873）秋，三立至南昌应试，同年入赘罗亨奎酉阳知州官所。罗亨奎是陈宝箴在北京会试时结识的朋友，同时相识的还有易佩绅，三人志同道合，时称"三君子"。现在，陈宝箴与罗亨奎由朋友而姻亲，关系自然又进了一层。这一年，陈三立刚刚21岁，其妻罗氏年方19岁。弱冠之年已崭露头角，现在又新婚燕尔，踌躇满志。展现在他面前的，似乎是一条充满希望的人生、仕宦之途。

三立的新婚妻子罗氏为人沉默寡言，性情和顺。对于陈三立来说，她还是一位值得尊敬的诤友。据陈三立所撰《故妻罗孺人状》："孺人沉厚寡言如其父，于余容顺而已，然务规余过，言皆慰切。余尝醉后感时事，讥议得失辄自负，诋诸公贵人，自以才识当出诸公贵人上，入辄与孺人言之，孺人愀然

①　吴宗慈：《陈三立传略》，《散原精舍诗文集》，上海古籍出版社2003年版，第1195页。

②　李肖聃：《星庐笔记》，岳麓书社1983年版，第6页。

曰：'有务为大言对妻子者邪？'余为面惭不能答。"

当然，从这段话中我们还可以看出，年轻的陈三立对自己的才识相当自负，并且十分关心国事，对时局有着自己的看法，常常据此批评"诸公贵人"。这也进一步证明"才识通敏，倜傥有大志"的评价绝非虚言。事实上，他不仅看不起那些"诸公贵人"，对当时束缚人才的八股取士的科举制度他也不以为然，并且大胆地付诸行动。光绪八年（1882），三立赴南昌应试。他没有按照科场规定用八股文答卷，而是使用了自己平素所擅长的古文。据说他的这份卷子，在初选时曾遭摒弃，后被主考官陈宝琛发现，大加赞赏，这才破格予以录取①。以散文应试科举，这在当时是惊世骇俗之举，三立之叛逆精神可见一斑。而陈宝琛敢于打破常规录取陈三立，也需要卓识和勇气。陈三立的这一段经历后来成为近代文坛佳话。三立直到晚年，仍对陈宝琛极为尊重，陈宝琛的知遇之恩是主要原因。

第二节　精神导师

第二次鸦片战争，八国联军攻入北京，火烧圆明园，加上太平天国的起义，这给当时较为先进的士大夫带来极大刺激。咸丰帝死后，清政府在恭亲王奕訢、曾国藩和李鸿章等人的领导下开展了洋务运动，以求发展军事力量，自强求富。清政府统治下的中国出现了二三十年相对较为安定的局面，史称"同治中兴"。这一时期对于寓住长沙的陈三立来说，也是生

---

① 陈小从：《先祖散原老人轶事数则》，转引自胡迎建《一代宗师陈三立》，江西高校出版社2005年版，第15页。

活最为安定的时期。除了光绪六年夫人罗氏不幸病卒外，他没有遇到太大的挫折。他与毛庆藩、廖树蘅、文廷式、罗顺循、王闿运、瞿鸿禨、释敬安等诗友交游，互相诗酒文会，切磋学问，砥砺气节。光绪十二年丙戌（1886），34 岁的陈三立会试中式。不过，由于他的"楷法不中律"，因而未应殿试，三年后始应殿试，成进士，授吏部主事。①

在这一时期，陈三立遇到了他一生的精神导师——郭嵩焘。

郭嵩焘（1818—1891），字伯琛，号筠仙、云仙、筠轩，别号玉池山农、玉池老人。湖南湘阴人，道光二十七年（1847）进士。湖湘文化经世致用的学风使他产生了关心时务国事、深究天下利病的经世救国思想。鸦片战争爆发，郭嵩焘曾赴浙江前线"亲见浙江海防之失"，一向为"华夏"所看不起的"岛夷"的坚船利炮，给他留下深刻印象。后随曾国藩参赞军务，多有建树，因筹饷有方被称为"湘军财神"。咸丰帝对他的识见颇为赏识，命他入值南书房，勉励他"多读有用书，勉力为有用人，他日仍当出办军务"②。不久，咸丰帝就派他到天津前线随僧格林沁帮办防务，赴山东检查财务税收，因秉公不阿而受到僧格林沁排挤，遭到降三级的处分，不得不告假还家。同治二年（1863），诏任广东巡抚。但在广东巡抚任上，郭嵩焘又因耿直招怨，与前后两任两广总督矛盾重重，同治五年（1866）六月罢职，再次归乡闲居。郭氏此次赋闲，时间长达八年之久，直至光绪元年（1875）才再次诏用，被授福建按察使。是年，"马嘉理事件"发生，英国要求

———————

① 见张求会《陈三立丙戌"未应殿试"考辩》，《文献》1996 年第 3 期。

② 《郭嵩焘日记》第 1 卷，咸丰八年十二月初三日，湖南人民出版社 1980 年版，第 203 页。

清政府派钦差大臣前去道歉，并任驻英公使。由于郭嵩焘向以懂洋务著称，清政府决定派他担此重任。光绪二年（1876）12月，郭嵩焘从上海登船赴英，并于1877年1月下旬抵达伦敦，成为中国历史上第一位驻外公使。光绪四年（1878）兼领驻法公使。在驻英、法公使任上，除了处理正常的外交事件外，郭嵩焘还认真考察英、法等国政治、经济、文化、军事，尤其对欧洲民主政治、科学技术、工业文明赞叹不已。他在对外交往中不卑不亢，分寸合度，处理外交事务合乎国际惯例，给驻在国留下了良好的印象。然而，他的思想远远超出了那些封闭守旧的官僚士大夫的认识水平，这使得郭嵩焘注定是一个孤独寂寞的悲剧人物。由于其副职刘锡鸿对他不断进行诋毁陷害，郭嵩焘深陷孤立无援之境。在驻英公使任上未满两年，郭嵩焘就被清政府调回。1879年1月，郭嵩焘离开伦敦启程回国，是年5月回到故乡长沙。此时，这位孤独寂寞的思想前驱早已心灰意冷，自此绝意仕进。1891年7月18日病逝，终年73岁。

郭嵩焘是同治、光绪时期思想最先进的人物，他对西方现代文明的深刻认识，对中国政治、文化、经济落后的清醒认识和痛苦反思，都远远超出同时代守旧官僚士大夫的思想水平，因而不能见容于时代，甚至他的好友都对他不以为然。他被诏命为赴英使节处理马嘉理事件，其湖南同乡为他此行感到羞耻，企图毁掉他的老宅。好友王闿运还给他送了一副对联讽刺道："出乎其类，拔乎其萃，不容于尧舜之世；未能事人，焉能事鬼，何必去父母之邦。"在英法公使任上，郭嵩焘将沿途见闻记入日记，以《使西纪程》的书名寄回总理衙门。书中他盛赞西方的民主政治制度，主张中国应研究、学习西方制度，不料却遭到顽固派的攻击、谩骂："（《使西纪程》）记道里所见，极意夸饰，大率谓其法度严明，仁义兼至，富强未艾，寰海归心。……嵩焘之为此言，诚不知是何肺肝，而为之刻者又何心也！"① 结果此书被清廷申斥毁版，严禁流行。直到郭嵩焘去世，该书仍未能公开发行。不仅如此，守旧顽固的副使刘锡鸿暗中对他多加诋毁，并以穿洋人衣、向巴西国王起立致敬、听音乐会频频翻看节目单为由上书参劾郭嵩焘。郭嵩焘卸任后黯然归国，愤然称病乞休，归隐乡里。回到湖南，等待他的却是全城斥责他"勾结洋人"的揭帖，自巡抚以下的地方官员都"傲不为礼"。终郭嵩焘之世，他都被时人目为"汉奸"、"贰臣"。直到他死后九年，当义和团运动高涨之际，还有京官上奏请开棺鞭戮郭嵩焘之尸以谢天下。

　　然而，"世人皆欲杀，我意独怜才"。就是这位"谤满天下"的郭嵩焘，却受到陈宝箴、陈三立父子的推崇与尊重。陈寅恪曾说："（先祖）后交湘阴郭筠仙侍郎嵩焘，极相倾服，许为孤忠闳识。先君亦从郭公论文论学，而郭公者，亦颂美西法，当时士大夫目为汉奸国贼，群欲得杀之而甘心者也。"② "孤忠闳识"一语源自陈三立《先府君行状》："郭公方言洋务负海内重谤，独府君推为孤忠闳识，殆无其比。"他多次在诗文中盛赞"嵩焘始使海外，还负天下重谤，而意气议论不衰"（《罗正谊传》）、"郭侍郎嵩焘……学通中外，用九流收后进"（《湘乡陈子峻墓志铭》）、"绮岁游湖湘，郭公牖我最。其学洞中外，孤愤屏一世"（《留别墅遣怀》），并对郭氏"不得行其志而归，而谤议讪讥，举世同辞，久而不解"（《郭侍郎〈荔

<hr>

　　① 李慈铭：《越缦堂日记》，广陵书社 2004 年影印版，第 7453—7455 页。
　　② 陈寅恪：《读吴其昌撰梁启超传书后》，《寒柳堂集》，三联书店 2001 年版，第 167 页。

湾话别图〉跋》）的不幸遭遇表示由衷的同情和惋惜。

郭氏与陈氏父子的最初交往在同治十年（1871）。查郭嵩焘本年二月初一日记："陈幼诒、张力臣过谈。幼诒以举人由席研香保知府指省，于事务最为谙练，所言多中肯綮。"[①] 这时郭嵩焘已罢广东巡抚任，归湖南闲居，而陈宝箴也以知府发湖南候补。此后郭、陈二人时常过谈酌饮。论年龄，郭嵩焘年长陈宝箴14岁。陈宝箴固然对郭嵩焘"极相倾服，许为孤忠闳识"，而郭氏也十分推重陈宝箴，以为宝箴"倜傥多才略"，"见解高出时流万万"[②]，两人可称是"惺惺惜惺惺"。宝箴尽管公务繁忙，但也时常登门向郭氏虚心请教，并为郭氏一家诊脉治病。郭氏尤其欣赏宝箴"以澄清自期，视人世显荣富贵夷然不以屑意，于是益信其才之宏而蓄之远也"[③]。陈宝箴曾将自己所作诗文出示郭氏，郭氏一读之下极为叹服，并在日记中写道："予读右铭《疏广论》，以为兼有南丰、庐陵之胜。已而出示此帙，则右铭十余年踪迹，与其学术志行，略其于斯。其才气诚不可一世，而论事理曲折，心平气夷，虑之周而见之远，又足见其所学与养之邃也。予不足以知文，而要知右铭之文，非众人之所晓。因其文而窥知其所建树，必更有大过人者。然则右铭所以自豪于此者，又岂少哉。"[④] 同治十三年

---

① 《郭嵩焘日记》第2卷，湖南人民出版社1981年版，第645页。

② 同上书，第824页。

③ 郭嵩焘：《送陈右铭廉访序》，《郭嵩焘诗文集》，岳麓书社1984年版，第278页。

④ 《郭嵩焘日记》第2卷，同治十年十二月十五日，第693—694页。另，汪叔子、张求会编《陈宝箴集》卷下《疏广论》文后录有郭氏批语："写出朝廷治禄本旨，博大精深，于论二疏处更推进一层，正名辨物，曲折皆到，而中含劲气。南丰经籍之光，庐陵冲夷之度，实乃兼之。此等文在古人集中亦不多得。"可同参见汪叔子、张求会编《陈宝箴集》下，中华书局2005年版，第1780页。

（1874）正月，应陈宝箴要求，郭嵩焘为宝箴之父伟琳公撰写墓碑铭，光绪六年（1880）又为宝箴之母撰墓志铭。是年，陈宝箴之官河北道，郭氏特地为他写了一篇序文相赠，称誉宝箴在湖南的政绩。郭嵩焘卒后，陈宝箴曾有联挽之："由清秘起家，岭南开府，海外乘槎，模范共推山斗重；以贰卿退老，著作等身，尘凡脱舄，乡邦怅阻岳云封。"① 对郭氏一生功勋成就作了高度评价。

由于父亲的关系，陈三立很早便得以从郭嵩焘游学。据《郭嵩焘日记》记载，郭氏最初与陈三立相见是在光绪六年七月廿一日："以陈右铭明日赴河北道，夜往谈。适邹少松、朱香苏并至，因留饮，并见其子伯严。"② 而在此之前，郭氏已对三立才识亦赞赏不已。如本年四月十七日的日记写道："阅陈三立（旁注：伯严）、朱文通（旁注：次江）所撰古文各一卷。次江笔力简括，而不如陈君根柢之深厚，其与袁绥瑜论《汉学师承记》一书，尤能尽发其覆，指摘无遗，盖非徒以文士见长而已。"四月三十日记云："陈伯严、朱次江，皆年少能文，并为后来之秀，而根柢之深厚，终以陈伯严为最。"③ 而早在从驻英、法公使任归国的第二年，郭嵩焘就曾将自己任广东巡抚时友人赠别的《荔湾话别图》嘱三立作跋，三立因而撰成《郭侍郎〈荔湾话别图〉跋》一文，后收入《散原精舍文集》。光绪六年（1880）陈宝箴改官河北道，郭嵩焘作五律三首相赠，其第三首尾联云："更有依

---

① 汪叔子、张求会编：《陈宝箴集》下，中华书局 2005 年版，第 1980页。

② 《郭嵩焘日记》第 4 卷，湖南人民出版社 1983 年版，第 73 页。

③ 同上书，第 44、49 页。

迟意，高原鹤在阴。"自注："兼谓公子伯严。"① 光绪八年
（1882）正月，三立将自己所撰诗文五种寄示郭嵩焘。郭氏读
后，在日记中写道："又接陈伯严寄示所著《杂记》及《七竹
居诗存》、《耦思室文存》，并所刻《老子注》、《龙壁山房文
集》五种。……伯严年甫及冠，而所诣如此，真可畏。"② 此
后，陈氏父子与郭嵩焘交往频频，时相往来。总之，陈三立虽
非郭嵩焘弟子，但在湖南与郭氏讲学论文，砥砺学术，在文学
上受益良多。陈三立逝后，其子陈隆恪等编辑《散原精舍文
集》出版，并识语云："先君壮岁所为文，多与湘阴郭筠仙侍
郎嵩焘、湘潭罗顺循提学正钧辈往复商榷，故去取独谨。"陈
三立在为友人罗正谊所撰传记中提到罗氏早年与郭嵩焘出游：
"嵩焘始使海外，还负天下重谤，而意气议论不衰，正谊自是
稍习夷事矣。"（《罗正谊传》）其实不仅罗正谊，陈三立自己
"稍习夷事"也是由于郭嵩焘的影响。

但是，之所以称郭嵩焘是三立的精神导师，并非仅在文学
上的影响，更重要的是郭氏在思想上对陈三立的引导与影响。
郭氏以熟悉洋务而著称，但其思想其实与曾国藩、李鸿章、张
之洞、左宗棠等洋务派有所不同。他不仅是洋务派的智者，更
是维新派的先驱③。他的洋务和维新思想不仅深深地影响了陈
三立，而且对陈宝箴的思想也产生了极大影响。可以说，陈氏
父子后来在湖南实行的新政在很大程度上就是郭嵩焘思想的实
践。郭嵩焘对陈氏父子思想的影响，主要表现在以下几个方
面：

---

① 郭嵩焘：《奉送陈右铭之官河北》，《郭嵩焘诗文集》，岳麓书社1984年
版，第747页。
② 《郭嵩焘日记》第4卷，湖南人民出版社1983年版，第254页。
③ 田海林、宋淑玉：《郭嵩焘评议》，《史学月刊》2001年第3期。

首先，对先进发达的西方现代文明的客观认识，以及对中国落后状况与文化危机的清醒体认。

郭嵩焘自称"年二十二，即办洋务"，认为办洋务要"通其情，达其理"，因此他特别注意了解"洋情"。因替湘军筹饷，他早年在上海接触了不少西人、西学，特别是还曾拜访英、法等国领事，参观了火轮船、电报电线和军事设施，对西方的现代文明有了一个初步的认识。光绪元年，郭嵩焘以望六多病之躯，毅然远涉重洋为出使英国钦差大臣，其目的也是"通察洋情"。在驻英、法公使任上，他系统地了解和研究了欧洲各国的历史、宗教和文化。不仅详细考察了资本主义工商业文明和精密发达的科学技术，还认真研究了以议会民主和自由选举为特征的西方民主政治，甚至对中西哲学思想和政治伦理观念也开始进行比较研究。

通过对西方世界的亲自观察，郭嵩焘意识到西方人与中国人传统观念中的"夷狄"有着本质的不同。在光绪五年（1879）二月十六日的日记中，他分述了"犹太、巴比伦尼亚、亚述利亚、埃及、希腊、罗马、印度及中国凡八国，并立国数千万年"[1]。由此，他认识到"西洋立国二千年，政教修明，具有本末，与辽、金崛起一时，倏盛倏衰，情形绝异"[2]。

基于这种认识，郭嵩焘高度赞扬西方国家的文明程度。光绪四年（1878）八月初八，他在伦敦参加国际公法万国研讨会，见其"议论之公平，规模之整肃，使人为之神远"，不由慨叹"惜中土列国时无此景象，虽使三代至今存可也"[3]。同

---

[1] 《郭嵩焘日记》第 3 卷，湖南人民出版社 1982 年版，第 792—793 页。

[2] 同上书，第 124 页。

[3] 同上书，第 622 页。

年四月廿一日晚赴柏金殿宫（白金汉宫）参加舞会，他发现西人"嬉戏之中，规矩仍自秩然"，虽"动至达旦"，而"未闻越礼犯常，正坐猜疑计较之私实较少也"，认为"其风教实远胜中国"①。郭嵩焘不得不承认这样一个事实：在西方资本主义现代文明面前，中国不仅在经济与军事上落后了，就连中国向来自信的"教化"方面，也已大大不如欧洲各国：

> 自汉以来，中国教化日益微灭；而政教风俗，欧洲各国乃独擅其胜。其视中国，亦犹三代盛时之视夷狄也。中国士大夫知此者尚无其人，伤哉！②

教化的衰微，使中国成为欧洲各国眼前的"半文明国家"，欧洲各国视中国，犹如三代时中国人之视夷狄。这种认识，在向来讲究"夷夏之辨"的近代中国，无疑是极为惊世骇俗的。在中国人的传统观念中，"居天地之中者曰中国，居天地之偏者曰四夷。四夷外也，中国内也。天地为之乎内外，所以限也"③。这种观念从春秋战国之时，就成为支配中国士人思想的一道屏障，孔子称"夷狄之有君，不如诸夏之无也"，孟子则谓"吾闻用夏变夷者，未闻变于夷者也"，在近代中国，更成为中国士人认识世界的一道难以逾越的障碍。出于这种以"天朝上国"自居、严守"夷夏之辨"的顽固观念，清政府及其官员士人，上至皇帝、亲王，下至一般的士大夫阶层，一直不屑于以平等的姿态与西方各国及西方文明对话，甚

---

① 《郭嵩焘日记》第3卷，湖南人民出版社1982年版，第510页。
② 同上书，第439页。
③ （宋）石介：《中国论》，《徂徕石先生文集》卷10，中华书局1984年版，第116页。

至清廷因西人不愿跪拜拒而不见外国使臣，以至于一再坐失发展良机，造成中国长期的封闭与落后。洋务运动中，即使一些较为先进的士大夫主张向西方学习，仍一厢情愿地认为"形而上者中国也，以道胜；形而下者西人也，以器胜"①。即使是郭氏本人初到西洋也一度认为"此间富强之基，与其政教精实严密，斐然可观，而文章礼乐不逮中华远甚"②，但现实使他很快改变了自己的看法，不得不承认中国文化已全面落后这一残酷的事实。郭嵩焘对西方世界的认识，对中国政教落后状况的痛苦承认，有力地打破了"天朝"世界观，也彻底打破了中国士人头脑中的文化越优感。陈宝箴、陈三立父子与郭氏的交往，使父子二人虽从未履足西方各国，却较早地对西方文明有了清醒、理性的认识，接受了欧洲资本主义文明观念和现代意识，从而突破了种种封闭、顽固、守旧的陈腐观念，为日后的湖南维新事业打下了良好的思想基础。

其次，出于对世界形势的理性认识，郭嵩焘主张中国与西方各国平等往来，反对轻言战争。这一思想同样改变了陈三立父子的西方观，使他们接受了郭氏的和平外交思想。

郭嵩焘认为西学东渐对中国来说既是挑战，也是机遇："西洋之入中国，诚为天地一大变。其气机甚远，得其道而顺用之，亦足为中国之利。"③ 在他看来，西洋各国对中国来说不仅仅扮演着侵略者的角色，同时还是既富且强的先进国家，是值得学习的榜样。他敏锐地意识到西洋各国的基本要求是通

① 王韬：《弢园尺牍》，中华书局1959年版，第30页。
② 《郭嵩焘日记》第3卷，湖南人民出版社1982年版，第147页。
③ 《郭嵩焘诗文集》，岳麓书社1984年版，第225页。

商求利，而不是以灭亡中国为目的，因此只要正确认识和处理好，就可以利用外国达到富国强兵的目的。然而由于中国处于全面的弱势，中国如贸然与列强开战，必然陷于失败，导致更大的损失，因此中国一定要采取以和为主的方针："值衰弱之时，外有强敌，而侥幸一战之功者，未有能自立者也。……弱则一以和为主。……未有不问国势之强弱，不察事理之是非，惟瞋目疾呼，责武士之一战，以图快愚人之心，如明以来持论之乖戾者也！"① 为此，他痛心地批评僧格林沁诱击夷人，导致英法联军入侵、火烧圆明园之辱："夷祸成于僧邸之诱击。去岁之役，先后奉诏旨十余，饬令迎出拦江沙外晓谕。泊夷船入内河九日，僧邸不一遣使往谕。去衣冠自称乡勇，诱致夷人，薄而击之。仆陈谏再四，又虑语言不能通晓，两上书力争……夷人之来有辞，当求折冲樽俎之方，不足与用兵。即势穷力战，要使理足于己，庶胜与败两无所悔。"② 他被时人目为"汉奸"，很大程度上也是因为这种与洋人主和的观点。应该说，郭嵩焘主张与西方各国和平往来，避免轻启战端，为中国争取一个稳定发展的外部环境，符合国家利益最大化的基本原则。这与那些逞一时意气、一味言战，最终落入"战争—失败—丧权辱国"历史怪圈的盲目主战派相比，认识无疑要深刻得多，也高明得多。③

陈氏父子对西方宗教、文化的认识与对郭氏和平外交思想的接受，是有一个过程的。同治二年，陈宝箴在致沈葆桢书中，将"天主、耶苏"与"青莲、白莲、红莲"等相提并论，

---

① 《郭嵩焘日记》第1卷，湖南人民出版社1980年版，第393页。
② 同上书，第406页。
③ 参见袁伟时《帝国落日：晚清大变局》，江西人民出版社2003年版。

称为"邪教",要求"禁邪教以消祸萌"①。在包括陈宝箴在内的近代士人看来,两次鸦片战争是导致清帝国全面衰落的直接原因,它给当时中国造成的耻辱感极为强烈,因此他们对西方人及其宗教、文化持仇视的态度也相当正常。可贵的是,随着他们对西方的认识越来越多,他们对西方宗教、文化的态度也更趋理性、客观。光绪二十四年(1898)四月初五出版的《湘报》第 68 号刊登了陈宝箴的《弭衅浅说》,文中不仅认识到"欧罗巴、美利加两洲,大小列邦,从古不通中国,与朝鲜、越南各国臣服称藩者不同",而且认为"洋人来到内地传教、游历,原是奉旨允准之事,他们远来是客,中国官民就是主人,自应好为照顾",显示出对西人传教活动的温和态度。陈宝箴还在文中明白告谕湘人所谓洋人"剜眼炼银"之说为谣传,解释了西方摄影术、电线、洋货的引入对中国有利,认为"洋人以商务为重",并着重指出"地方闹事一回,国家吃亏一次"。这已与郭嵩焘的观点如出一辙。②

光绪二十年(1894)中日甲午战争爆发,李鸿章辛苦经营的北洋海军全军覆没,次年中日马关条约签订,引起国内外舆论哗然。光绪二十一年(1895)四月十七日,时在武昌侍母的陈三立愤而致电张之洞,请诛李鸿章。电云:"读铣电愈出愈奇,国无可为矣,犹欲明公联合各督抚数人,力请先诛合肥,再图补救,以伸中国之愤,以尽一日之心。局外哀鸣,伏维赐察。三立。"③ 陈宝箴对李鸿章也极不谅解,认为李"猥

---

① 陈宝箴:《上江西沈中丞书》,《陈宝箴集》下册,中华书局 2005 年版,第 1792—1793 页。

② 陈宝箴:《弭衅浅说》,《陈宝箴集》下册,中华书局 2005 年版,第 1928—1929 页。

③ 黄濬:《花随人圣庵摭忆》,中华书局 2008 年版,第 331 页。

塞责望谤议，举中国之大、宗社之重，悬孤注，戏付一掷"，
甚至激烈地表示决不与李鸿章共事为臣，"李公朝抵任，吾夕
挂冠去矣"（《先府君行状》）。当时主战派也对李鸿章极为不
满，但主战派之所以责难李鸿章，在于李鸿章兵败求和，以致
失地辱国，因此他们的要求是孤注一掷，与日军决战到底。而
陈宝箴责难李鸿章的原因则与一般人大不相同，他认为："勋
旧大臣如李公首当其难，极知不堪战，当投阙沥血自陈，争以
生死去就，如是十可七八回圣听。今猥塞责望谤议，举中国之
大、宗社之重，悬孤注，戏付一掷。大臣均休戚，所自处宁有
是邪？"（《先府君行状》）。因此黄濬认为："盖义宁父子，对
合肥之责难，不在于不当和而和，而在于不当战而战。以合肥
之地位，于国力军力之綦审，明烛其不堪一战，而上迫于毒后
仇外之淫威，下劫于书生贪功之高调，忍以国家为孤注，用塞
群昏之口，不能以死生争。义宁之责，虽今起合肥于九京，亦
无以自解也。"① 黄濬的解释是相当准确的，充分说明了陈氏
父子隐忍不战，保持国力，以和平求富强的思想。显然这一思
想也是与郭嵩焘一致的。令人遗憾的是，陈氏父子的呼吁并没
有起到多大作用，八国联军入侵的惨痛教训完全没有被清政府
所吸取。五年之后，慈禧企图利用义和团打击西方各国，结果
招致更大的屈辱和更加惨痛的损失，并最终导致清政府的土崩
瓦解。不能不说郭嵩焘与陈氏父子是有远见的。

再次，郭嵩焘对陈三立父子的影响，还表现在其改良主义
的改革方案上。

一般认为，中国的现代化大致说来是循着下面三个层次逐
步进行的：第一，器物技能层次（technical level）的现代化；

---

① 黄濬：《花随人圣庵摭忆》，中华书局 2008 年版，第 331 页。

第二，制度层次（institutional level）的现代化；第三，思想行为层次（behavioral level）的现代化。① 曾国藩、李鸿章等人领导的洋务运动还只是在第一个层次上的现代化试验。两次鸦片战争使中国人认识到西方的"船坚炮利"和中国军事技术的落后，认为只要有了军舰大炮就足以御敌。洋务派以"师夷长技以制夷"为理论指导，主要向西方学习用兵制器之方和科学技术，却没有意识到资本主义的政治制度和思想文化才是西方实现富强的根本。郭嵩焘思想深刻之处，在于他已经逐渐认识到西方的强大并非仅仅在于军事科技方面，因此不能仅仅向西方学习造船制炮之法："嵩焘窃谓西洋立国有本有末，其本在朝廷政教，其末在商贾、造船、制器，相辅以益其强，又末中一节也。"② 因此他主张全方位向西方学习，建议仿效日本派人到西方学习西法，而不是仅限于学习军事军械。这说明郭氏不仅是洋务派的理论家，实是维新派的先驱。他对现代化的认识已经超越了学习西方的第一个层次，达到了第二个层次，甚至已经触及第三个层次。洋务运动后来由求强转向求富，由军工企业发展到民用企业，郭嵩焘起到了某些理论指导作用。③ 而陈氏父子在湖南的维新改革运动，其实是郭嵩焘改良主义思想的实践。

郭嵩焘认为学习西方应该从人心、风俗、政教入手，进而学习其采煤、冶铁、修铁路及电报等实用技术。陈氏父子的湖南维新运动，正是遵循着这一思路进行的。如南学会虽是学会，但已具议院的雏形，会中时常举行讨论演讲，起到了开民

① 金耀基：《从传统到现代》，中国人民大学出版社 1999 年版，第 131 页。
② 郭嵩焘：《条议海防事宜》，《郭嵩焘奏稿》，岳麓书社 1983 年版，第 346 页。
③ 田海林、宋淑玉：《郭嵩焘评议》，《史学月刊》2001 年第 3 期。

智、伸民权的宣传作用。在采煤、冶铁、修铁路及电报等实用技术方面，湖南新政先后设有矿务局、制造公司、工商局、水利公司等，其中矿务局又分为官办、商办、官商合办三类，又从湖北架设电杆至湘潭。新政推行的过程中遇到困难，陈宝箴也总是从郭嵩焘思想中寻找解决办法。陈三立曾记载了这样一个细节，颇能说明问题："及巡抚湖南，郭公已前卒，遇设施或牴牾，辄自伤曰：'郭公在，不至是也。'"（《先府君行状》）在陈氏父子的努力下，郭嵩焘生前未能引起清政府足够重视的改革思想很大程度上得到了实施。而湖南改革的成果，也从一个侧面证明了郭嵩焘思想的正确性。

陈三立父子对郭嵩焘改良主义思想的继承，还包括重商主义这方面。在当时传统士大夫眼中，商人还是一个低贱的职业。郭嵩焘由于出身经商世家，对商人并不抱此种偏见。他通过对西方商品经济的考察，主张学习西方扶持商业发展，并对洋务派阻挠民营工业发展的方针提出批评，认为所办洋务，包括工业制造、铁路、通商都可以放手让商人去办，国家不应该垄断。陈三立后来批判传统的重农轻商思想："维中国数千年政俗，类持务本抑末之说，贵农而贱商，若周时弦高、秦时寡妇清、汉时卜式有裨国家之急，儒者亦忽视之，群安于陋简，终以自敝。逮四裔通互市，挟其智术，攘以万钧之力，形见势绌，益挠靡穷蹙不可救。"（《钱塘胡君墓表》）从陈三立的思想看，他虽为读书世家，但对传统儒家重农轻商导致中国资本主义难以发展的事实已有了初步认识，认为发展商业是中国富强的根本途径。他赞扬胡雪岩经商致富，称赞胡乃麟致富后为善义事（慈善事业）、创办安定学堂的义举，不以商人巨贾而贱视之，这种思想在当时读书人中亦属可贵。

发展工商业是陈氏父子湖南新政的重要内容。在湖南巡抚任上，陈宝箴积极支持创办近代企业，持助民族工业，甚至不惜挪用清政府发给湖南的旱灾赈款一万两，以支持湘绅张祖同、刘国泰、杨巩创办和丰火柴公司[①]。在湖南新政实施的过程中，商人成为陈氏父子依靠的重要力量。如商界巨擘朱昌琳、张祖同等，尤其是朱昌琳以73岁古稀之龄出山，帮助陈氏管理官钱局、铸钱局、铸洋圆局，疏浚河道，成果显著[②]。在陈三立主持的采矿业中，矿业企业分为官办、商办、官商合办三类，并不完全实行政府垄断。当然，由于受到张之洞洋务实业的影响，商办采矿企业名存实亡，最后"尽归官办"。陈氏父子在官办还是商办的争论中出于稳妥、缓进的变法宗旨，最终选择了张之洞式的官办，似乎并没有达到郭嵩焘、谭嗣同等人的认识高度，这也不必讳言。[③]

应该指出的是，陈氏父子奉行的稳健、渐变的改革思想，可视为湖南新政的一条总纲。陈宝箴曾经以医药治病为喻，借医生张定山之口指出："天下事，执缓与急之见者，不酿则激，非良剂也。今徒取快于一时，后将有难于此者，将若何？"并表示："嗟乎，岂惟医哉！古今之变，天下之乱，皆是也。"[④] 郭嵩焘在此文之后有"老谋深识，称心而言"的评语，足见郭、陈二人变革思想之互通。陈三立曾说："往者三立从湘阴郭筠仙侍郎游，侍郎以为中国侈行新政，尚非其人非

---

①　叶绍荣：《陈寅恪家世》，花城出版社2001年版，第139页。

②　陈三立：《先府君行状》："既设矿务局，别其目曰官办、商办、官商合办。又设官钱局、铸钱局、铸洋圆局，以朱公昌琳领之。朱公七十余，负干略，行贾致巨富，以义侠闻四方，老谢客，独勉为府君出。又通电竿接鄂至湘潭，以张君祖同领之。又浚城北河，使舟有所泊，且兴商利，仍以朱公领之。"

③　参见张求会《陈三立与谭嗣同》，《近代史研究》1996年第3期。

④　陈宝箴：《赠张翁序》，《陈宝箴集》下册，中华书局2005年版，第1832—1833页。

其时，辄引青城道人所称'为国致太平与养生求不死，皆非常人所能，且当守国使不乱，以待奇才之出，卫生使不夭，以须异人之至'，郑重低徊，以寄其意。侍郎世所目为通中外之略者也，其所守如此，时少年盛气，颇忽而不察，今而知老成瞻言百里，验若菁蔡，为不可易。"（《庸庵尚书奏议序》）这充分说明陈氏父子湖南新政的宗旨，实是郭嵩焘定下的改革思路，与康梁的激进变革大异其趣。因此陈寅恪认为："当时之言变法者，盖有不同之二源，未可混一论之也。……（先祖）后交湘阴郭筠仙侍郎嵩焘，极相倾服，许为孤忠闳识。先君亦从郭公论文论学，而郭公者，亦颂美西法，当时士大夫目为汉奸国贼，群欲得杀之而甘心者也。至南海康先生治今文公羊之学，附会孔子改制以言变法。其与历验世界欲借镜西国以变神州旧法者，本自不同。故先祖先君见义乌朱鼎甫先生一新'无邪堂答问'驳斥南海公羊春秋之说，深以为然。据是可知余家之主变法，其思想源流之所在矣。"① 明确地指出了陈宝箴、陈三立湖南新政的思想渊源。

最后，郭嵩焘的教育思想也是陈三立教育思想的重要来源。

中国的封闭和落后使讲求修齐治平的儒家知识分子痛心疾首，然而中国究竟为什么落后，怎样才能从根本上改变落后的面貌？经过认真的观察和思考，郭嵩焘认为"人"的因素才是中国落后的根本原因，要改变中国的贫弱局面，必须从培养现代化的人才入手。这就是说，教育是建设一个富强国家的最根本、最重要的环节。

---

① 陈寅恪：《读吴其昌撰梁启超传书后》，《寒柳堂集》，三联书店2001年版，第167页。

　　在出国之前，郭嵩焘已对西方教育有了初步的了解："西洋政教、制造，无一不出于学。"① 在驻外公使任上，郭嵩焘参观西方各类学校、图书馆、博物馆、学会，深感欧洲教育之发达，更加认识到教育在建设西方现代文明中的关键作用，从而对中国的教育制度进行了全面反思。他说："人才国势，关系本原大计，莫急于学。……至泰西而见三代学校之制犹有一二存者，大抵规模整肃，讨论精详，而一皆致之实用，不为虚文。宜先就通商口岸开设学馆，求为征实致用之学。……此实今时之要务，而未可一日视为缓图者也。"② 他将教育提高到关系国家本原的高度，视为不可一日缓图的"时之要务"，认为教育的改革是迫在眉睫的首要大事。他批评以小楷和八股取士的科举制度是"习为虚文以取科名富贵"，要求借鉴西方经验改革弊端丛生的中国教育。联想到陈三立乡试时曾经拒绝以时文（八股文）答卷，会试时又以楷法不中律格于廷试等事，可以想象陈三立对科举制的弊端有着切身体会，其思想认识与郭嵩焘极有契合之处。

　　一个较为完美的教育制度不仅可以为国家培养出需要的人才，更主要的还可以为社会挽回"人心风俗"。在郭嵩焘的思想体系中，"人心风俗"是一个重要概念，它至少包含了国民的道德水准、知识结构、思想观念以及在此基础上形成的官场作风、社会风气等内容。在郭嵩焘看来，"天下万事万物，根本在人心"，并对当时的"人心风俗"提出了尖锐的批评：其一曰虚骄，其二曰从俗，其三曰轻实学，其四曰尚虚文，其五

---

　　① 《郭嵩焘日记》第3卷，湖南人民出版社1982年版，第823页。
　　② 郭嵩焘：《致沈幼丹制军》，《郭嵩焘诗文集》，岳麓书社1984年版，第196—197页。

曰少廉耻。而"诚欲挽回人心风俗，必自学校始"，把挽回人心风俗提到了立国之本的高度。① 陈三立同样视"人心风俗"为国家富强之本，他批评激进改革派"激荡驰骤"式的变革"于人才风俗之本，先后缓急之程，一不关其虑"（《庸庵尚书奏议序》），明显是受到郭嵩焘的影响。

"人心风俗"虽是儒家传统概念，但郭嵩焘对"人心风俗"的关注，包含了近代先进的中国人对"国民性"的最初批判和清醒反思，具有宝贵的思想价值。而其对教育的重视和对挽回"人心风俗"重要意义的强调，实际上触摸到"现代性"的一个重要特征，即教育全民化，其实质则是"人的现代化"。在近代中国不断追求现代化的坎坷历程中，包括郭嵩焘在内的知识分子最先认识到"人的现代化"是建设现代国家的基础和前提。他对教育问题的重视，对"人心风俗"的关注，对国民性的批判，不仅深刻地影响到陈三立，还被严复、章太炎、鲁迅等思想家继承并发扬光大。

陈三立的"人心风俗"观和教育思想，后文将作进一步探讨，此处不再赘述。应当指出的是，郭嵩焘的教育思想是陈宝箴、陈三立父子教育思想的重要来源，但这并不是说陈氏父子此前并不重视教育问题。陈氏一门向来有办学重教的传统，此点前文已有述及，而陈三立后期教育思想和关于"人的现代化"的观点，除了郭嵩焘的影响外，还受到张之洞、严复等人的影响。不过，陈宝箴在武陟任所，以为学之为用实为世运人才升降之原，于是筑致用精舍，陈三立在武昌任张之洞建立的两湖书院都讲，父子二人在湖南开办时务学堂、武备学

---

① 参见余建明《论郭嵩焘对"人心风俗"的关注》，《太原教育学院学报》（增刊）2002 年 6 月。

堂、算学馆、《湘报》等，乃至后来送衡恪、隆恪、寅恪、登恪诸子远涉重洋出国留学，陈寅恪选择学术为终生事业，凡此种种教育与学术事业，追根溯源，应当说都与郭嵩焘思想有着某种程度的联系。

第三节　湖南新政

光绪十二年（1886），陈三立会试中式，十五年成进士，授吏部主事。"学而优则仕"，看来他似乎也要踏上历史上许多优秀的读书人走的道路，进入仕途为官，以实现治国平天下的儒家理想。但实际上，陈三立从没有真正当过一天的官。授吏部主事不久，他就"翛然引去"，到父亲的任所随侍。

陈三立为什么不在吏部为官？有人以为主要原因是他淡泊名利，无意仕进。此论虽然不差，但却不是主要原因。陈三立之所以离开吏部，应该有两种原因。其一是吏部腐败不堪，积重难返。正如汪荣祖所说："当时吏部弄权，积重难返，已到不可救药的地步。三立虽有经世的大志，无奈浮沉郎署，难有施展。"① 汪氏所言本于徐一士《一士类稿》："时有吏部书吏某冠服来贺，散原误以为搢绅一流，以宾礼接见；书吏亦昂然自居于敌体。继知其为部胥，乃大怒，厉声挥之出。书吏惭沮而去，犹以'不得庶常，何必怪我'为言，盖强颜自饰之词，散原岂以未入翰林而迁怒乎？部吏弄权，势成积重，吏部尤甚，兹竟贸然与本部司员抗礼，实大悖体制，散原折其僭妄，弗予假借，亦颇见风骨。散原非无经世之志，而在部觉浮沉郎

---

① 汪荣祖：《陈寅恪评传》，百花洲文艺出版社 1997 年版，第 15 页。

署，难有展布，未几遂怅然引去，侍亲任所。"① 其二，主事在有清一代为官署中的事务官员，士人中进士后分部办事，须先补为主事，然后才能递升员外郎。至清末各部补主事缺甚难，有弱冠入部，迄乎老死未得补缺者。越缦老人李莼客某年曾在宅门贴一联云："保安寺街藏书十万卷，户部主事补缺一千年。"可见各部主事升迁之难。在陈三立看来，在吏部由主事递升仕进，难有施展才能的机会，不如帮助父亲去做一些实际的工作，因此他毅然离开吏部，帮助其父在任上实施新政，以实现自己的政治理想。

光绪二十二年（1895），陈宝箴被清政府诏命为湖南巡抚，父子二人的抱负与才能终于有了全面施展的机会。这时的中国已陷入更深的民族危机，甲午战争中北洋海军覆没，清政府被迫与日本签订了丧权辱国的《马关条约》。昔日中国人根本瞧不上眼的"蕞尔小国"——日本，现在居然用武力迫使庞大的大清帝国签订了城下之盟，这奇耻大辱深深地震动了爱国官吏和士人。比较先进的知识分子更加痛切地感到，不变革中国就没有出路，而日本明治维新给了他们一个变革成功的样板。陈氏父子的湖南实政，就是要效法明治维新，按照郭嵩焘等人的改革方案，将湖南建设成日本幕府时期的萨摩和长门，创立富强根基，使国家有所凭恃。这一年，陈宝箴 65 岁，陈三立 43 岁。

轰轰烈烈的湖南新政，实际上是陈氏父子二人合作的结果，这已为世人所公认。钱基博曾说，陈三立在长沙襄助其父，兴利除弊，"三立一言，其父固信之坚也"②。甚至有人认

---

① 徐一士：《谈陈三立》，《一士类稿》，辽宁教育出版社 1997 年版，第 96 页。

② 钱基博：《陈三立致谭献函·附三立小传》（未刊手迹），转引自汪荣祖《陈寅恪评传》，百花洲文艺出版社 1997 年版，第 16 页。

为湖南"一省政事，隐然握诸三立手中，其父固信之坚也"①，陈三立后来的知交好友、佛学大师欧阳竟无（渐）更是认为"改革发原于湘，散原实主之"②。其说或许有夸张的成分，但陈宝箴对其子确实极为信赖，这是事实。他甚至将采矿、兴学、创办南学会等重要改革事务交由三立主持。陈宝箴聘梁启超而非康有为主讲时务学堂，也是陈三立的主意。据陈寅恪回忆："先是嘉应黄公度丈遵宪，力荐南海先生于先祖，请聘其主讲时务学堂。先祖以此询之先君，先君对以曾见新会之文，其所论说，似胜于其师，不如舍康而聘梁。先祖许之。因聘新会至长沙。"③ 这充分说明了陈三立的意见对陈宝箴的改革决策所起的重要作用。

　　陈宝箴之所以对三立如此信任，当然不是任人唯亲，而是因为父子二人在人格气质、政治理想、维新路线等诸多方面有极大的一致性，因而陈宝箴对爱子的能力、才识具有足够的信心。比如他们经世致用的学术观，稳健、渐变的维新纲领，兴教重才的教育思想。这在前文已有论及，此处仅举一例，说明陈宝箴、陈三立父子思想的一致性。

　　有学者在说明陈宝箴思想发展时，认为陈宝箴有清流特色："陈宝箴思想的发展脉络，大体经历了这样几个阶段：他是从具有强烈爱民爱国意识的读书人，逐步变为具有清流特色的官吏，后来又发展成为意气风发、推行新政的湖南巡

---

　　① 陈灨一：《睇向斋逞臆谈》，转引自张求会《陈三立与谭嗣同》，《近代史研究》1996年第3期。
　　② 欧阳竟无：《散原居士事略》，《欧阳竟无集》，中国社会科学出版社1995年版，第202页。
　　③ 陈寅恪：《读吴其昌撰梁启超传书后》，《寒柳堂集》，三联书店2001年版，第167页。

抚。"① 关于清代同治、光绪朝士大夫有清流、浊流之分，陈寅恪《寒柳堂记梦未定稿》"清季士大夫清流浊流之分野及其兴替"一节，对此有详细说明：

> 简要言之，自同治至光绪末年，京官以恭亲王奕䜣、李鸿藻、陈宝琛、张佩纶等，外官以沈葆桢、张之洞等为清流。京官以醇亲王奕譞、孙毓汶等，外官以李鸿章、张树声等为浊流。至光绪迄清之亡，京官以瞿鸿禨、张之洞等，外官以陶模、岑春煊等为清流。京官以庆亲王奕劻、袁世凯、徐世昌等，外官以周馥、杨士骧等为浊流。但其间关系错综复杂先后互易，官难分划整齐，此仅言其大概。②

以今言之，清末的清流派是以朝中言官、翰林为主体的一批直言敢谏、勇于言事的士大夫群体。他们或为讲臣，或为台谏，批评朝政，指摘时弊，纠弹贪官，不僻权贵，逐渐左右朝野舆论之权，形成近代史上颇具影响的舆论力量。最著名的清流人物，除了翁同龢、李鸿藻外，还有陈三立的座师陈宝琛，陈三立称他"与宗室侍郎宝廷、张学士佩纶、张文襄之洞并以直谏有声天下，想望风采，号为清流"（《清故太傅赠太师陈文忠公墓志铭》）。

从这些方面看来，陈宝箴父子都有一定的清流特色。最为明显的例子，便是甲午战争失败，《马关条约》签订后，陈宝

---

① 孔祥吉：《〈陈宝箴集〉序》，汪叔子、张求会编《陈宝箴集》，中华书局2003年版。
② 陈寅恪：《寒柳堂集》，三联书店2001年版，第191页。

箴上疏陈说利害得失，痛抵李鸿章不当战而战，致使北洋海军全军覆没，乃至丧师辱国，有负国家重望，甚至拒绝与李同朝为官。年轻气盛的陈三立则致电张之洞，言辞更为激烈，要求先诛李鸿章，再图补救，以伸中国之愤。对甲午之败和对李鸿章的批评，父子二人的所作所为有着惊人的相似性和一致性。

从陈氏父子交往的同事和朋友看，他们与清流派主要人物时有来往，并保持着良好的友谊，有的甚至十分密切。陈宝箴曾与李鸿藻共过事。在湖北布政史、按察史期间，张之洞是他的顶头上司，工作上两人配合颇为默契，湖南新政时得到了张的鼎力支持。张之洞对年轻而有才识的陈三立也极为礼敬。他在湖广总督任上创办两湖书院，聘请陈三立任都讲，并请他校阅经心、两湖书院卷，甚至不顾自己官阶、年龄、社会声望都高于陈三立，主动登门拜访。陈三立虽未入张之洞幕，但也常为张之洞的座上客。被称为清流"四台谏"之一的陈宝琛，是陈三立的座师，对他有知遇之恩。三立晚年以82岁之高龄，向87岁的陈宝琛执弟子礼，可见对陈宝琛的敬重。其他清流人物，如瞿鸿祣、梁鼎芬等人，也与陈氏父子关系密切。

然而如果因此而将陈氏父子归于清流一派，似乎并不符合实际。因为陈宝箴、陈三立父子二人思想与一般清流有很大不同，甚至在某些思想认识方面是完全对立的。

晚清清流派人物，虽敢于言事，讥评时政，甚至犯颜直谏，弹劾官邪，但他们绝大多数的认识水平仍然停留在一般性的爱国主义层面，比起郭嵩焘等思想先驱来有着不小的差距。这使得他们对世界局势仍然相当蒙昧，对中国政治、经济、文化、军事力量也缺少透彻、清醒的认识。加上有部分人物频频上书言事，只不过为了博取抗颜直谏的美名。这些先天不足，使得清流派的清议常常显得空疏而无补于时，有人对颇有作为的能吏也一味攻击，甚至成为政治上争权夺利的工具。郭嵩焘、曾纪泽等人都曾吃过清流派的亏。1877 年郭嵩焘《使西纪程》日记遭到朝野批判围攻，其中就有清流派何金寿、张佩纶等人。因此曾纪泽不无怨气地写道：

> 今世所谓清议之流，不外三种：上焉者弪弪自守之士，除高头讲章外，不知人世更有何书，井田学校必欲遵行，秦汉以来遂无政事，此泥古者流，其识不足，其心无他，上也。中焉者好名之士，附会理学之余绪，发为虚悬无薄之庄言。或陈一说，或奏一疏，聊以自附于腐儒之科，博村正之声而已，次也。下焉者视洋务为终南捷径，钻营不得，以媚嫉之心，发为刻毒之词。①

光绪九年（1883），陈宝箴因河南武陟任内王树汶案，也曾受到张佩纶弹劾，被罢职。他对张佩纶也颇有微辞，上疏为自己申辩，并说："一官进退轻如毫毛比，岂足道哉？然朝廷方以言语奖进天下士，不思竭忠补阙，反声气朋比，颠倒恣横，恐且败国事，吾当不恤自明，藉发其覆，备兼听。"（《先府君行状》）

甲午战争失败后，陈宝箴和清流派都对李鸿章进行了激烈的批评，但由此也可看出陈氏父子与清流派的根本不同。以翁同龢为代表的清流派，指责李鸿章一味主和卖国。如张謇上疏弹劾李鸿章说："试问以四朝之元老，筹三省之海防，统胜兵精卒五千营，设机厂、学堂六七处，历时二十年之久，用财数千万之多，一旦有事，但能漫为大言，胁胁朝野；曾无一端立

---

① 曾纪泽：《曾纪泽遗集》，岳麓书社 1983 年版，第 343—344 页。

于可战之地，以善可和之局。稍有人理，能无痛心！"最后要求"另简重臣，以战定和"。而陈宝箴对李鸿章的批评则"不在于不当和而和，而在于不当战而战"。陈宝箴、陈三立父子继承了郭嵩焘的和平外交思想，主张尽量避免轻言战争，以保存国力，争取一个稳定发展的局面。而清流派的外交思想则以强硬为主，"轻言战争"是他们的通病。面对西方列强，清流派士大夫们意气用事多于冷静的分析，难免言论偏激，脱离实际，甚至出现了"东讨日本，西击法郎西"一类无补于时的激愤之词。①

陈三立对湖南新政的另一大贡献，是替其父网罗了一批维新人才。三立一生交友极广，除了向其父推荐梁启超外，他还结识了文廷式、黄遵宪、皮锡瑞、熊希龄、谭嗣同等人。这些一时俊彦分属洋务派、康梁派和稳健渐进派，尽管思想阵营不尽相同，但都与陈三立志同道合。他们讲学论文，议论风发，"相与剖析世界形势，抨击腐败吏治，贡献新猷，切磋诗文，乐则啸歌，愤则痛哭，声闻里巷，时人称之为'义宁陈氏开名士行'"②。在这些人中，陈三立与谭嗣同、丁惠康、吴保初并称"维新四公子"，名动一时。

在与这些不同派别维新志士共同讲学论文、推行新政的过程中，陈三立也受到他们新思潮的影响，思想变得更加丰富、成熟。他与梁启超、谭嗣同等激进变革派虽在维新思想上分属两途，但在许多方面也有一致的认识，彼此都很佩服对方的学识，尤其是与梁启超结下很深的友谊，成为三代莫逆之交。即

---

① 参见陈勇勤《晚清清流派思想研究》，《近代史研究》1993年第3期。
② 陈小从：《庭闻忆述》，张杰、杨燕丽选编《追忆陈寅恪》，社会科学文献出版社1999年版，第449页。

使对康梁派的领袖康有为，陈三立虽与他有很大分歧，但也十分器重对方才学，晚年还结成诗友。

与康、梁等人相比，张之洞的思想对陈三立影响似乎更大一些。在他著名的《劝学篇》中，张之洞提出了"旧学为体，西学为用"的思想，强调"中学为内学，西学为外学；中学治身心，西学应世事；不必尽索之于经文，而必无悖乎经义。如其心圣人之心，行圣人之行，以孝弟忠信为德，以尊主庇民为政，虽朝运汽机，夕驰铁路，无害为圣人之徒也"①。该书面世后，立即受到清廷朝野上下的赏识，"挟朝廷之力以行之"，迅速遍于全国。《劝学篇》向世界昭示了中国思想界的变化，在国际上也引起了西方世界的注目。1900 年，纽约出版了乌特勒来基（Samuel Wood Bridge）译本，名为《中国唯一之希望》（*China's Only Hope*）。译者认为，《劝学篇》标志着"长时期以来习惯于孔夫子的陈词滥调下变得死气沉沉的中国人，终于在时代的现实面前苏醒过来"②。"中体西用"理论确立了以中学为主体，中西兼容的文化体系，解决了中西文化融合的关键，是近代思想史上的一次革命。张之洞是陈三立父子最信赖的政治家之一，以陈三立与张之洞交往之密切，他不可能不受到"中体西用"思想的影响。在文章中陈三立曾用"修明吾国立国之道，而辅之以泰西制器之术"③一语，与"中体西用"意思相近。

变法运动最终走上了陈宝箴、陈三立所不愿看到的激进道

---

① 张之洞：《劝学篇·会通第十三》，华夏出版社 2002 年版，第 147—148 页。

② 转引自李凤仙《〈劝学篇〉评介》，张之洞《劝学篇》，华夏出版社 2002 年版，前言第 14 页。

③ 陈三立：《钟征君墓表》，潘益民、李开军辑注《散原精舍诗文集补编》，江西人民出版社 2007 年版，第 290 页。

路，即使在湖南也出现了一些过激的言行。光绪二十四年（1898），《湘报》发表了时务学堂学生易鼐的《中国宜以弱为强说》一文，文中主张中国"若欲毅然自立于五洲之间，使敦之会以平等待我，则必改正朔，易服色，一切制度，悉从泰西。入万国公会，遵万国公法"①，引起了清政府和叶德辉、王先谦等湖南保守派士大夫的不满。在张之洞的压力下，陈宝箴不得不对《湘报》实施整顿。叶德辉、王先谦等原本也是陈宝箴新政的支持者，但经此一事，保守派固不满激进派的叛经离道，激进派也认为陈宝箴过于守旧，新政在湖南士大夫中的基础出现了动摇。尽管陈宝箴向保守派做了最大让步，努力调和激进、保守两派，苦心孤诣地试图挽回危局，但大局已经失控。秋八月，慈禧太后发动戊戌政变，逮捕康梁党人，谭嗣同等"六君子"遇难，轰轰烈烈的维新变法运动宣告失败。陈宝箴因保荐杨锐、刘光弟，以"滥保匪人"被罢免湖南巡抚职，永不叙用，陈三立也一同被革职②，湖南新政功亏一篑。"既去官，言者中伤周内犹不绝，于是府君所立法次第寝罢，凡累年所腐心焦思、废眠忘餐、艰苦曲折经营缔造者，荡然俱尽"（《先府君行状》），父子二人的政治抱负遂尽于此。

第四节 袖手神州

陈三立与父亲被革职后，罢归江西南昌，在西山筑室而

---

① 《湘报》上，中华书局1965年版，第153页。

② 《光绪朝东华录·光绪廿四年八月》："谕：湖南巡抚陈宝箴，以封疆大吏，滥保匪人，实属有负委任。陈宝箴著即行革职，永不叙用。伊子吏部主事陈三立，招引奸邪，著一并革职。见《光绪朝东华录》第4册，中华书局1958年版，第200页。

居。陈宝箴取青山字相关属之义，名之曰"崝庐"，又曾自撰门联云："天恩与松菊，人境拟蓬瀛。"父子二人虽自放山水间，但仍然无法掩饰政治理想破灭、祖国富强无望的痛苦，"往往深灯孤影，父子相语，仰屋欷歔而已"（《先府君行状》）。

光绪二十六年（1900），陈三立挈家移居江宁，陈宝箴暂留西山崝庐。陈三立原拟秋后迎父迁居，不料是年六月二十六日，陈宝箴在家中"以微疾卒"。有学者研究认为，陈宝箴是被慈禧秘密赐死。① 怀着巨大家国隐痛的陈三立虽忧国之念未泯，但从此不再参与政治，以诗歌自娱，开始了诗人生涯。这一年，陈三立 48 岁。

从昔日意气风发的"义宁公子"，到深夜孤灯、幽忧郁愤的"散原老人"，从历史风口浪尖的弄潮儿，到执诗坛之牛耳的"同光体"著名诗人，从大清帝国的吏部主事，到辛亥革命之后的清朝遗老，陈三立完成了人生最彻底，也最为重要的一次转变。"维新变法，以改革天下"的政治理想，已经让位

---

① 宗九奇《陈宝箴之死的真相》一文引戴远传《文录》手稿："光绪二十六年六月二十六日，先严千总公（戴闳炯）率兵从江西巡抚松寿弛往西山崝庐，宣太后密旨，赐陈宝箴自尽，宝箴北面匍伏受诏，即自缢。巡抚令取其喉骨，奏报太后。"见《文史资料选辑》第87辑，文史出版社1983年版，第223页。但《文录》手稿系孤证，发表后未引起太大注意。后来刘梦溪发表《慈禧密旨赐死陈宝箴考实》（《中国文化》2001年第17、18期合刊）一文，用陈寅恪"文史互证"之法，对此作了详尽辨析考论，但仍属推测，未能提供确切证据。按，陈宝箴之死甚为蹊跷，陈三立所言"以微疾卒"，似含隐衷。但赐死之说仍有诸多疑问，刘梦溪考论亦多牵强之处，因此胡迎建《一代宗师陈三立》（江西高校出版社2005年版）、董俊珏《陈三立评传》（博士学位论文，苏州大学，2008年）等均未采信此说。唯2007年，《创作评谭》杂志发表的署名陶江的《崝庐与陈宝箴之死》一文，文中引用陈宝箴夫妇墓地看墓人朱海生的儿子朱炳已之语："陈宝箴是在江西巡抚与兵丁们的监视下，接了懿旨后，服新鲜白鹤血而死。"与《普之文录》所载大同而小异。见《创作评谭》2007年第3期。

于发扬中国文化与学术德教的理想。

归隐并不意味着与风云变幻的新世界的绝缘。相反，他仍然很关心时局，并且不断汲取新知识、新思想。尤其是世纪之交，严复译介的"物竞天择，适者生存"的进化论思想对陈三立进一步接受资产阶级启蒙思想起到了关键作用。

严复（1854—1921），字又陵，号几道，福建侯官人，近代启蒙思想家。1866 年考入福州船政学堂，学习英文及近代自然科学知识。1877 年到 1879 年，被公派到英国留学，先入普茨茅斯大学，后转到格林威治海军学院。回国后，到福州船厂船政学任教习，后任天津北洋水师学堂总教习及总办（校长）、京师大学堂译局总办、上海复旦公学校长等职。

严复在英国留学之时，与时任驻英公使的郭嵩焘相识。郭嵩焘极为赏识这位英国格林威治海军学院官生，在《郭嵩焘日记》中一再提及，称"予极赏其言"，又称"又陵之才，吾甚爱之"。严复与陈三立年龄只相差一岁，同是受到郭嵩焘赏识的青年才俊。陈三立年轻时从郭嵩焘论文论学，郭氏很可能曾经在他面前称赏过严复，虽然目前没有文献印证，但是据常理猜测，这种可能性是相当大的。不过有一点可以肯定，陈三立在与严复相识之前，就已阅读了严复翻译的《天演论》等著作，并且极为叹服。严复《天演论》译成于 1895 年，1898 年出版，其后又多次出版，竟至出现三十多种版本。王国维把《天演论》比之汉末译出的《四十二章经》，认为"嗣是以后，达尔文、斯宾塞之名腾于众人之口，'物竞天择'之语见于通俗之文"①。书中"物竞天择，适者生存"的现代西方进化论

---

① 王国维：《论近年之学术界》，《王国维遗书·静安文集》，上海古籍书店 1983 年影印版。

思想深深地影响了几代中国士人，成为近代以来第一部影响到整个中国思想界的西方学术著作。

据现有资料推测分析，陈三立最初阅读《天演论》，时间应当是1901年。《天演论》初版于1898年，其时陈三立侍父在湖南巡抚任推行新政。秋八月，戊戌政变，陈宝箴被罢免湖南巡抚职，陈三立也一同被革职。这年冬天，全家返江西南昌，在南昌西山筑崝庐以居。政治理想的破灭，加上家庭连遭不幸，使陈氏父子的精神备受打击，这一段时间陈三立可能没有足够的心情汲取新知识，创作方面也几乎是一片空白。1901年，陈三立定居南京，在家办学堂。这时候他才有正常的心情读书、作文，《散原精舍诗》即始于本年。

陈三立在1901年曾认真阅读《天演论》等严复译著，还有诗为证。作于这一年的《崝庐书所见》云：

> 民有智力德，昊穹锡厥美。振厉掖进之，所由奠基址。列邦用图存，群治抉症痞。雄强非偶然，富教耀历史。孰尸化育权，坐令侪犬豕。一沤知滔天，一尘测崱巆。抚一蚁蛭区，以验俗根柢。卤莽极陵夷，种族且致坦。天道劣者败，中夜起拊髀。体国始经野，歌以俟君子。

"智力德"是严复思想的重要概念之一。严复发表于1895年的《原强》中云："今日要政，统于三端：一曰鼓民力，二曰开民智，三曰新民德。……使三者诚进，则其治标而标立，三者不进，则其标虽治，终亦无功。"《天演论》更是极重视"智力德"这一术语，如《乌托邦》："故欲郅治之隆，必于民力、民智、民德三者之中，求其本也。"《导言十五·最旨》：

"人欲图存，必用其才力心思，以与是妨生者为斗。负者日
退，而胜者日昌，胜者非他，智、力、德三者皆大是耳。"①
陈三立此诗中的"天道劣者败"一句，即《天演论》中"物
竞天择，适者生存"之义。据此可以确证陈三立在1901年曾
认真研读过严复《天演论》等译著，并有得于心。

　　此后一直到1904年间，陈三立又陆续阅读了严复《群
己权界论》、《社会通诠》等译著。严复所译约翰·穆勒的
《群己权界论》，即《论自由》（*On Liberty*），原著1859年出
版，是19世纪欧洲自由主义的代表作。作者John Stuar Mill
（1806—1873），今译约翰·斯图尔特·密尔，是英国杰出的
政治思想家、唯心主义哲学家、逻辑学家和经济学家。《社
会通诠》（*A History of Politics*，今译《政治史》），作者是英
国学者Jenks Edward（1861—1939），严译甄克思，今译詹
克斯·爱德华。《社会通诠》著于1900年，严复译成于
1903年，1904年由商务印书馆出版。严复旨在通过《社会
通诠》帮助中国人认识国情，借助西学来阐明中国发展缓慢
的原因。在译文按语中，严复肯定中央集权制，不赞成联邦
制；批评无限君权，主张地方自治，认为中国封建王朝既无
自由又无平等。这两部译著同《天演论》一样，使陈三立的
思想受到很大震动。在《读侯官严复氏所译英儒穆勒约翰群
己权界论偶题》一诗中，陈三立称赞严复对西学的译介之
功："复也雄于文，百幽竭一嚄。扬为曒日光，吐为大块
意。"他接受了译著中介绍的西方自由学说，并与先秦原始
儒家的道德伦理学说相结合，认为个人自由可以"萌芽新道
德"，也可以"取以持善败"。西方自由学说可以使人从专制

―――――――――

　　①　严复译：《天演论》，科学出版社1971年版，第53—54页。

束缚下获得解放，是国家成败兴亡的关键。在《读侯官严氏所译社会通诠讫聊书其后》，他写道："悲哉天化之历史，虽于穹宙宁避此。图腾递入军国期，三世低昂见表里。我有圣人传作尸，功成者退恶可欺。蜕形范影视炉捶，持向神州呼吁之。"表达了对社会进步、祖国富强的强烈渴望。

作于1904年的《感春》是研究陈三立思想的重要文献，其中第二、三首较为集中地传达出了陈三立对严复西学思想的接受。其诗如下：

> 杂置王霸书，其言综治乱。慷慨一时画，指列亦璀璨。世运疾雷风，幻转无数算。冥冥千岁事，孰敢恣臆断。况当所遭值，文野互持半。垂示不过物，道若就羁绊。又若行执烛，迎距光影判。倍谲势使然，安能久把玩。魏魏孔尼圣，人类信弗叛。劫为万世师，名实反乖谩。起孔在今兹，旧说且点窜。撼彼体合论，差协时中赞。吾欲衷百家，一以公例贯。与之无町畦，万派益输灌。

> 国民如散沙，披离数千岁。近儒合群说，哓哓强置喙。日责爱国心，反唇笑以鼻。疴痒本非我，我爱焉所寄。生今探道本，亦可决向避。天地有与立，绸缪非细事。吾尤痛民德，繁然滋朋伪。东掖踬于西，宁独窒厥智。环球悬宗教，始赖缮万类。厮养炀灶间，上帝临无贰。俗化得基础，然后图明备。嗟我号传孔，梓潼杂儿戏。回释既浮剿，耶和益相戾。向见龙川翁，组织别树帜。谬欲昌其说，用广师儒治。惜哉畏弹射，又倚厌世义。徒党散四方，杳茫竟谁嗣。

"杂置王霸书，其言综治乱"两句，说明陈三立将严译著作与儒家经典同样视为"王霸书"。"魏魏孔尼圣，人类信弗叛。劫为万世师，名实反乖谩。起孔在今兹，旧说且点窜。摭彼体合论，差协时中赞。吾欲衷百家，一以公例贯。与之无町畦，万派益输灌。"这几句说明陈三立将西学与儒家思想结合起来，既表明孔子学说的永恒价值，又主张不分中西，不分新旧，广泛吸收百家万派学说。可见陈三立在接受西学思想的同时，并没有抛弃儒家思想；在坚持儒家思想的同时，并没有故步自封，而是用西学思想探索中国文化经典的现代价值，力图将二者融会贯通，即所谓"吾欲衷百家，一以公例贯。与之无町畦，万派益输灌"。陈三立此处"体合"之说，即出自严复《天演论》之《导言十五最旨》："于此见天演之所以陶钧民生，与民生之自为体合（自注：物自变其形，能以合所遇之境，天演家谓之体合）。体合者，进化之秘机也。"又《论十五演恶》："然于物竞、天择二义之外，最重体合，体合者，物自致于宜也。彼以为生既以天演而进，则群亦当以天演而进无疑。而所谓物竞、天择、体合三者，其在群亦与在生无异，故曰任天演自然，则郅治自至也。"严复用"体合"一词表示在各种生存压力之下，人类自然能够适应环境而克服各种困难。亦即人类在天演的竞争压力底下，才智、能力、德行都会日渐进步。陈三立摭取"体合论"一语，说明儒家思想也需"自变其形能，以合所遇之境"，指出了中国文化发展的方向。关于这一问题，第二章有详细讨论，此不赘述。

以上说明陈三立在1901—1904年间，系统地阅读了严复译著，并深为其所译介的西学思想所折服。但是在1904年以前，陈、严二人由于种种原因，虽然互相钦慕，却缘悭一面。严复 1903 年 1 月 31 日《复熊季廉书》写道："义宁公子，复夙所钦迟，而缘悭一面。其节操真足令人敬叹。曩小儿璩过秣陵，极蒙青眜，家书一再道之。愧负深知，无以仰答。"① 说明严复对陈三立也钦慕已久。熊季廉是陈三立与严复相识的一个重要中间人。熊名元锷，字季廉，既是严复的学生，又是陈三立的忘年之交。他于 1900 年至上海，经陈三立介绍，拜入严复门下，并改名师复。陈三立曾从熊季廉处得睹严复评点《老子》，认为严复的评点处处用西方的哲学、历史、宗教，甚至科学来阐明《老子》的现代意义，因而击节称赏。严复手批《老子》，事在 1904 年。严璩《侯官严先生年谱》："手批《老子》，为南昌熊季廉所见取去。次年熊君付刊于日本东京。"严复 1904 年 1 月 11 日《致熊季廉书》云："《老子》一册，当时随所见妄有涂疥，不谓义宁目为独到，刘邕之癖正如此耳。"据此可知熊曾将陈三立的评语转述于严复，严复因此对陈三立颇有知己之感。1904 年 10 月 25 日，他在给熊季廉的信中写道："使心力稍健，颇思载游白下，一访伯严。"表达了与陈三立相识的愿望。

1904 年底，陈三立和严复这两位互相钦慕已久的近代文化巨子终于在上海相识，并结下了深厚的友谊。据孙应祥《严复年谱》，1904 年 12 月 3 日（农历十月二十七日），严复随张翼取道上海赴伦敦，对质开平矿局讼事。时隆恪、寅恪兄弟考取官费留日，陈三立至上海送行。二人相见，具体月日虽已不可考，但在严复离沪赴英之前，即是年 11 月至 12 月初之间，当无疑问。陈三立《散原精舍诗》中有《送严几道观察

---

① 孙应祥：《严复年谱》，福建人民出版社 2003 年版，第 195 页。

游伦敦》一诗云："哺啜糟醨数千载，独醒公起辟鸿蒙。抚摩奇景天初大，照耀微尘日在东。聊探睡骊向沧海，稍怜高鸟待良弓。乘桴似羡青牛去，指点虚无意未穷。"诗中将严复比作"众人皆醉我独醒"的屈原，称赞严复译介西学开千载之鸿蒙，给予极高的评价。

陈三立与严复虽非至交，但彼此佩服，在此之后二人时相酬唱。1906年4月23日，熊季廉不幸病卒，年仅28岁。严复与陈三立共同为熊季廉操办丧事，严复撰写了《熊生季廉传》，三立为撰《南昌熊季廉墓志铭》，并有《哭季廉》一诗。1912年，严复六十初度，陈三立也有诗相贺。1913年，严复有《寄伯严》诗："已回春燕数鲥鱼，目断南云少尺书。可有园林成独往，倘缘花月得相于。江湖无地栖饥凤，朝暮何年了众狙？说与闭门无已道，去年诗句太勤渠。"这首诗发表于次年《庸言》报第25、26号合刊上。三立得诗后，赋《答严几道京师见寄》答之："霰急曾窥海屋灯，拂衣小别梦层层。神山那见金银阙，鬼斧虚划日月棱。自葬幽忧亲死蠹，剩移凉味作痴蝇。插胸宇宙悬屠影，煮石牵萝病未能。"1921年，严复卒于福州，陈三立得讯后，赋诗挽之："死别犹存插海橼，救亡苦语雪灯前。埋忧分卧蛟蛇窟，移照曾开蟏蟒天。众噪飞扬成自废，后生沾被定谁贤。通人老学方追忆，魂湿沧波万里船。"表达了对这位启蒙思想家的无限惋惜之情。

由于相似的政治理想和文化理想，陈三立与严复在心灵上有所契合。而严复的启蒙主义思想，也使得陈三立的思想水平既远远超出一般的清朝遗老，同时也有别于戊戌变法失败后的康、梁等维新人士。

第二章 文化保守主义情结

第一节 作为现代性方案的近代文化保守主义

"保守"、"保守主义"等词似乎含有天生的贬义，受到人们普遍的轻视甚至蔑视。与"保守"相关的，是诸如"愚昧"、"腐朽"、"落后"、"抱残守缺"乃至"反动"、"反革命"等令人厌恶的字眼。作为与五四激进主义相对立的近代中国文化保守主义，更是一度背上十足的恶名，备受批判与奚落。其实，在中国传统文化典籍中，"保守"原意为保护、守卫城池，《史记·鲁仲连邹阳列传》："燕将惧诛，因保守聊城。"后由"保卫、坚守"引申为"保持，使不失去"之意，是一个中性词，原无贬义色彩。只是在近代以来，"保守"一词才带上了贬义。"保守"的这种语义原罪隐含着五四激进主义的话语权和由此而来的对"进步"、"激进"、"革命"等价值的非理性崇尚。

在西方，保守主义（conservatism）是一个重要的政治思潮或意识形态，其首要特征是反对"全面的"与"激进的"变革，致力于维护现存的制度。美国保守主义思想家克林顿·罗西特（C. Rossiter）区分了四种类型的保守主义：本质上的保守主义、情境上的保守主义、政治保守主义和保守主义哲学。所谓本质上的保守主义，是指人们心目中的一种自然的性情，即抵制对习惯生活和工作方式带来混乱的变化。情境上的保守主义是一种态度，反对可能导致社会、经济、法律、宗教、政治和文化秩序分裂的变化。也就是说，人们表现出希望维持现状的倾向。至于政治上的保守主义，罗西特认为它大体上等同于所谓的"右派"。最典型的政治保守主义有英国托利党、美国共和党、法国戴高乐派以及一些欧洲国家的基督教民主党人。而作为一种哲学或政治思想体系，保守主义致力于维护既定的秩序以及那一秩序中某些集团的领导地位。① 作为一种意识形态，西方保守主义最早出现于法国大革命时期，是对大革命前几个世纪社会与政治变革思想批评的产物。"作为保守主义者，就是喜爱熟悉的事物胜过未知的事物，可信赖的事物胜过未经试验的事物，事实胜于玄理，眼前之物胜于遥远之物，充足胜于完美，现时的欢乐胜于虚幻的欢乐。"② 应当指出的是，保守主义虽然反对剧烈的社会变迁，但却不排斥自由民主，也不是毫无原则地"维持现状"。它强调经验的、具体特定的事情，不喜欢一般的、抽象的、先验的原则与范围，致力于用它的信条和标准来批评、改进现状，有着内在的逻辑和原则。19 世纪以后，保守主义与自由主义、社会主义构成了当代世界上三大主流意识形态。

中国具有悠久的保守主义传统，儒、道思想都具有浓厚的保守主义色彩。早在春秋时代，儒家思想的至圣先师孔子就尊

---

① 王皖强：《〈保守主义的含义〉中译者序》，［英］罗杰·斯克拉顿《保守主义的含义》，中央编译出版社 2005 年版，前言第 2—3 页。

② 同上书，前言第 4 页。

崇周礼，主张恢复三代之制："周监于二代，郁郁乎文哉！吾从周。"道家学派的创始人老子认为应当"绝圣弃智，民利百倍；绝仁弃义，民复孝慈；绝巧弃利，盗贼无有"，主张回到"结绳而用之"的莽荒时代。儒、道两家的保守主义思想在历史上产生了极为深远的影响，此后数千年来中国士人服膺古训，以复古为尚，形成中国历史上超稳定的文化格局，这对于光辉灿烂的中华文明的形成具有不可磨灭的贡献。然而鸦片战争以来，中国遭遇了"三千年未有之大变局"，强势的西方现代文明伴随着欧洲人的坚船利炮侵入中国，一时欧风美雨，遍被华林，传统的民族文化遭到巨大的冲击。为了实现富国强兵的理想，近代中国进行了艰难的现代化探索，学习的目标就是强大的西方对手。最初认识到西方的船坚炮利，于是大办洋务，"师夷长技以制夷"，在器物技能层次（technical level）上现代化；后来认识到西方之所以国富民强，不仅在于器物技能，更在于有议会民主制度，于是开始维新变法，力求在制度层次（institutional level）上实现现代化；维新变法的失败使国人意识到西方现代化的根本不仅在于器物、制度，更在于西方现代文明，而中国落后的原因是作为国家意识形态的儒学无力应对世变，于是开始输入西方自由、平等、博爱、进化等现代思想，这是思想行为层次（behavioral level）的现代化。这三个层次的现代性建构，经历了一个不断深化、层层递进的过程，后一层次基本上是建立在前一层次失败的基础上，有学者称之为中国文化变革方式的"代际递嬗"①。正是这两次跨代即代际递嬗促成了清末民初的中国文化从传统形态向现代形态的转换，同时也是现代性的物质化外围向文化核心的逐级推

---

① 昌切：《清末民初的思想主脉》，东方出版社1999年版，第239页。

进。特别是西方进化论的传入是其中一大转折关键，它使
"物竞天择，适者生存"的观念深入人心，指向未来的"进
化"观念取代了以复古为尚的传统思想。由"复古"一变而
为"进化"，知识分子的思想出现了180度的转折。随之而来
的是，以儒学为核心的传统文化被视为中国落后的总根源，遭
到全面批判和彻底抛弃，传统文化合法性地位全面丧失，西方
成为现代性的唯一模范，"激进"成为主导的价值，"全盘西
化"成为中国近代以来现代性建构的事实选择。正如余英时
所说，在比较正常的状态下，"保守"和"激进"都是在紧张
之中保持一种动态的平衡。在一个要求变革的时代，"激进"
往往成为主导的价值，但是"保守"则对"激进"发生一种
制约作用，警告人不要为了逞一时之快而毁掉长期积累下来的
一切文化业绩①。然而在近代的中国，大多数的知识分子在价
值上选择了往而不返的"激进"取向，无论是戊戌的维新主
义者，五四时代的自由主义者，抑或稍后的社会主义者，竟不
惜把中国的文化传统当作"现代化"的最大敌人而弃之如敝
屣，最后采取了"全盘西化"的策略，向西方寻求真理。

　　尽管在20世纪的保守与激进的对抗中，保守主义在强大
的激进主义潮流的作用下失去了文化领导权而日益被边缘化，
因而对激进力量几乎没有起到多少制衡的作用，但是这并不意
味着中国的保守主义没有发出自己的声音。在激进主义兴起的
同时，现代意义上的保守主义也出现在中国的历史舞台上。一
般认为，近代中国保守主义分为两类，一类是政治上的保守主
义，一类是文化上的保守主义。文化上的保守主义又可分为两

---

　　①　余英时：《中国近代思想史上的激进与保守》，《现代儒学的回顾与展
望》，三联书店2004年版，第36页。

类，第一类可称为顽固的文化保守主义，它以维护封建制度为目的，固守传统文化的一切，拒绝任何变革，拒斥各种异端和外来文化因素的进入，因而也有人称之为封建的文化保守主义。第二类就是本书讨论的真正具有近现代意义的文化保守主义思潮。顽固派是要维护中国文化的一统天下，而现代文化保守主义者维护的是中国文化的主体地位，二者虽同源自传统，其实大异其趣，其思想高下有云泥之判。按照喻大华的定义："晚清文化保守主义思潮是在中西文化交融过程中，力图维护中国文化主体地位的一种社会思潮。其思想家主张坚守中国文化的精神传统，适当吸收西方文明的物质成果，以此克服当时面临的政治、文化危机。其基本的文化思路是以中为主，调和中西，确立起适合近代特点的民族文化。由此可见，它在根本点上是与后来的'醉心欧化'的文化激进主义相对立的，同时它又不同于虚骄自大、固步自封、尊己卑人的顽固思想。"①文化保守主义有两点最基本的主张：其一是坚持民族文化的本位性和主体性，这是文化保守主义思想的前提之一，正是在这个意义上，美国学者艾恺称之为"文化守成主义"。从这一原则出发，文化保守主义者反对全盘西化的激进主张。其二是有机地吸收西方文化，然后改变中国文化，使西方自由、民主、科学等价值成为中国文化的一部分，实现中国文化的现代化。可见文化保守主义在坚持中学主体地位的同时，同样十分重视西学的资源，同样要求变革。如成立于 1922 年的"学衡派"以"昌明国粹，融化新知"为宗旨，强调"欲以欧西文化之眼光，将吾国旧学重行估值"。吴宓、陈寅恪、梅光迪等文化

---

① 喻大华：《晚清文化保守主义思潮研究》，人民出版社 2001 年版，第 9 页。

保守主义的代表人物长年留学国外，不仅精通中学，也同样精通西学。正如余英时所说："严格地说，中国没有真正的保守主义者，只有要求不同程度变革的人而已。要求变革较少的人往往就变成了保守主义者。"① 文化保守主义者求新、求变的目的，是为了救亡，包括救国家之亡和救文化之亡。从这一意义上说，他们与五四新文化运动的思想主将是殊途而同归的，只是文化保守主义者更在意救文化之亡，因此其思更深，其忧更远。

近代以来，中国文化保守主义是与自由主义、激进主义鼎足而立的重要思潮。然而应当如何具体认识、评价这一思潮呢？

应当肯定的是，中国近现代的文化保守主义，受到西方文化保守主义的影响，是世界范围内文化保守主义思潮的组成部分。美国学者史华慈在谈到世界范围的文化保守主义时曾指出，欧洲18世纪末期出现的保守主义"起于对启蒙运动之主流的辩证的反动"②。英、德的保守主义是针对法国大革命这样激烈的社会政治变革的，中国文化保守主义是针对"全盘西化"的现代化思潮的，许多学者因此将中国近代文化保守主义界定为"反现代化思潮"，如艾恺认为中国的文化守成主义是世界范围内的反现代化思潮的组成部分。当然艾恺笔下的"反现代化"一词并非贬义，他反而认为"特别是民初的反现代化思想，其不但不保守，进取的精神反而很明显"③。但是，

---

① 余英时：《中国近代思想史上的激进与保守》，《现代儒学的回顾与展望》，三联书店2004年版，第18—19页。

② ［美］史华慈：《论保守主义》，转引自胡逢祥《社会变革与文化传统》，上海人民出版社2000年版，第4页。

③ ［美］艾恺：《世界范围内的反现代化思潮——论文化守成主义》，贵州人民出版社1991年版，前言第4页。

以"反现代性思潮"来界定文化保守主义，隐含了一个危险的理论预设，即欧洲现代性是现代性的唯一模式，激进的"全盘西化"就是现代化的唯一选择。激进派把现代化等同于西方化，认为中国只有破旧立新，即通过彻底批判、全面否定固有文化，全身心地接纳西方文明，才能实现以民主、科学为主要内容的现代化，这隐含了中国与西方、传统与现代的非此即彼式的二元对立。胡适为了避免"全盘西化"的字眼而将之修正为"充分现代化"，用意虽好，却并不能防止掉进欧洲中心主义的理论陷阱。因此，将文化保守主义的反激进主义视为反现代性，就意味着将激进主义等同于现代化，意味着承认西方"现代性"具有普遍性意义和绝对合法性，从而在理论上否定了建立中国式现代性的可能。为了避免这些理论陷阱，有学者不同意把文化保守主义看成同中国现代化逆向的精神力量："尽管与时代的实际需要而言，文化保守主义的许多思想不合时宜，但它却以一种与主流文化异质的思维方式和思想系统参与了中国现代化的思想文化建设。"① 在笔者看来，以传统为依归，并不意味着它是反对现代化的。相反，文化保守主义者有着强烈的现代性诉求，他们是以一种建立在传统之上的现代性，来反抗所谓"普遍的"西方式现代性。换句话说，文化保守主义是一种不同于"全盘西化"的民族文化本位的现代性方案。

　　中国近代以来的现代性建构历程，包含着三个维度上的矛盾对立：时间维度上的传统与现代的二元对立、空间维度上的中国与西方的对立、共时维度上的精英（雅）与大众（俗）

---

　　① 李善峰：《在价值理性与工具理性之间——文化保守主义思潮的历史评判》，《学术界》1996 年第 1 期。

的对立。这三对矛盾，归根到底都可以归结为中学与西学的矛盾。中国现代性的建构，最终表现为中学与西学的文化问题。因此，从"中学为体，西学为用"到"全盘西化"，再到后来的新儒家等理论，表面来看讨论的是文化问题，但实质却是不同知识分子群体提出的现代性方案。文化保守主义者的现代性方案与激进派的不同，在于它坚持现代性的民族主体性，其理论预设是，现代化并不等同于西方化，其模式应是多元而绝非单一的，西方式现代性并不是现代性的唯一模式。因此文化保守主义者努力以传统文化为本位，确立现代性的"中国性"，建构不同于西方的"我"的现代性。对于文化保守主义者来说，这种现代性的"中国性"是关乎民族生死存亡的大事，值得以毕生的生命竭力维持，梁漱溟所谓"国性不存，我生何用"，陈寅恪所谓"国可亡，而史不可灭"，都是这种对现代性的民族主体性的终极关怀。应该说，文化保守主义者对现代性的多元性、西方模式与本土模式关系的认识，较之主张彻底抛弃传统文化、全面西化的激进主义来说，显得更为深刻，更为符合事实。即使在今天，这些认识也是弥足珍贵的思想资源。

中国近现代文化保守主义思潮按时代先后出现多个派系。晚清洋务运动以后出现曾国藩、张之洞的"中体西用"派，20世纪初叶又出现了康有为的孔教派，章太炎、刘师培等人的国粹派，还有民国初年出现的以黄侃、黄节等人为代表的"国故"派，以章士钊为代表的"甲寅"派，以梅光迪、吴宓、胡先骕、汤用彤等欧美留学归国知识分子为主的学衡派，以《东方杂志》主编杜亚泉和陈嘉异、梁启超等人为代表的东方文化派。20世纪30年代出现了由王新命、何炳松、陶希圣等十教授为代表的"中国本位文化派"。而以梁漱溟、张君劢、熊十力、冯友兰为代表的新儒家也可以视作文化保守主义的一个支派。他们聚集在文化保守主义的大旗下，维护民族文化传统，反对全盘西化，并在哲学、文学、史学等领域开始学术文化活动，有的还进行社会改造的实践，构建精密的理论体系，给后人留下了宝贵的精神财富。

但是，中国近现代文化保守主义思潮各个流派的区分不是绝对的，而是错综复杂的，往往你中有我，我中有你。有的文化保守主义者在不同时期参加不同流派的活动。尤其应当注意的是，也有一些文化思想人物，虽然与以上各派人物常有联系，有些还过从甚密，但若划入这些派别却并不完全合适。如黄遵宪、郑孝胥、沈曾植、俞明震、严复、辜鸿铭、王国维、陈寅恪等，他们当中大多数曾经亲自参与维新变法运动，主张改良主义，反对激进革命，更与清朝有着千丝万缕的联系，多数是清朝旧臣。有的在清亡后以遗老自居，有的甚至主张维持数千年来的三纲六纪，并将对传统文化的依恋态度投射到清朝之上，因而被时人目为守旧派，但是他们并非真的顽固不化。尽管他们的立场不尽相同，但由于大多数参加过维新变法，赞同（或者至少同情）"中体西用"理论，可暂时将他们称为维新派文化保守主义者。

在维新派文化保守主义者中，陈三立可称是一个中坚人物。1915 年，在一首名为《余过南昌留一日渡江来山中适闻胡御史亦至有任刊豫章丛书之议赋此寄怀》的诗中，他表达了自己的文化理想：

> 四海犹存垫角巾，吐胸光怪掩星辰。已迷灵琐招魂地，余作前儒托命人。郭外涛生鱼击柁，山中酒熟鸟窥茵。钓竿在手如相待，及坐湖楼序暮春。

这种"文化托命人意识"贯穿了陈三立思想之始终，也为后人理解陈三立打开了一扇大门。如果说陈三立的前半生在努力实现他的政治理想的话，那么他的后半生一直在努力实践自己的文化理想。早在维新变法之初，在赠友人黄遵宪的诗中，他已经有了"欲契颓流还孔墨"（《赠黄公度》）的理想。在《国粹学报》创刊三周年时，他欣然为其题诗："糠秕扬万古，神血凝三年。作者有忧患，传之宁偶然。辉光天在抱，钩索月窥椽。观海难为水，斯文与导川。"（《国粹学报毕三年纪念征题》）盛赞《国粹学报》传承文化的精神和业绩。"一点禅心藏国史，欲移北斗接光芒"，这是陈三立文化理想的真实写照。不仅如此，这种文化托命人意识还深刻地影响了其子陈寅恪。从某种意义上说，陈寅恪的所有历史著作，其根本宗旨就是在努力维护、重建民族文化的本位。而他的所有焦虑与痛苦，从根本来说也出于这种文化理想得不到实现的痛苦。因此对陈氏一家有着深刻理解的吴宓认为："故义宁陈氏一门，实握世运之枢轴，含时代之消息，而为中国文化与学术德教所托命者也。"① 可谓知言！

第二节　陈三立对"全盘西化"思潮的批判

"全盘西化"思潮兴起于晚清至民国期间，至五四以后达到顶峰。持"全盘西化"论者主张彻底打破中国传统文化，特别是儒家思想的至尊地位，全盘学习西方资本主义文明。有

---

① 吴宓：《读散原精舍诗笔记》，《吴宓诗话》，商务印书馆 2005 年版，第291 页。

学者认为，"全盘西化"作为一种文化思潮，经历了三个阶段：萌发于维新变法时期，兴盛于五四新文化运动前后，到20世纪30年代达到高潮。[①]

维新变法期间，维新派分化为康有为、梁启超、谭嗣同等激进派和陈宝箴、张之洞等渐变派。部分激进派维新人物不但要求彻底的政治改革，而且主张全面的文化变革，已经表现出全盘西化的某种姿态。其中的代表人物是与陈三立同被列为"维新四公子"之一的谭嗣同。他认为："二千年来之政，秦政也，皆大盗也；二千年来之学，荀学也，皆乡愿也。惟大盗利用乡愿；惟乡愿工媚大盗。"[②] 在谭嗣同看来，中国两千年来的政治与文化，是强盗政治与乡愿文化的结合，从而全面否定和批评了中国的传统政治和文化。这与陈氏父子的观点大相径庭，因此他们的决裂也就不可避免了。陈宝箴、陈三立父子湖南新政期间，《湘报》光绪二十四年（1898）发表了易鼐的《中国宜以弱为强说》一文，文中主张中国"若欲毅然自立于五洲之间，使敦之会以平等待我，则必改正朔，易服色，一切制度，悉从泰西。入万国公会，遵万国公法"[③]，引起叶德辉等顽固派的不满。在张之洞的压力下，陈宝箴不得不对《湘报》实施整顿。同样是在湖南，另一位激进人物樊锥主张"一革从前，搜索无剩，唯泰西者是效"[④]，被称为中国近代第一个"全盘西化"论的鼓吹者。

从清末到五四时期，随着清政府统治的崩溃和新文化运动

---

① 马克锋：《全盘西化思潮与近代文化激进主义》，《天津社会科学》2005年第2期。

② 《谭嗣同全集》下，中华书局1980年版，第322页。

③ 《湘报》上，中华书局1965年版，第153页。

④ 樊锥著，方行编：《樊锥集》，中华书局1984年版，第12页。

的广泛展开，传统儒家文化体系几乎在一夜之间土崩瓦解，"全盘西化"的呼声日益高涨，并逐渐成为社会思想文化的主流。这一时期的主要代表人物有陈独秀、鲁迅、钱玄同、易白沙、丁文江、吴稚晖等人。他们认为中国不仅在物质文明、政治文明方面不如西方，而且整个的文化都不如西方，因而必须全盘接受西方的文明，特别是民主意识与科学思想。在他们看来，西方文化与中国的传统文化是不可调和的，因此要从观念与思想上西化，便必须彻底反对传统文化，彻底否定孔子与儒家思想，将中国的旧伦理、旧政治、旧艺术、旧文学、旧宗教等铲除干净。吴虞高呼"打倒孔家店"的口号，鲁迅从四书五经中读出了"吃人"两个字，认为"中国古书，页页害人"，要求"将中国书籍一概束之高阁"。陈独秀指出，为了全面西化，就要"破坏礼法，破坏国粹，破坏贞节，破坏旧伦理（忠、孝、节），破坏旧艺术（中国戏），破坏旧宗教（鬼神），破坏旧文学，破坏旧政治（特权人治）"①。吴稚晖甚至认为"这国故的臭东西，他本同小老婆吸鸦片相依为命；小老婆吸鸦片又同升官发财相依为命。国学大盛，政治无不腐败"，"孔孟老墨便是春秋战国乱世的产物，非再把他丢在毛厕里三十年，现今鼓吹成一个干燥无味的物质文明"②。更激烈极端者——如钱玄同等人——甚至主张彻底废除一切中国古文化，包括古籍、习俗、节日、姓氏，乃至废除汉字，用英语或法语、世界语取而代之，竟至有"欲使中国不亡，非取消记载道教妖言的汉字不可"等语。在这种极端思潮之下，民主、科学等启蒙观点固然代替了封建专制和封建愚昧而被中国

---

① 陈独秀：《独秀文存》，安徽人民出版社1987年版，第242页。
② 《吴稚晖学术论著》，上海出版合作社1925年版，第124页。

人接受，但民族传统文化也成了人人喊打的过街老鼠，成为近代中国落后的替罪羊，儒家文化的合法性全面丧失。

进入 20 世纪 30 年代，全盘西化思潮达到顶峰，主要代表人物有陈序经、胡适等人。在这期间，胡适全盘否定中国传统文化，喊出了"往西去"的口号，要求"死心塌地的去学人家"，全部仿效欧美资本主义文明。1929 年，他在《中国基督教年鉴》上用英文发表了《中国今日的文化冲突》，提出"Wholesale Westernization"（全盘西化）与"Wholehearted Modernization"（充分现代化）。但第一个明确喊出"全盘西化"口号的却是时任岭南大学教授的陈序经。1932 年，他完成了《中国文化的出路》一书，1933 年他在中山大学作了题为《中国文化之出路》的演讲，提出彻底西化为中国文化的唯一出路，正式喊出全盘西化的口号："救治目前中国的危亡，我们不得不要全盘西洋化。但是彻底的全盘西洋化，是要彻底的打破中国的传统思想的垄断。"① 引起五四以后又一次文化论战，全盘西化的呼声至此达到了极致。

作为一种影响深远的社会思潮和现代性方案，"全盘西化"却建立在错误的理论基础之上。首先，"全盘西化"派主观上断定传统文化不适应现代生活；其次，将现代化等同于西方化，将西方现代化模式视为世界唯一的发展模式。② 关于"全盘西化"的理论评价，学术界已有定论，兹不赘述。然而吊诡的是，主张"全盘西化"的思想人物大多数学识深湛，他们不仅精于西学，而且深受传统文化浸染，国学功底深厚。

---

① 陈序经：《中国文化的出路》，中国人民大学出版社 2004 年版，第 129 页。

② 郑大华：《西化思潮的历史考察》，《湖南师范大学社会科学学报》2005 年 3 月。

那么他们为什么会提出或认同这种在学理上明显错误的理论，而要走向彻底排斥传统的极端道路呢？1935 年，胡适曾写下这样一段话：

> 文化自有一种"惰性"，全盘西化的结果自然会有一种折衷的倾向。……现在的人说"折衷"，说"中国本位"，都是空谈。此时没有别的路可走，只有努力全盘接受这个新世界的新文明。全盘接受了，旧文化的"惰性"自然会使他成为一个折衷调和的中国本位新文化。若我们自命做领袖的人也空谈折衷选择，结果只有抱残守阙而已。古人说："取法乎上，仅得其中；取法乎中，斯为下矣。"这是最可玩味的真理。我们不妨拼命走极端，文化的惰性自然会把我们拖向折衷调和上去的。①

胡适认为"全盘西化"实是现代思想家的一种启蒙策略，是为了达到其启蒙目的而采取的非常手段。从这个角度来说，"全盘西化"是以一种非理性的理性精神，具有深刻的片面性和片面的深刻性。然而，正如患重症的病人必须施以猛药，却不能把药当饭吃，"全盘西化"可以是权宜之计，但终究不是中国实现现代化的正途。遗憾的是，尽管"全盘西化"论曾遭到不同流派思想人物的批判，但中国事实上走的却正是这种"全盘西化"的道路，只不过常常以另一种西方代替胡适们所称的西方。新中国成立后全盘向苏联学习，便是如此。"全盘西化"给中国带来了自由、民主、科学、人道主义等现代价值，开创了中国历史的新时代，这无疑是需要肯定的，但它在

---

① 《独立评论》1935 年第 142 号《编辑后记》。

"现代"等同于"西方"的理论预设基础之上建构现代性，必然陷入民族虚无主义，造成主体性和民族身份的丧失，导致了一系列无可挽回的后果。

正如前文所述，陈三立从小受到传统儒家文化的思想教育，接受了中国两千多年的三纲五常等传统伦理。其后他与父亲出仕清廷，努力挽救清朝的危亡。这些思想特点和个人经历，决定了陈三立的文化保守主义立场。早在维新变法之前，他就曾在赠黄遵宪的诗中表示："千年治乱余今日，四海苍茫到异人。欲契颓流还孔墨，可怜此意在埃尘。"表达了恢复孔墨学说的文化理想。这也说明陈三立的文化保守主义是一以贯之的。光绪二十年（1894）在为友人汪康年的《振绮堂丛书》撰的序中，他就表明了对待西学应当采取的态度：

> 吾观国家一道德同风俗，盖二百余年于兹矣。道咸之间，泰西诸国始大通互市，由是会约日密，使命往还，视七万里之地如履户阈，然士大夫学术论议亦以殊异。夫习其利害，极其情变，所以自镜也。蔽者为之溺而不返，放离圣法，因损其真。矫俗之士至欲塞耳闭目，摈不复道。二者皆惑，非所谓明天地之际，通古今之变者也。

在陈三立看来，中国打开国门与西方各国平等交往，是大势所趋，随之而来的将是西方学术文化思想的涌入。在这种情况下，正确的态度应是"习其利害，极其情变"，借以发展自己。对于西学，无论是不加选择的全盘接受，以致"溺而不返，放离圣法"，还是"塞耳闭目，摈不复道"，采取鸵鸟政策，都是不对的。可见，在一个波谲云诡的大变革时代，面对汹涌而来的西学大潮，陈三立的思想是极为清醒的，尤其是对传统文化中哪些该变哪些不该变有着辩证的观点，所谓"盖不变其所当变与变其所不当变者，其害皆不可胜言"(《义门陈氏宗谱序》)。正如美国学者史华慈所说，"许多中国'文化的保守主义者'，多半很清楚那些是该保留下来的文化要素"①，陈三立亦是如此。

站在这一立场，陈三立对"全盘西化"之说批判尤甚。他痛心疾首地批评"吾国新进学子驰观域外，不深察其终始，猥猎一二不根肤说，盛倡于纲纪陵夷、士气萎靡之后，以忠为戒，以死其君为妄，溃名教之大防，绝彝常之系统，势不至人心尽死、导而成蜉蝣之群、奴虏之国不止"(《南昌东湖六忠祠记》)，认为其说"邪诐交炽，陷溺人心，为患烈且巨，振古未有"(《桐城马君墓志铭》)。特别是对"全盘西化"思潮关于彻底破坏传统文化、艺术、文字的极端观点，陈三立尤感愤怒："邪说充塞，蹄迹纵横，莽莽非人世，其狂逞几欲举古先伦纪、道德、典籍、文字尽摧灭而变易之"(《朱鄂生〈真斋诗存〉序》)，指出这已导致"循良雅化之遗迹扫地以尽"(《〈竹如意馆遗集〉序》)，传统的民族文化遭到毁灭性破坏，"为祸之烈，尚忍言哉"？而持"全盘西化"之说的人其实并非不懂中学，有的还具有极深的国学功底。对此，陈三立斥之为生而食其母的恶兽——"枭獍"。相传枭为食母恶鸟，獍为食父恶兽。② 陈三立以此谴责那种"文化弑父"的行为，认为这些人毁灭母体文化，就如同食其父母的恶兽一样。

---

① ［美］史华慈：《论保守主义》，转引自胡逢祥《社会变革与文化传统》，上海人民出版社 2000 年版，第 4 页。

② 陈三立：《雪夜张泰州酒坐赠别江叔猴太守赴广西巡抚军幕》："侧贰况持戈，癗菁孕枭獍。"按，《说文》："枭，不孝鸟也。"《述异记》："獍之为兽，状如虎豹而小，始生，还食其母。"

　　陈三立对全盘西化的批判，主要从三个方面进行。第一，针对"全盘西化"说全面否定儒家思想的现代价值，他认为"魏魏孔尼圣，人类信弗叛"，儒家思想不仅不是现代化的阻碍，而且具有永恒的价值。他自信地宣称"孰云儒术贱，丰采自孤映"。但是被他称为"圣法"而具有至高无上的人类价值的儒家思想已被当时许多思想家无情地抛弃，这使他发出"仲尼已死文王没"（《诵樊山涛园落花诗讫戏题一绝》）的痛苦感叹，"蹈海攀天百不辞，茫茫祇替后人悲"（《次韵答义门题近稿》）。但是强烈的文化责任感促使他不能也无法"坐视传薪国粹亡"（《又题陆丹林时贤书画集》），他宣称"一点禅心藏国史，欲移北斗接光芒"（《汪伯轩所藏翁师傅手札题其后》），决心将儒家思想继承并发扬光大，"余作前儒托命人"（《余过南昌留一日渡江来山中适闻胡御史亦至有任刊豫章丛书之议赋此寄怀》）是他文化理想的总纲。

　　第二是对"全盘西化"全面否定三纲五常等传统伦理的批判。在陈三立看来，无论是仁、义、礼、智、信，还是天、地、君、亲、师，这些传统的人伦价值，是人之所以区别于禽兽的关键，"临难毋苟免，食其禄者忠其事，天地之大经、圣贤之遗则，通之百世而莫能易者也。盖人之生也，有羞恶之心，有不甘不屈之气，根于性，立于义，发于诚，明于分，依之则为人，违之甚或自陷于禽兽"（《南昌东湖六忠祠记》）。然而这些值得珍视的伦理价值却被激进派一概视为中国实现富强的障碍，"群以中国累传家族之制为害富强根贫弱，方欲弃而易之"（《高女墓志铭》），致使"衣冠从之靡，人纲荡扫箨"（《题死难渭南令杨和甫遗墨》），"圣法久殚残，人纲孰再造"（《留别散原别墅杂诗》），其结果必然是"新说改家族，人纪惨飘藿"（《济宁李一山乞题唐拓武梁祠画像》）。

　　第三是对"全盘西化"论全面否定民族文化典籍、艺术、文学等传统文化的批判。面对着"昏风沦世族，旧典久不耀"（《袁伯夔母唐太夫人八十寿诗》），"扫除圣法等秕糠，坐视传薪国粹亡"（《又题陆丹林时贤书画集》）的反传统思潮，陈三立批评人们的盲目反传统致使传统文化、艺术等遭到毁灭性破坏，更甚于秦始皇焚书坑儒的毁灭文化之举，"自世之乱突蛇豕，士夫辍业弃故纸。但扪枵腹剿异说，坟籍不待秦火毁"（《为高颖生题环翠楼》）。在这种情况下，他与两千年前的精神导师孔子产生了精神共鸣，痛切地感慨"大雅不作，文武道尽"是一场"道丧文敝、异说沸腾，与接为构，所以眩耳目、窒天机而饕性命之情者，日渐月靡，莫可弹究"（《〈蔡公湛诗集〉序》）的文化浩劫。

　　从以上我们可以看到，对于陈三立来说，价值理性是衡量文化理想的最高准则，这与激进派的工具理性居支配性地位恰恰相反。他思想中强烈的"文化托命人"意识，源于一种强烈的历史责任感，一种"子能覆楚，我必复之"的文化理想，一种"明知其不可为而为之"的入世精神。这种精神本身也是儒家式入世精神的体现，又仿佛西方文学世界的唐·吉诃德，为理想而与整个社会作斗争。

　　需要特别指出的是，陈三立并非食古不化的顽固守旧派。他坚持儒家文化传统和伦理价值，但并没有以儒家思想一统天下的不合时宜，更没有像康有为那样建立一个政教统一的儒教的野心；他坚持被五四思想家唾弃的纲常名教，也是含有深刻用意的。关于这一问题，后文将有进一步的讨论。这里强调的是，陈三立对儒家文化和封建礼教腐朽和束缚人性的一面同样持有启蒙式的警觉。他肯定人性是自由的，批判封建礼教对人性的束缚。在《书张贞女》一文中，他不同意张贞女为未过门的丈夫守节，认为"礼"应当"原于情，顺于命"，批评僵化的礼教是"刿持人心"；在《书晏孝子》中，他谴责"杀身以存其亲"的极端扭曲的"孝"道，提出了自己的孝道观："忠孝之心，贞于其心，繁曲百变而将之。古今割臂股及肝疗母事尚矣，类皆计无复之，不惜杀身以存其亲，犹曰伤道而不可训焉。晏孝子者奚为哉？……充晏孝子之义而效之，贫子之父母必务忍饥寒，绝嗜欲，日伺察子之有无赢乏以相保持，不则一口腹之故，一指使之间，皆杀其子之具而有余也。而天下之为父母亦危矣哉。"这种建立在人性立场上的孝道观是对封建礼教的严厉批判。

封建礼教的最大受害者是女性，陈三立同样极为关注女性权利，对女性受到封建礼教摧残的现实也有所认识。他曾给友人汪康年写信，请求他帮助一位饱受封建礼教摧残的妇女，信中说"此妇为程子'饿死事小，失节事大'语所害，情殊可悯"（《与汪康年书》），对女性的不幸遭遇表示同情。联想到他曾夫子自道"意向阳明王氏，微不满朱子"（《清故护理陕甘总督甘肃布政使毛公墓志铭》），又曾作诗表示"顿喜萌芽到女权"（《题寄南昌二女士》），他对封建礼教的批判就不奇怪了。这些具有现代人文主义思想因素的观点出现在陈三立笔下，不仅与他的文化保守立场并不矛盾，而且是文化保守主义的真精神。

第三节 "体合论"：儒学的价值和发展方向

在陈三立的思想体系中，儒家文化是中国文化的核心，并始终居于一个主导的地位。这也是贯穿于其文化保守主义思想的一条主线。

1904年春，陈三立在南京研读启蒙思想家严复的译著，有感于心，提笔作《感春》诗五首。这是研究陈三立文化思想的重要文献，特别是其中第二首，尤能得窥陈三立的儒学观和对中国文化发展方向的见解。兹录于下：

> 杂置王霸书，其言综治乱。慷慨一时画，指列亦璀璨。世运疾雷风，幻转无数算。冥冥千岁事，孰敢恣臆断。况当所遭值，文野互持半。垂示不过物，道若就羁绊。又若行执烛，迎距光影判。倍谲势使然，安能久把玩。魏魏孔尼圣，人类信弗叛。劫为万世师，名实反乖谩。起孔在今兹，旧说且点窜。撼彼体合论，差协时中赞。吾欲衷百家，一以公例贯。与之无町畦，万派益输灌。①

通过仔细阅读，我们发现这首诗向我们传递了以下几层意思：

第一，"魏魏孔尼圣，人类信弗叛"一句，明确宣布孔子思想对全人类都具有永恒的价值，不可动摇。在《感春》之三中，他将孔子思想与道教、回教、佛教和西方基督教进行了比较："嗟我号传孔，梓潼杂儿戏。回释既浮剿，耶和益相恝"，认为道教浅薄驳杂，近于儿戏，回教与佛教失之于虚浮，而基督教则造成人心的怨恝，最终认定孔子学说更具有普适性的价值。当然，陈三立在此批评道、回、释、耶四教，是借以强调儒学的现代价值，并不是对宗教的全面客观评价，而是强调未来的中国文化体系应以儒家思想为主体。关于孔子思

---

① 陈三立：《感春》五首之二，着重号为笔者所加。

想对全人类都具有永恒价值，是许多文化保守主义者共同持有
的立场，包括一些曾被人们视为相当激进的人物。如启蒙思想
家严复在庚子事变以后，思想中赞许传统思想的倾向日益明
显，甚至拥护孔教会以儒教为国教的请愿。1921 年，他在遗
嘱中告诫国人："须知中国不灭，旧法可损益，必不可叛。"①
章太炎曾激烈批判孔子道德学说，晚年却选择了儒家的立场，
视孔学为唯一的救世良方。这些思想巨匠早年都曾批评过传统
文化的不足，向西方寻求改造传统文化的良方，"别求新声于
异邦"。但是通过学术考察，他们对西学有了更深刻的认识，
也对儒学有了更深刻的认识，意识到儒学具有不随时代而变化
的价值。诚如梁启超所说："古今新旧，不足以为定善恶是非
的标准。因为一切学说，都可以分为两类。一种含有时代性，
一种不含时代性，即《礼记》所谓'有可与民变革者，有不
可与民变革者'。"又说："有许多学说，不因时代之变迁，而
减少其价值。……儒家道术，外王的大部分，含有时代性的居
多。到现在抽出一部分不去研究他也可以。还有内圣的全部，
外王的一小部分，绝对不含时代性。如智仁勇三者，为天下之
达德，不论在何时何国何派，都是适用的。"他的结论是：
"儒家道术，大部分不含时代性，不可以为时代古思想旧而抛
弃之。"② 这说明儒学具有超时代的价值，而陈三立用"人类
信弗叛"、"道与天地准"等诗句，表达了儒学的超时代性，
含义是相同的。

　　第二，弘扬儒学思想，应攘辟旧说，还孔子学说以真面
目。"旧说且点窜"，意谓传统学说需加甄别，不是不加区别

---

① 王拭编：《严复集》第 2 册，中华书局 1986 年版，第 359—360 页。
② 梁启超：《清代学术概论》，天津古籍出版社 2003 年版，第 107 页。

的全盘继承，而应选取合乎时代的言论。在这里，陈三立认为孔子学说已遭后人窜改，非原始面目。此处"劫"字意味深长，《玉篇》："劫，强取也。"陈三立用一"劫"字，说明孔子学说被封建王朝定为国家学说，已发生了变化，孔子本人被后人树立为万世之师，但其学说已被扭曲，因此造成名实"乖谬"。陈三立认为，从汉至宋，独尊儒术，已使儒学名实不符，此孔子已非彼孔子，孔子学说的精神实质发生了变化。

陈三立为什么认定孔子学说的精神实质发生变化了呢？在《读侯官严复氏所译英儒穆勒约翰群己权界论偶题》一诗中，陈三立认为："吾国奋三古，纲纪匪狡狯。侵导狙糟粕，滋觉世议隘。夭阏缚制之，视息偷以惫。"这几句意为，先秦原始儒家的道德伦理学说，本来并非束缚人民，而是顺应人的本性的（"纲纪匪狡狯"）。只是秦汉以后"罢黜百家，独尊儒术"，儒学被改造成为官方意识形态，成为统治者实施专制统治的工具，这才束缚了人性（"夭阏缚制之"）。关于这一思想，陈宝箴也有类似的表达。他说："纲常名教，皆循乎人心之自然。古圣人非以一己之私见臆说，强人以从我也。"[1] 陈宝箴认为纲常名教原本是顺应人的自然本性的，只是后世才沦为束缚人的工具。陈三立进一步地表达了这一思想："先王之制礼也，原于情，顺于命。及其失也，袭于义，附于名。袭于义、附于名者，刮持人心，以殉不知谁何之人。"（《书张贞女》）在读《论语》时，他进一步阐述了自己的观点："天地之气，有阴阳刚柔，人之质，有狂有狷，不能齐也，或毗于知识而过焉，或毗于才情而过焉，或毗于血气物变而过焉。舜命

---

① 陈宝箴：《评〈墨子·尚同篇〉课卷》，《陈宝箴集》下，中华书局2005年版，第1954页。

契曰：敬敷五教在宽，夔教胄子亦命以宽简。宽大以接之，乐易以游之，政教立而性命各正，前古人材之盛以此也。后世则不然，束缚之，督责之，牵缀攻揳之而已，非饰鞶帨附讬于中庸，虽以伯夷之清，柳下惠之和，类无得免焉。"（《读〈论语〉四首》）所谓"后世"，正是指程朱理学盛行的宋明以后。因此，虽然陈三立本人非常崇尚文人气节，视之为"天地之大经、圣贤之遗则"（《南昌东湖六忠祠记》），但他对程朱理学"存天理，灭人欲"的反人性思想是极为不满的，尤其批评程颐"饿死事小，失节事大"的理论。他明确地表达了"意向阳明王氏，微不满朱子"（《清故护理陕甘总督甘肃布政使毛公墓志铭》）的立场，批评宋明理学"袭于义，附于名"而"刲持人心"，从而造成封建礼教对人性的束缚。

由此可见，通过阅读严复所译《群己权界论》等西方学术著作，陈三立接受了西方的自由思想，并比照儒家思想，肯定了孔子的儒家思想与西方自由观并不冲突，肯定了中学与西学的相通性，也肯定了儒家思想的现代价值。他认为宋明理学已不是原始意义上的孔子学说，表示"起孔在今兹，旧说且点窜"，需要重铸儒学精神，回到原初意义的孔子学说，在此基础上加以发展变法，使孔子学说顺应世界形势的变化，得到新生。

那么，应当怎样重铸孔子精神，以适应世界和中国社会的变化呢？陈三立的回答是："摭彼体合论，差协时中赞。吾欲衷百家，一以公例贯。与之无町畦，万派益输灌。"这几句是说，正确的方法应该是按照"体合论"，以孔子学说为本位，折中百家，广泛吸收各家思想的有益成分，使儒学得到进一步发展。

"体合"是中国古代典籍的一个常见概念。《隋书·潘徽传》卷76：“大与天地同节，明与日月齐照，源开三本，体合四端。”唐代吴筠《游仙二十四首》：“心同宇宙广，体合云霞轻。”①“体”指本体，与“用”相对，是中国古代哲学的一对重要范畴。“体合”原指主体（人）对客体（自然）的参悟、接受，后来被用作宗教、哲学用语，意为本位与功用的统一。太虚《王阳明格竹衍论》：“明儒陈献章、王守仁，皆尝有得于增上心学者也。……而粲然体合于身心性命之真乐，则迥非吴与黄能望项背。”近人江味农《金刚般若波罗蜜经讲义》：“夫有是体，必有是用。用若不与体合，是其修功犹未到，亦不能谓之成效矣。”皆是此意。

　　陈三立此处采用的“体合论”，含义则与传统用语有所不同，其源出自严复。严译《天演论》之《导言十五最旨》：“于此见天演之所以陶钧民生，与民生之自为体合。体合者，进化之秘机也。”自注：“物自变其形，能以合所遇之境，天演家谓之体合。”又《论十四演恶》：“然于物竞、天择二义之外，最重体合，体合者，物自致于宜也。彼以为生既以天演而进，则群亦当以天演而进无疑。而所谓物竞、天择、体合三者，其在群亦与在生无以异，故曰任天演自然，则郅治自至也。”②严复赋予“体合”这一旧用语以新的含义。在他笔下，“体合”指生物（事物）依靠自身的演变，适应新的环境，免于被自然淘汰，从而实现物种的进化。在严复译著中，“体合”是与“物竞”、“天择”同样重要的术语，不仅是生物界演化的规律，也是人类社会事物发展变化的规律。台湾学者吴展良对此曾作过精辟的分析：

---

① 《全唐诗》，上海古籍出版社1986年版，第2088页。
② 严复：《天演论》，华夏出版社2002年版，第73、167页。

在生物演化论的传统中，达尔文最主要的贡献在于提出并以大量的证据来检证自然淘汰说（natural selection，严译为"天择"）。然而严复所最推崇的斯宾塞之天演观却别有所承。斯宾塞在达尔文《物种起源》（*Origin of Species*）出版前便提倡一种普遍进化（general evolution）的观念。这种普遍进化的观念源于德国唯心论及斯宾塞对于一切物质与运动之聚合与重组的普遍规律的看法。而这种渗透入一切存在的普遍进化观念，与生物学上的拉马克主义具有形态上的类似性。拉马克主义核心的观念是适应（adaptation，严复译为"体合"），认为演化机制主要并不是透过"天择"的大量淘汰，而是生命体透过意志（will）努力适应环境，代代遗传并累积其努力的结果。这种对于主体的意志与努力的强调和唯心论传统中对于心灵演化的说明有异曲同工的地方。……赫胥黎根据达尔文与马尔萨斯，对于人口增长所造成的生存竞争问题，抱持着一种悲观的看法。然而严复与斯宾塞却相当乐观，认为"人道必成于郅治"。其所以能够如此乐观的基本原因在于他们相信拉马克式的"适应环境"说。认为在人口与其他各种生存压力之下，人类自然能够适应环境而克服各种困难。……物自变其形能，以合所遇之境，天演家谓之体合。体合者，进化之秘机也。……进化的关键，在于体合（adaptation）。亦即人类在天演的竞争压力底下，才智、能力、德行都会日渐进步。……严复的生物演化观，基本上来自斯宾塞与拉马克而不是达尔文与赫胥黎。……严复受限于时代与其生物学知识，也受限于他的主观企图，对此二者并不加区分。所以他一方面深有所采取两家学说所共同强调的竞争与淘汰的观念，一方面则对于演化的机制采取了"体合"说的诠释。这使得他一方面可以唤醒国人，另一方面也提供国人以努力的空间与希望。①

可见，"体合"一词是严复对英文"adaptation"（适应）一词的意译，并视之为进化的关键。陈三立采用严复"体合论"，说明儒家思想面对新时代、新情况、新局势，也需要"自变其形能，以合所遇之境"，改变自身，以适应社会和时代的变化，实际上指出了中国文化发展的方向。

陈宝箴、陈三立父子思想介于洋务派和维新派之间。受到张之洞影响，陈宝箴无疑是赞成"中学为体，西学为用"之说的，他曾说过："泰西各学，均有精微。而取彼之长，辅我之短，必以中学为根本。"② 这句话可视为他自己对"中体西用"之说的注脚。陈三立也曾述其父之志："深观三代教育理人之原，颇采泰西富强所已效相表里者，放行其法。"（《崝庐记》）陈寅恪则是"中体西用"立场的坚定支持者，自言"寅恪平生为不古不今之学，思想囿于咸丰同治之世，议论近乎曾湘乡张南皮之间"③，甚至在1949年以后的政治高压下仍不放弃自己立场。④ 可以说"中体西用"是陈氏家族的一条思想

---

① 吴展良：《严复〈天演论〉作意与内涵新诠》，《台大历史学报》1999年12月第24期。

② 陈宝箴：《时务学堂招考示》，《湘学报》第16册，光绪二十三年八月二十一日（1897年9月17日）。

③ 陈寅恪：《冯友兰〈中国哲学史〉（下册）审查报告》，《陈寅恪集·金明馆丛稿二编》，三联书店2001年版，第285页。

④ 吴宓1961年8月30日记云："寅恪兄之思想及主张毫未改变，即仍遵守昔年'中学为体，西学为用'之说（中国文化本位论）。"见《吴宓日记续编》第5册，三联书店2006年版，第160页。

主线。

自鸦片战争以来，中西文化的矛盾与碰撞成为时代的一大主题。"从魏源到梁启超（甚至更后）的许多中国士人都一直在寻找一个中西文化的会接点，希望能接受或采纳异文化的某些部分，以整合进自己的文化之中。"① 作为鸦片战争以来中西文化关系发展理论之集大成者，"中学为体，西学为用"顺应了这一历史要求，是晚清士人在近代西潮冲击下逐步形成的一个变革性共识。它确立了以中学为主体，中西兼容的文化体系，解决了中西文化融合的关键，其影响至今仍在。但随着洋务运动和维新变法的失败，"中体西用"理论遭到批判。1902年，严复从实体与功用的关系上批评"中体西用"："体用者，即一物而言之也。有牛之体，则有负重之用；有马之体，则有致远之用。未闻以牛为体、以马为用者也。……故中学有中学之体用，西学有西学之体用，分之则并立，合之则两亡。"② 严复认为，"中体西用"论机械地分割体用，违背了中国哲学中"体用一原"的原则。其后批评"中体西用"之说者代不乏人，近人殷海光更是断言"中体西用"说根本不通："所谓独立于'用'而且可与之截然划分为二的'体'，是而且只是一个玄学的构想"，因此他的结论是："严格地说，'中体西用'说是一种非驴非马的说法"。③

中国哲学的确有事物的本体和功用一致的原则，认为事物可分为本体和功用两个方面，这两个方面相反相成，不能截然分割，朱熹用"体在用中，用不离体"一语来阐释体用相涵

---

① 参见罗厚立《原来张之洞》，《南方周末》2004 年 6 月 17 日 D29 版。

② 严复：《与〈外交报〉主人书》，《严复集》第 3 册，中华书局 1986 年版，第 558—559 页。

③ 殷海光：《中国文化的展望》，上海三联书店 2002 年版，第 379、381 页。

的统一关系。如果从这一角度来理解张之洞的"中体西用"理论，严复等人的批判无疑是正确的。但是作为一种现代性方案，"中体西用"理论实际上是有相当大的理论弹性的。在张之洞笔下，"体"不仅指文化之"圣教"，更指清朝专制之"政体"："今日时局，惟以激发忠爱、讲求富强、尊朝廷、卫社稷为第一义。"① 因此，这一理论模式含有维护清廷专制统治的目的，无怪乎慈禧太后与光绪皇帝"详加披览"之后"龙颜大悦"，赞赏其"持论平正通达，于学术人心大有裨益。著将所备副本四十部由军机处颁发各省督抚学政各一部，俾得广为刊布，实力劝导，以重名教，而杜危言"。② 而在那些欲"别求新声于异邦"以换起民众的启蒙思想家看来，这种君主专制统治的"体"，无疑是引进西方民主自由的最大障碍。严复之所以批判这一理论，原因实在于此，其批判的理论价值也在扫清了西学引入中国的障碍。但是五四新文化运动之后，君主专制之体在思想上已被彻底打倒，"中体西用"开始发生"延异"，其理论含义已与张之洞《劝学篇》所论有所不同。因为"体"、"用"除了有"本体"和"功用"的意义外，还有"主要"与"次要"的含义。这一点《中国大百科全书·哲学卷》"体用"条说得很明白："张之洞等人提出'中学为体，西学为用'说，其所谓体用是主要与次要、根本的与从属的两者的区别。"③ 因此"中体西用"含有维护中国文化主

———————

① 张之洞：《劝学篇·同心第一》，华夏出版社 2002 年版，第 12 页。

② "光绪二十四年六月初七日奉上谕：本日翰林院奏，侍讲黄绍箕呈进张之洞所著劝学篇，据呈代奏一摺，原书内外各篇，朕详加披览，持论平正通达，于学术人心大有裨益。著将所备副本四十部由军机处颁发各省督抚学政各一部，俾得广为刊布，实力劝导，以重名教，而杜危言，钦此。"见光绪《戊戌六月上谕》。

③ 《中国大百科全书·哲学卷》，中国大百科全书出版社 1987 年版，第 870 页。

体性，并在此之上吸收西学的意义。陈寅恪正是在这个意义上使用"中体西用"这一理论术语的："窃疑中国自今日之后，即使能忠实输入北美或东欧之思想，其结局当亦等于玄奘唯识之学，在吾国思想史上，既不能居最高之地位，且亦终归于歇绝者。其真能于思想上自成系统，有所创获者，必须一方面吸收输入之外来学说，一方面不忘本来民族之地位。此二种相反而适相成之态度，乃道教之真精神，新儒家之旧途径，而二千年吾民族与他民族思想接触史之所昭示也。"[①] 也就是说，"中体西用"含有两个层面的意义：一是政治层面的，即维护清朝的君主专制统治；二是文化层面的，即在吸收西学的同时维护中学的主体地位。

如将"中体西用"视为后一种含义的话，那么陈三立无疑也是"中体西用"理论的坚定支持者。但是在陈三立作品中，并没有出现过明确表达中体西用思想的字眼，只有与此相类似的表述："修明吾国立国之道，而辅之以泰西制器之术。"[②] 以陈三立与严复的友谊和对新知识的追求，他应该读过严复那篇著名的《与〈外交报〉主人书》，显然对"中体西用"的理论局限有所认识。因此，他用"体合论"取代"中体西用"。从字面上讲，"体合论"强调以"体"合"用"，有些类似今人"即用见体"的表述。那么，究竟如何进行"体合"呢？陈三立强调的是"体"的自我调适功能，更进一步来说就是"蠹朽者去荣者扶"，严复所谓"物自致于宜"。至于"用"，陈三立没有说明，但既然"物自致于宜"，

---

① 陈寅恪：《冯友兰〈中国哲学史〉（下册）审查报告》，《陈寅恪集·金明馆丛稿二编》，三联书店2001年版，第284—285页。

② 陈三立：《钟征君墓表》，潘益民、李开军辑注《散原精舍诗文集补编》，江西人民出版社2007年版，第290页。

自然是当用则用，符合"明体达用"的原则。或许在陈三立思想中，真正重要的不是"达用"，而是"明体"，"体"既明则"用"随之。这样，"体合论"既避免了"中体西用"理论因体用二分造成的理论局限，也避免了"中学"、"西学"造成的中西二元对立模式。这无疑是非常高明的，应视为陈三立对近代思想史上的重要贡献。

仍然回到《感春》诗。依照"体合论"的原则，儒学怎样才能完成蜕变，"以合所遇之境"，应对社会与时代的发展，尤其是当时中国遇到的"三千年未有之大变局"呢？陈三立的回答是："吾欲衷百家，一以公例贯。与之无町畦，万派益输灌。"邓小军《陈三立的政治思想》对这几句做了如下解释：

> "吾欲衷百家，一以公例贯。与之无町畦，万派益输灌"，语本《史记·孔子世家》："中国言六艺者，折衷于孔子。"折衷，意谓取其中正。"百家"、"万派"之学说，在近人，首先即指西方学说。"与之无町畦"，意谓学说不分中西新旧，有价值的学说就可以吸收。此是针对当时的排外派而言。这段话语是明确地表示，孔子学说代表人类基本价值；在当前，中国应当以孔子学说为本位，折衷吸收百家万派学说，而不分中西，不分新旧。[①]

在陈三立看来，中国古代的诸子学说，外来的西方宗教哲学，都是儒学自我发展的宝贵资源。以道家思想为例，陈三立

---

① 邓小军：《陈三立的政治思想》，《原道》第 5 辑，贵州人民出版社 1999 年版，第 6 页。

认为老子学说与孔子学说是相通的："老子盖睹周末之弊，道散礼崩，政俗流亡，莫知其终，于是发愤矫厉，寓之于言，刮磨人心，以冀其瘳。孔子曰，禘自既灌而往者，吾不欲观之矣。林放问礼之本，而曰大哉问。孔子周流以明用，老子养晦以观变，其志一也。故老子明其原，而孔子持其流；老子质言之以牖当时，孔子则修其辞以训后世。"（《〈老子注〉序》）他认为："孔子之孙子思作《中庸》，亦言道言性，言无声无臭，其旨略同于老子，老子固孔子之徒哉。"同样，陈三立对于墨家思想也极为重视。他的理想是"欲契颓流还孔墨"，将墨家置于与儒学同等重要的地位。他赞赏墨子的兼爱理想："兼爱者，墨子之大道。墨子知人之爱人也不若天之爱人，故欲法天；知人之爱人也不若人之爱己，故欲同己。所谓以绳墨自矫，而备世之急者。"（《读〈墨子〉》）对于西学，他接受严复译介而来的西方进化论、民权观和自由哲学。在《崝庐书所见》一诗中，他写道："民有智力德，昊穹锡厥美。振厉掖进之，所由奠基址。列邦用图存，群治抉症痞。雄强非偶然，富教耀历史。"将儒家人性思想与西方民主思想结合起来，向西方学习民主制度，陈三立认为只有这样才能使中国走上富强文明之路。通过阅读严复所译《群己权界论》（今译《论自由》），陈三立写下了"卓彼穆勒说，倾海挈众派。砭懦而发蒙，为我斧天械。又无过物忧，绳矩极显戒。萌芽新道德，取足持善败"（《读侯官严复氏所译英儒穆勒约翰群己权界论偶题》）的诗句，认为自由作为一种新的道德，与中国传统儒家道德殊途而同归，两者之间并无冲突。采用西方自由学说，可以把人从专制束缚下解放出来。

陈三立挖掘出诸子学说中具有朴素人文主义的思想因素，更结合西方民主、自由等现代价值，不仅从先秦原始儒家那里发现了"人",也纠正了宋明理学对人性的专制束缚。他肯定了中学与西学的相通性,也肯定了儒家思想的现代价值,从而给业已僵化了的儒家道德伦理学说注入了时代性的内容。儒学只有在这样广泛吸取各家各派思想的过程中才能获得新生。

第四节　人道之本:宗法、纲常

五四新文化运动举起的是民主、科学的大旗,他们首先反对的就是传统的家族制度和三纲五常等旧式伦理。在新文化运动思想家看来,宗法伦纪、纲常名教是与封建专制同形同构的,已成为封建流毒的符码,必欲去之而后快。与他们不同的是,陈三立依然坚信传统的家族制度和旧式伦理的价值,认为它们不会也不应随着旧社会的解体而完全灭亡。

中国的家族制度是建立在古老的宗法制基础之上的。宗法制度起源于殷商,盛于周朝,至春秋以后逐渐衰落。按照学者们通常的看法,宗法是一种以血缘关系为基础的家族制度,与原始社会的血族组织联系密切。在宗法社会中,一个人的身份主要决定于血缘关系,而非政治地位。宗法制度解体以后,其原有的宗法伦理和基本原则精神经过变异,仍保留在家族制度中。家族制度以血缘关系为基础,以父系家长制为核心,以大宗小宗为准则,讲究尊卑有序,长幼有节。梁启超在《新大陆游记》中说:"吾中国社会之组织,以家族为单位,不以个人为单位,所谓家齐而后国治是也。周代宗法之制,在今日其形式虽废,其精神犹存也。"今人严家炎认为,所谓家族制度,大体包括以下内容:"第一,以男性为中心,尊者长者专权,父、子、孙代代传承,妇女在其中完全没有地位。第二,为保证男子血统上的绵延不断,位尊者实行公开的一夫多妻制。第三，儿子多了以后，为避免兄弟之间争斗、残杀，明确实行立嫡、立长的制度，由嫡长子——宗子优先继位。宗子这支为大宗，其余为小宗。各小宗共尊大宗。而各小宗内部又各有自己的宗子。宗子制逐渐淡化后，族长替代了宗子的某些责权。第四，设祖庙、宗祠（也是家族的法庭）共同祭祀祖先，同宗同族为亲，按血缘关系的亲疏远近及战争中功业大小，分配家族享有的权力和财产。"①

因为宗法制度属于周礼的内容，儒家思想把家族制度看作整个社会的基础和柱石，自觉地使家族制度与巩固封建统治秩序的历史要求相适应，并使之完善化、理论化，逐渐形成了国家同构的社会结构，即家庭、家族和国家在组织结构方面的共同性。之所以会出现家族与国家结构的共同性，是因为所谓"家天下"的统治形式，家即是国，国即是家，于是从兄弟关系引出长幼关系，从父子关系引出君臣关系，从宗族关系引出整个社会的上下、尊卑、贵贱的人伦关系和伦常秩序。与此相适应，在春秋战国时期已出现的"五伦"、"十义"②等人伦观念进一步理论化，最终形成了君、父、夫并尊的"三纲六纪"学说。随着儒家思想成为封建统治者的官方学说，"三纲"、"六纪"、"五伦"等也成为中国封建社会的官方意识形态。

系统总结三纲、六纪、五伦等伦常关系，并将之系统化、

---

① 严家炎：《五四新文化运动与中国的家族制度》，《鲁迅研究月刊》1999年第10期。

② 《左传·昭公二十六年》已规定了君臣、父子、兄弟、夫妻之间的权利与义务："君令臣恭，父慈子孝，兄爱弟敬，夫和妻柔，姑慈妇听，礼也。"《孟子·滕文公上》进一步把人伦关系上升为五伦："父子有亲，君臣有义，夫妇有别，长幼有序，朋友有信。"《礼记·礼运》则把人伦关系概括为"十义"："父慈、子孝，兄良、弟弟，夫义、妇听，长惠、幼顺，君仁、臣忠。"

权威化、制度化的是汉代班固所撰《白虎通义》（四部丛刊本），其书指出：

> 三纲者何谓也？谓君臣、父子、夫妇也。六纪者，谓诸父、兄弟、族人、诸舅、师长、朋友也。故君为臣纲，夫为妻纲。又曰：敬诸父兄，六纪道行，诸舅有义，族人有序，昆弟有亲，师长有尊，朋友有旧。何谓纲纪？纲者张也；纪者，理也。大者为纲，小者为纪，所以疆理上下，整齐人道也。人皆怀五常之性，有亲爱之心，是以纪纲为化，若罗网之有纪纲而万目张也。

关于"五常"，《情性》篇释曰：

> 五常者何？曰仁、义、礼、智、信也。仁者，不忍也，施生爱人也；义者，宜也，断决得中也；礼者，履也，履道成文也；智者，知也，独见前闻，不惑于事，见微者也；信者，诚也，专一不移也。

"三纲"、"六纪"、"五常"，被用于"正名份，定尊卑"，亦即后世所称"纲常名教"。它形成了中国古代社会最为完备的人伦观念系统，这种立足于血缘家族关系及其制度的人伦观念符合中国古代社会的现实，使家族建立在家庭基础上，同样也使国家建立在家族基础上。它强调人伦关系中道德义务的对应性，有利于解决、调整个人利益和他人利益、家族利益、国家利益的关系，有利于保持社会的稳定、人际关系的和谐，从而使整个社会有一个相对稳固的基础。此后中国两千年来的文化，即建立在这一稳固的基础之上。近人钱穆认为中国文化全部建筑于家族观念："孔子虽然不讲上帝，不近宗教，但孔子却有一个教堂。家庭和宗庙，便是孔子的教堂。"① 中国自汉代以来，两千年来社会结构没有发生大的变化，家族制度和建立在家族制度之上的纲常名教等传统人伦思想起到很大的作用。

但是，任何事物都有两面性。家族制度和纲常名教虽然在很长一段历史中以绝对必然性的形式展现出相对的现实生活中的道德价值、道德义务，它所包含的忠恕之道和仁爱原则，至今仍是个体道德修养和道德实践的良方，但它毕竟维持的是封建的专制统治，具有某些反人性、反个性、反自由的因素。特别是宋代理学兴起以来，将君、父、夫三纲的权力绝对化，所谓"君叫臣死，臣不得不死；父叫子亡，子不得不亡"，强调臣对君、子对父、妇对夫的绝对服从，尤其是对女性权利的压抑，使三纲五常中反人性的一面恶性膨胀，从而将作为社会普遍伦理的纲常名教变成赤裸裸的专制统治的工具。清末西方启蒙主义思潮传入中国以后，家族制度和三纲五常中反人性、反个性的一面与"人的解放"的时代精神完全相悖，成为阻碍中国社会发展的要素，因而受到启蒙思想家的激烈批判。如谭嗣同揭露三纲五常为封建君主戕杀人性、维持专制的本质时说："数千年来，三纲五伦之惨祸烈毒，由是酷焉矣！君以名桎臣，官以名轭民，父以名压子，夫以名困妻，兄弟朋友各挟一名相抗拒。"② 陈独秀也认为，三纲五常"一曰损坏个人独立自尊之人格；一曰窒碍个人意思之自由；一曰剥夺个人法律上平等之权利（如尊长卑幼异罚之类）；一曰养成依赖性，戕

---

① 钱穆：《中国文化史导论》，商务印书馆 1994 年版，第 84 页。

② 谭嗣同：《仁学》，《谭嗣同全集》，三联书店 1951 年版，第 14 页。

贼个人之生产力"①。"儒者三纲之说，为一切道德政治之大
原。君为臣纲，则民于君为附属品，而无独立自主之人格矣。
父为子纲，则子于父为附属品，而无独立自主之人格矣。夫为
妻纲，则妻于夫为附属品，而无独立自主之人格矣。"② 因此，
要造就新的国民，就要实现由儒家的家族本位观念向西方的个
体解放的价值观念的转变。至于鲁迅小说《狂人日记》中描
写主人公从写满"仁义道德"的史书中看出"吃人"两个字
来，更是人人皆知。五四以后，反对以宗法纲常为核心的旧伦
理、旧道德、旧家庭，成为新文学的重要主题和时代精神的象
征。如巴金在《家》、《春》、《秋》中描写封建家族制度对人
性的压抑，青年男女反抗父亲的权威，为争取个人与男女爱情
的自由而与封建大家族决裂，影响至今不衰。

　　五四启蒙思想家发出"冲决一切罗网"的呼声，他们所
要冲决的"罗网"，正是三纲五常的罗网，是家族制度的罗
网。然而，与陈独秀同属义门陈氏的陈三立通过自己的心灵考
察和人生实践，却得出了与陈独秀相反的结论："宗法，吾国
之所独也，世方以为病，欲一切扫荡之，以拯贫弱，跻富
强。"(《萍乡文氏四修族谱序》)他并不认为中国传统的家族
之制是导致中国贫弱的原因，也不认为家族制度有碍于求富
强。出于这种认识，陈三立认为宗法家族制度和纲常名教属于
应当而且必须保留下来的传统："若夫曰勤曰俭，为存人类之
基；孝弟谨信，为立人道之本，及祖若宗递，传亲睦之风、敦
庬之俗，虽潮激波荡，必求固守勿失，有不容稍变者。"(《义

---

　　① 陈独秀：《东西民族根本思想之差异》，《新青年》1 卷 4 号，1915 年 12
月 15 日。
　　② 陈独秀：《一九一六年》，《青年杂志》1 卷 5 号，1916 年 1 月 15 日。

门陈氏宗谱序》）在他看来，"不变其所当变与变其所不当变者，其害皆不可胜言"，因此他批评那些"受异域之学说者，群以中国累传家族之制，为害富强，根贫弱，方欲弃而易之"（《高女墓志铭》）的言论，认为西学的传入使宗法家族和纲常制度遭到毁灭性破坏，而废除传统的家族制度，只能使世衰俗薄，骨肉伦纪日益淡薄，从而导致"政治抗敝，人纪废坠"。他赞赏萍乡文氏撰修族谱的行为："其可谓能自异于末流之趋，而知所本者矣"，并身体力行，参加了义门陈氏族谱的撰修工作，上升到"所谓保种保国，验之区区一族而有可推焉者也"的高度。

　　平心而论，宗法家族制度和三纲五常等传统伦理具有两面性，即既有重视骨肉伦纪、强调仁爱忠恕的正面意义，也有维护旧有秩序、压抑人性的反面性。从正面意义来看，它符合以人为本的原则，具有人文主义的宝贵价值；但是真理再前进一步就走到了它的反面，宗法纲常反人性的一面也是客观存在的。因此，它是一个矛盾的混合体，人文主义因素与反人文主义的因素纠缠在一起，形成中国文化的一个奇特现象。其实，事物是不断发展的，在它形成的最初阶段，正面价值占主导主位。当它发展到一定阶段即开始发生变异，负面价值逐渐增长，从量变到质变，事物也发生了根本变化。在局外人看来，此纲常非彼纲常。在局内人看来，它们则同属一物。启蒙思想家和文化保守主义的观点都没有错，只不过他们看到了一个事物的不同方面。谭嗣同、陈独秀等人看到了宗法纲常反人性的一面，而忽视甚至否定了其正面价值，必欲尽去之而后快；陈三立则强调宗法纲常的正面意义，必求固守勿失，但这并不意味着陈三立无视宗法纲常的反人性因素。对宋明理学戕杀人性、摧残个性的一面，陈三立是颇为不满的，这在前文已有论述。从这一点看，他其实与五四启蒙思想家所持观点没有什么本质不同，因此近人张慧剑将他与托尔斯泰相提并论，说他"为一浓厚之人道主义者"①。陈三立所反对的是激进主义者将宗法纲常中有绝对正面价值的因素连同负面的东西一并摧毁，所谓"不变其所当变"与"变其所不当变"，其害皆"不可胜言"，是灾难性、毁灭性的。

陈三立认为"虽潮激波荡，必求固守勿失，有不容稍变者"，将保存宗法纲常提高到"保种保国"的高度上。联系陈三立、陈寅恪父子之诗文、著述，可知在陈氏父子观念中，宗法、纲常的文化内涵是极为丰富的，具体来说它有三个层次上的含义：

第一，宗法、纲常作为反人性的封建礼教，属于应当坚定摈弃的糟粕。如前所述，陈三立对封建礼教持批判态度，尤其反对"饿死事小，失节事大"对妇女的戕害。在《书张贞女》中，他反对女子为未过门的丈夫守节，在《书晏孝子》中谴责晏孝子式的"杀身以存其亲"的极端扭曲的"孝"道，批评封建礼教是"刼持人心"，强调礼应当"原于情，顺于命"。陈寅恪同样对这个意义上的三纲五常予以坚决批判，如在《论再生缘》中，他对端生反抗"当日奉为金科玉律之君父夫三纲"表示同情。这说明陈氏父子并非无条件地肯定宗法纲常，他们对封建礼教的批判，与五四思想家殊途同归。

第二，宗法、纲常作为抽象意义上中国文化的象征。许多文化保守主义者将宗法、纲常等视为中国文化最具象征性的事物。如钱穆认为："中国文化，全部都从家族观念上筑起。"哲学家冯友兰也说："他（陈寅恪）所谓名教，就其广义说，

---

① 张慧剑：《辰子说林》，上海书店1997年版，第77页。

就是中国传统文化。"① 同样，在陈三立眼中，宗法家族制度、
纲常名教等思想是中国文化所独有的，不仅是中国文化的精
髓，也是中国文化主体性的象征。因此他将保存宗法纲常视为
"保种保国"的关键，强调并赞赏撰修族谱的义举，视之为民
族血统与民族文化的延续。无独有偶，另一位著名的文化保守
主义者章太炎认为要维护民族血统的绵延，就在于修谱牒，作
氏族志。只要谱牒不坠，姓氏可辨，则"血统"永远绵延不
绝，民族不会灭亡。② 章氏的谱牒观，可与陈三立的宗法具有
"保种保国"的作用的观点相印证。陈寅恪承袭了乃父文化是
"保种保国"之关键的观念，认为较之血缘，文化才是区别民
族的最重要因素。在他看来，胡汉之分"在文化而不在种
族"。在《唐代政治史述论稿》中，他写道："汉人与胡人之
分别，在北朝时代文化较血统尤为重要。凡汉化之人即目为汉
人，胡化之人即目为胡人，其血统如何，在所不论。"③ 并举
《北齐书·杜弼传》、《北史·源贺传》等为例，说明与血缘纽
带相比，文化才是区别一个民族的最重要的标志④。陈寅恪此
论，实为有感而发，虽为治史，实为探讨中国文化的走向问
题。陈寅恪治史，秉承其父陈三立以传承、保存中华文化为己
任的历史重负，处处维护中华本位的传统文化，对全盘西化思

---

① 冯友兰：《怀念陈寅恪先生》，见张杰、杨燕丽选编《追忆陈寅恪》，社
会科学文献出版社 1999 年版，第 26—27 页。

② 王玉华：《多元视野与传统的合理化——章太炎思想的阐释》，中国社会
科学出版社 2004 年版，第 153 页。

③ 《陈寅恪集·唐代政治史述论稿》，三联书店 2001 年版，第 200 页。

④ 关于民族区分的标准不是血缘而是文化，钱穆也有类似看法："在古代观
念上，四夷与诸夏实在另有一个分别的标准，这个标准，不是'血缘'而是'文
化'。所谓'诸侯用夷礼则夷之，夷狄进于中国则中国之'，此即是以文化为
'华'、'夷'分别之明证。"见钱穆《中国文化史导论》，商务印书馆 1994 年版，
第 41 页。

潮持抵制的态度。陈寅恪认为三纲六纪是中国文化的象征：
"吾中国文化之定义，具于《白虎通》三纲六纪之说，其意义
为抽象理想最高之境，犹希腊柏拉图所谓 Idea 者。若以君臣
之纲言之，君为李煜，亦期之以刘秀；以朋友之纪言之，友为
郦寄，亦待之以鲍叔。其所殉之道，与所成之仁，均为抽象理
想之通性，而非具体之一人一事。"① 在陈寅恪心目中，"纲纪
本理想抽象之物"，绝非"君要臣死，臣不得不死"的狭隘理
解。它不局限于一时间一地域，因而属于"超越时间地域之
理性"，具有超越时空的绝对、永恒的价值，"必非其时间地
域之众人所能共喻"②。因此陈氏一门用心良苦地维护"三纲
五常"和家族、宗法制度，不可一般性地认为守旧，而应视
作对文化谱系的维护。

　　第三，宗法、纲常作为中国人的普遍伦理。在中国，宗
法、纲常首先是一套以血缘关系为纽带的伦理道德体系，其目
的是调整人与人之间的关系，维护社会秩序和培养有道德的、
主体性的人。从某种意义上说，儒家思想的核心就是为了实现
父子有亲、君臣有义、夫妇有别、长幼有序、朋友有信的人伦
理想，使人类与草木禽兽区别开来。宗法、纲常不仅是实现这
一终极理想的手段，它本身也是目的。正是从这个意义上，文
化保守主义者才将宗法、纲常视为中国文化的象征。陈三立认
为"孝弟谨信，为立人道之本"，具有普遍价值，从而揭示了
宗法、纲常作为人类普遍伦理的本质。如果普遍伦理被现代社
会摧毁，则必然导致"世衰俗薄"，人纪废坠，甚至社会整体

---

① 陈寅恪：《〈王观堂先生挽词〉序》，《陈寅恪集·诗集》，三联书店 2001
年版，第 12 页。
② 陈寅恪：《〈王静安先生遗书〉序》，《陈寅恪集·金明馆丛稿二编》，三
联书店 2001 年版，第 248 页。

道德的败坏，其害"不可胜言"。即使是现代社会，宗法、纲常等虽遭废坠，但由于其意义的普遍性，不可能完全消失，因此陈三立自信地宣称："吾将于宗法之不尽亡者卜之矣。"

陈三立等文化保守主义者对宗法、纲常的保守与重视，在当时是不合时宜的。在一个启蒙与救亡成为时代主题的历史时期，对宗法、纲常的否定和批判有利于引进西学，树立民主、自由等现代观念。但是，在摆脱了启蒙与救亡双重焦虑之后，我们重新回顾文化保守主义者对宗法、纲常等思想价值的思考，不得不承认他们的思想对现代社会也具有宝贵的理论价值。从某种意义来说，现代性是用"契约"取代了"人伦"，人与人之间的关系日益契约化，最终造成人类温情的消失，使现代社会人与人之间充满了冷漠，从而也消解了儒家所说的"仁"的绝对价值。李善峰在谈到现代社会中契约与人伦的对立时指出：

> 就社会结构而言，文化保守主义认为现代社会既以商品经济为基础，又是一种法理社会，它不仅将冷冰冰的商品关系普遍化，而且以无情的法律和契约关系斩断了建立在血缘、礼俗等等关系之上的自然纽带。……当冷峻无情的法律与契约几乎成为社会的唯一准则时，人们便很少再能体验到世间的温情，法律面前固然人人平等，但契约普遍地取代人伦，却也令人望而生畏。①

普遍而发达的工具理性主义是现代社会的标志之一。随着

---

① 李善峰：《在价值理性与工具理性之间——文化保守主义的历史评判》，《学术界》1996 年第 1 期。

西方资本主义的强化与扩张，现代社会被物质化、技术化，很大程度上沦为一个技术性的社会。人本身逐渐失去了主体性而被对象化，仅仅成为社会机器的附属物，人的独特需要与情感受到了无情的漠视，人类遇到空前的精神危机。从 19 世纪末以来，西方思想家已对西方文化的内在危机产生了日益深刻的内省和认识。德国哲学家尼采认为，西方工业社会各种危机的原因在于科技对人生的限制和腐蚀。他高度评价人类存在的非理性、非功利的层面，并主张对现代文明"重新估定一切价值"，表达了对资本主义窒息个性、漠视个人命运和精神生活的强烈抗争。与陈三立同时代的德国思想家齐美尔指出，现代精神变得越来越精于算计："货币经济引起的现实生活中的精确算计与自然科学的理想相一致：将整个世界变成一个算术问题，以数学公式来安置世界的每一部分。""货币经济与理性操控一切被内在地联结在一起。在对人对事的态度上，它们都显得务实，而且，这种务实态度把一种形式上的公正与冷酷无情相结合。理智上世故的人对所有的真正个性都漠不关心。"[1]的确，社会结构的高度技术化、组织化、科层化，导致了人的异化、物化和社会分裂。功利主义抛弃了宗教伦理情感而走向享乐主义，导致人的道德沦丧和精神枯萎。齐美尔认为，面对现代都市生活的危险因素，人们为了保护自己，选择了"自我退隐（reserve）"，结果"作为这种自我退隐的结果，人们甚至不认识已隔邻而居多年的人"。相比西方思想家，陈三立等文化保守主义者的认识同样堪称深刻，他们从传统的儒家思想中寻找资源，以宗法、纲常式的人伦等绝对价值，来对

---

① ［德］齐美尔：《时尚的哲学》，文化艺术出版社 2001 年版，第 187—189 页。

抗——更确切地说，来纠正现代性的契约和工具理性，从而对西方现代性的合理性提出了质疑，而这种深刻的质疑与思索对于建立 个更加合理的现代社会是至关重要的。

现代化进程从一开始就存在着的工具理性与价值理性的二律背反，社会学家马克斯·韦伯认为现代文明的全部成就和问题皆源于这两者之间的紧张对立。他指出现代化的本质是理性化，现代资本主义的发展用精密的技术和计算把一切都理性化，也把人变成了机器、金钱、官僚制的奴隶。韦伯把这种由追求效率而造成的金钱、商品的崇拜和机器对人的精神灵性的泯灭，称为"形式的合理性和实质的非理性"，"理性化导致非理性化的生活方式"①，从而揭示了现代性的矛盾和异化——追求合理性，却导出了非理性。中国近代文化保守主义与激进主义之争，不是接纳与反对现代化的对立，而是工具理性与价值理性的对立。激进主义所注重的是如何用手段达成目的②，一切只为追求功利的目的所驱使，至于目的本身的价值是否为人类理想的终极价值则在所不论。与激进主义相比，文化保守主义者多数对传统学术有精深的研究，中国哲学中价值理性与工具理性的统合意识使他们更加重视人类情感与精神价值③。他们坚持民族文化本位，反对全盘西化，主张保存宗法家族和传统伦理。他们强调宗教伦理情感、有机的群体关系高

---

① 苏国勋：《理性化的限制》，上海人民出版社1988年版，第241页。

② 在近代中国，这一目的是尽量迅速地摆脱民族危机。在激进主义思想家看来，要达到这目的，就要尽可能地摆脱"传统"的身份，进入西方式的"文明"国家的行列。而启蒙则是救亡的手段，"现代"被视为达到"救亡"这一目的的象征。

③ 中国传统文化和传统哲学主张在统一和结合中把握人的生存意义、终极价值和人的生存手段、谋生工具，而不同意将二者割裂开来。参见赵馥洁《论中国哲学中价值理性与工具理性的统合意识》，《人文杂志》2001年第4期。

于法律关系及法定权利，渴望共有的道德价值和基于道德原则之上的人际关系，而对物质私利有深刻的厌恶①。陈三立亦是如此，他对全盘西化论的批判，对儒学价值的肯定，对宗法、纲常等旧伦理、旧道德的坚守，看似不无迂腐之处，实含深刻思想，乃是根植于价值理性的思想文化建设，充满着可贵的生命智慧和深刻思考。

不过，由于历史和个人的原因，陈三立在探索文化、道德、人生救亡诸问题时，常常回到复古的老路，在前人的思想中寻找可供利用的资源，并将之与西方思想进行不无牵强的联系。这是许多近代文化保守主义者的通病，并非陈三立一人如此。在基本方法上，他虽注意吸取译介过来的西学知识，但对西学的认识是有限的，沿用的仍是传统式的玄想和演绎，而无法真正充分吸取西学中的有力武器，这使他对"全盘西化"思潮的批判难以达到更深的学理层面。最重要的是，由于现实问题的极度复杂性，他思想内部的深刻矛盾不可能真正消除。这种矛盾首先体现在文化保守立场与忠于清朝的思想上。清朝灭亡之后，它所代表的儒家制度也彻底失去了存在的基础，新建立的共和政府至少在形式上确立了"国民主权"和"人民平等"原则，从法律上宣告了宗法、纲常的结束。于是"纲纪之说，无所凭依，不待外来学说之掊击，而已销沉沦丧于不知觉之间"②，儒学也成为无所依托的"游魂"。在这种情况

---

① 有学者认为："文化保守主义者自觉地扮演了维护价值理性的角色，他们的所有论点，不在要不要工具理性的发达，而在于未来的社会必须要有价值理性的参与，并用价值理性来支配工具理性。"见李善峰《在价值理性与工具理性之间——文化保守主义思潮的历史评判》，《学术界》1996年第1期。

② 陈寅恪：《〈王观堂先生挽词〉序》，《陈寅恪集·诗集》，三联书店2001年版，第13页。

下，与清朝有着千丝万缕联系的陈三立把对传统文化的依恋投射到最后一个封建王朝，也是传统文化的最后一个代表——清王朝之上，其表现就是他以遗老自居，拒绝剪辫①，并与沈曾植、郑孝胥、瞿鸿礼、陈夔龙、樊增祥、陈宝琛、易顺鼎等清朝遗老交往酬唱。虽然他的遗老身份与陈宝琛等愚忠清朝的人在本质上颇为不同，但却使他的文化保守主义陷入难以得到更多社会认同的尴尬之中。不仅陈三立如此，许多文化保守主义者都未能从"坚守传统文化—反对全盘西化—认同满清"的模式中走出来。文化保守主义长期被社会、历史否定，很大程度上是由于这种认同的尴尬造成的。

其次，陈三立宣布孔子思想对全人类都具有永恒的价值，肯定了儒学的现代意义，并用"体合"取代"中体西用"，将儒家人性思想与西方民主思想结合起来，指出中国文化发展的方向。但同样由于对西方现代文化认识的局限，他对儒学究竟怎样与现代文明相结合还缺少更加明确的体认。或许他已经隐约意识到儒学和宗法纲常等建立在传统农业经济之上的文化与他所在的那个剧烈变革时代的社会、经济基础之间的巨大错位，因而在他的内心深处始终有一种"青山遮不住，毕竟东流去"的绝望感，正如陈寅恪所说，三纲六纪"所依托表现者，实为有形之社会制度，而经济制度尤其最要者。故所依托者不变易，则依托者亦得因以保存。吾国古来亦尝有悖三纲，违六纪，无父无君之说，如释迦牟尼外来之教者矣。然佛教流传播演盛昌于中土，而中土历史遗留纲纪之说，曾不因之以动

---

① 据《郑孝胥日记》民国元年四月十二日："陈伯严来谈。陈犹辫发，尝至张园，有革党欲强剪去，伯严叱曰：'必致若于捕房，囚半年乃释！'其人逡巡逸去。"见劳祖德整理《郑孝胥日记》，中华书局1993年版，第1417页。

摇者，其说所依托之社会经济制度，未尝根本变迁，故犹能借之以为寄命之地也。近数十年来，自道光之季迄乎今日，社会经济之制度以外族之侵迫，致剧疾之变迁，纲纪之说，无所凭依，不待外来学说之掊击，而已销沉沦丧于不知觉之间。虽有人焉，强聒而力持，亦终归于不可救疗之局"①。文化保守的理想与不能不面对的"不可救疗"的现实，造成内心的紧张与精神的痛苦，弥漫于陈三立的诗文之间。

陈三立尽管试图消弭宗法纲常与个人自由的矛盾，并致力于为宗法纲常祛反人性之"魅"的工作，但是，宗法纲常强调家族至上、父权夫权和尊卑等级，这些固有的思想却难以在现代社会的大背景下实现真正的个性解放，因此他的祛魅是不可能完全和彻底的。这种难以克服的矛盾使他在思想与行动上出现了错位。事实上，陈三立思想虽较为开明，但却没有完全摆脱包办婚姻思想的影响，如他曾不顾女儿年龄尚小，便以父母之命、媒妁之言，将幼女安醴许给友人薛华培（字次申）之子薛琛锡，造成安醴婚姻的不幸，年仅 32 岁就郁郁而终②，亲手违背了自己的"原于情，顺于命"的礼教观。而在兴民权的问题上，他也摇摆于君权与民权、民权的"必须施行"和"不可骤行"之间，反映了思想深处的困惑和矛盾。

---

① 陈寅恪：《〈王观堂先生挽词〉序》，《陈寅恪集·诗集》，三联书店 2001 年版，第 12—13 页。

② 据陈三立孙女陈小从回忆："安姑（指安醴）幼年时就许给了四川薛家……两家虽结秦晋之好，但方处髫龄之安姑却有抵触情绪，她听不得一个'薛'字，一听就大哭，就连与'薛'字音近之'雪'字，家人也得避讳。……安姑结婚后，终日郁郁寡欢。""她去世那年，刚满 32 岁。"见陈小从《图说义宁陈氏》，山东画报出版社 2004 年版，第 67—69 页。

第三章　人的现代化

第一节　晚清"人的现代化"问题的缘起

1923 年，梁启超在《五十年中国进化概论》中论及晚清以来中国现代化的三个阶段时说：

> 第一期，先从器物上感觉不足。这种感觉，从鸦片战争后渐渐发动，到同治年间借了外国兵来平内乱，于是曾国藩、李鸿章一班人，很觉得外国的船坚炮利，确是我们所不及，对于这方面的事项，觉得有舍己从人的必要，于是福建船政学堂、上海制造局等等渐次设立起来。但这一期内，思想界受的影响很少。……第二期，是从制度上感觉不足。自从和日本打了一个败仗下来，国内有心人，真象睡梦中着一个霹雳，因想道，堂堂中国为什么衰败到这田地，都为的是政制不良，所以拿"变法维新"做一面大旗，在社会上开始运动……他们的政治运动，是完全失败，只剩下前文说的废科举那件事，算是成功了。这件事的确能够替后来打开一个新局面，国内许多学堂，外国许多留学生，在这期内蓬蓬勃勃发生。……这一期学问上最

有价值的出品，要推严复翻译的几部书，算是把十九世纪主要思潮的一部分介绍进来，可惜国里的人能够领略的太少了。第三期，便是从文化根本上感觉不足。①

"器物—制度—思想"的观点后来被金耀基继承下来，只不过金氏将第三阶段的"文化根本"置换为"思想行为"。"器物—制度—思想"这三个层次的变化，从本质上看是中国现代性的建构由"物"的层面向"人"的层面的过渡。近代思想先驱们发现，尽管经过数十年的现代化历程，西方的器物技术和制度已经被中国陆续模仿而相当或部分的现代化了，然而中国经济和社会发展却依然落后。清政府被推翻以后，建立了西方式的共和政府，但中国不仅没能富强起来，反而陷入持久的战乱之中。用梁启超的话来说，"这二十年间，都是觉得我们政治、法律等等，远不如人，恨不得把人家的组织形式，一件件搬进来，以为但能够这样，万事都有办法了。革命成功将近十年，所希望的件件都落空"。金耀基认为，由于西方的思想行为很少为中国接受，因此形成了器物技术与思想行为、制度与思想行为的"脱序"（或失调）：坐最新式汽车的人，不肯遵守交通规则，穿最时髦西服的人，满脑子是三家村思想，这不能不令先驱者们进行更深入的思考。② 近代思想家们意识到，要实现中国真正的现代化，除了"物"的现代化，更主要、更关键的因素还是"人"的现代化："社会文化是整套的，要拿旧心理运用新制度，决计不可能，渐渐要求全人格

① 梁启超：《五十年中国进化概论》，《饮冰室合集·文集》39，中华书局1989年版，第43—44页。
② 金耀基：《从传统到现代》，中国人民大学出版社1999年版，第135页。

的觉悟。"① 所谓"全人格的觉悟"要求中国的现代化历程由社会的现代化进入人的现代化的阶段。

社会学认为,现代化可分为社会的现代化与人的现代化两个方面。所谓人的现代化,是指"在现代化建设进程中,人的全面、协调发展的状况与过程"②,它包括作为手段的人的现代化,也包括作为目的的人的现代化。人的现代化与社会的现代化是相互依存、相互制约的。如果一方脱离另一方,任何一方都难以存在。人的现代化既是社会现代化的基础,又是后者的最终结果。近代中国的社会发展历史证明,离开人的现代化,是无法真正完成社会的现代化的。在晚清改革失败七十余年后,美国社会学家 A. 英格尔斯关于人的现代化的理论尤其令人警醒:

> 一个国家可以从国外引进作为现代化最显著标志的科学技术,移植先进国家的卓有成效的工业管理方法、政府机构形式、教育制度以至全部课程内容。在今天的发展中国家里,这是屡见不鲜的。进行这种移植现代化尝试的国家,本来怀着极大的希望和信心,以为把外来的先进技术播种在自己的国土上,丰硕的成果就足以使它跻身于先进的发达国家行列之中。结果,它们往往收获的是失败和沮丧。原来拟想的完美蓝图不是被歪曲成奇形怪状的讽刺画,就是为本国的资源和财力掘下了坟墓。
>
> ……痛切的教训使一些人开始体会和领悟到,那些完

---

① 梁启超:《五十年中国进化概论》,《饮冰室合集·文集》39,中华书局1989年版,第45页。

② 郑永挺:《人的现代化理论与实践》,人民出版社2006年版,第7—8页。

善的现代制度以及伴随而来的指导大纲，管理守则，本身
是一些空的躯壳。如果一个国家的人民缺乏一种赋予这些
制度以真实生命力的广泛的现代心理基础，如果执行和运
用着这些现代制度的人，自己还没有从心理、思想、态度
和行为方式上都经历一个向现代化的转变，失败和畸形发
展的悲剧是不可避免的。再完善的现代制度和管理方法，
再先进的技术工艺，也会在一群传统人的手中变成废纸一
堆。①

　　这段话足以说明晚清改革失败的真正原因。晚清虽已开始
进行思想行为层面的启蒙和变革，但是由于各种原因，这种启
蒙和变革难以在全社会真正实施，很大程度上只是停留在纸面
上。不过，这并不能说明近代较为先进的思想家没有意识到人
的现代化的重要性。事实上，鸦片战争前后，不少有识之士已
经意识到"人"的问题对于国家强盛的关键作用。魏源曾说：
"人才进则军政修，人心肃则国威遒。"又说："人心者，世俗
之本也；世俗者，王运之本也。人心亡，则世俗坏；世俗坏，
则王运中易。王者欲自为计，盍为人心世俗计矣。"② 此后，
越来越多的士大夫意识到人的现代化实是关系到富国强兵的关
键，如陈虬认为："何以立国？曰富。何以御夷？曰强。何以
致富强？曰在治人。人不自治，治之以法。"③ 郭嵩焘也认识
到："凡为富强，必有其本，人心风俗政教之积，其本也。"④
在太平天国的理想世界中也有"新人"思想。又如郑观应

---

① 殷陆君编译：《人的现代化》，四川人民出版社1985年版，第4页。
② 《魏源集》上，中华书局1983年版，第6页。
③ 陈虬：《治平通议·救时要义》卷5。
④ 《郭嵩焘诗文集》，岳麓书社1984年版，第200页。

《盛世危言·教养》：“横览环球各国，其国运之隆替，莫不系乎人材，而人材之盛衰，莫不关乎教化。其教养有道者，勃然以兴；教养失道者，忽然以广。”他对教育极为重视：“读书则智，不读书则愚；智则强，愚则弱。德国之民读书者百之九十五，美国之民无不读书，宜其富强如是之速。”① 因此，郑观应明确提出“人无贵贱皆有所教”。张之洞《劝学篇》也说：“自强生于力，力生于智，智生于学。……是故智以救亡，学以益智，士以导农工商兵。”② 已含有近代教育普及的思想。直到后来严复、梁启超的“新民说”和五四思想家高举“民主”、“科学”和人的解放的大旗，人的现代化思想达到一个高峰。陈三立也在人的现代化理论的建构上作出了自己的贡献，他的关于智、力、德的论述和他的人心风俗观、教育观，都是近代人的现代化思想的重要组成部分。

纵观近代以来思想界发展的实际，在鸦片战争以后至五四运动之前，关于人的现代化思想的发展可分为三个阶段。第一阶段包括龚自珍、魏源等早期启蒙思想家，这时只是零散的思想火花，还没有形成系统的观点；第二阶段以郭嵩焘“人心风俗”说为代表，已经初步形成了较为系统的思想体系，但还缺少足够的西学支撑，因此是过渡阶段；第三阶段是严复、梁启超等人的“新民说”，大大超越了“人心风俗”的传统论调，汲取了丰富的西学内容，其思想内涵和高度也是空前的。

近代人的现代化思想的发展过程中，陈三立的精神导师——郭嵩焘的思想具有重要意义。郭氏在咸丰、同治时期以

---

① 郑观应：《盛世危言》，辽宁人民出版社1994年版，第169页。
② 张之洞：《劝学篇》，华夏出版社2002年版，第81—83页。

熟悉洋务而著名。他既是洋务派的智者和理论家，又是维新思想的先驱人物，其思想远远地超越了他的时代。在他的思想体系中，"人心风俗"观是一个重要概念，其重心在于对中国传统社会心理、行为方式近代化转型问题的探讨。在郭嵩焘看来，"西洋立国有本有末，其本在朝廷政教，其末在商贾、造船、制器"，"天下万事万物，根本在人心"。他在英、法实地考察的过程中认识到西方那种崇真求实、积极奋进的精神与中国的人心风俗迥然不同，而这恰恰是西方之所以既富且强的关键所在，由此开始了对中国社会心理、行为方式的批判。他把中国传统人心风俗的落后一面大致区分为"闭目塞听、妄自尊大"、"粉饰作伪"、"虚文"、"浮躁"等几种，探讨了其形成的原因，还在实践中探索了改造人心风俗的具体途径，将改造国民劣根性的问题提到了议事日程。这一切都对近代国民性改造的兴起与发展起到了巨大的推动作用①，因此郭氏思想在近代人的现代化理论的发展中实是一个枢纽。但是，"人心风俗"观也具有难以克服的内在矛盾和缺陷。首先，在传统士大夫改革派的内心世界里，人心风俗的改造不过是实现社会稳定、挽救封建王朝危机的一种方法和途径而已，并没有实现人的个体价值的近代自觉意识。其次，它无法摆脱道德治国的传统思维模式。尽管他们极力主张人的个性解放，但是根深蒂固的道德治国论的传统思维模式，使得他们对人的主体性的提升只是表现在重视人的心理和意志作用，而没有把它自觉地建立在近代工商业经济基础之上。最后，在人心风俗改造的核心层面——社会价值观上仍然坚持传统的家族本位主义，在具体的

---

① 参见袁洪亮《论郭嵩焘的"人心风俗"思想》，《云梦学刊》2003年5月。

社会行为规范上脱不开封建的纲常礼教的桎梏。① 因此，它可视为近代人的现代化理论发展过程中的一个过渡环节，当然这是一个相当重要的过渡。

郭嵩焘的"人心风俗"观被陈三立所继承。陈三立认为国家之所以衰败，人才凋零、风俗败坏是根本原因："风俗于人材，犹江河之蛟龙也，江河水积而蛟龙生，风俗醇美而人材出焉。无江河之水，即有蛟龙，亦与鱼鳖同枯于肆，而安能显兴云致雨以润天下之灵哉？"（《刘古愚先生传》）改造"人心风俗"这一根本，才是变法图强的核心内容，"俗化得基础，然后图明备"（《感春》之三）。关于陈三立的"人心风俗"，下文还将详细论述。

随着甲午战争的失败，国人在痛定思痛之余，开始引入西方近代思想文化。1895 年至 1910 年间，自由、平等、民权等近代资本主义启蒙价值观和人文思想被陆续介绍到中国。在深入考察了西方政治、经济、文化的基础上，严复深刻感受到提高人的素质的重要性，全面提出了人的现代化的历史命题。1895 年，他发表了著名的《原强》一文。在文中，严复认为："及今而图自强，非标本并治焉，固不可也。不为其标，则无以救目前之溃败；不为其本，则虽治其标，而不久亦将自废。标者何？收大权、练军实，如俄国所为是已。至于其本，则亦于民智、民力、民德三者加之意而已。果使民智日开，民力日奋，民德日和，则上虽不治其标，而标将自立。"② 所谓民智、民力、民德，是严复直译斯宾塞（Herber Spencer, 1820—

---

① 参见袁洪亮《人的现代化——中国近代国民性改造思想研究》，人民出版社 2005 年版，第 65—66 页。

② 《严复集》第 1 册，中华书局 1986 年版，第 14 页。

1903）所谓的 intellectual、physical、moral 三词。严复认为如欲图强，则民智、民力、民德是根本。"盖生民之大要三，而强弱存亡莫不视此：一曰血气体力之强，二曰聪明智虑之强，三曰德行仁义之强。是以西洋观化言治之家，莫不以民力、民智、民德三者断民种之高下，未有三者备而民生不优，亦未有三者备而国威不奋者也。"① 在严复看来，智、力、德三者之中，民智处于绝对的核心地位："然则三者又以民智为最急也"。在此后的著作中，严复一再强调智、力、德的关键性，如《天演论·乌托邦》："故欲郅治之隆，必于民力、民智、民德三者之中，求其本也。""民智既开，则下令如流水之源，善政不期举而自举，且一举而莫能废。"又《天演论·导言十五最旨》："人欲图存，必用其才力心思，以与是妨生者为斗。负者日退，而胜者日昌，胜者非他，智、力、德三者皆大是耳。"又如《社会通诠》："吾民之知、力、德，经四千年之治化……其中实有可为强族大国之储能。"② 智、力、德后来发展成中国教育史上著名的德、智、体"三育"。严复还将西方自由观介绍给国人，在《辟韩》一文中，严复告诉人们："民之自由，天之所畀也。"③ 他在另一篇名文《论世变之亟》中说："彼西人之言曰：'唯天生民，各具赋畀，得自由者乃为全受。故人人各得自由，国国各得自由，第务令毋相侵损而已。侵人自由者，斯为逆天理，贼人道。'"④ 严复还译介了19世纪欧洲自由主义的代表作、英国哲学家约翰·穆勒的

---

① 严复：《原强》（修订稿），《严复集》第1册，中华书局1986年版，第18页。

② 严复：《社会通诠》，商务印书馆1981年版，第155页。

③ 严复：《辟韩》，《严复集》第1册，中华书局1986年版，第35页。

④ 严复：《论世变之亟》，《严复集》第1册，中华书局1986年版，第3页。

《群己权界论》（*On Liberty*，今译《论自由》）等西方思想，向国人系统介绍了民权、自由等思想，对君权思想作了猛烈批判。这些西学关于"人"的思想的介绍，同进化论一样成为中国近代思想史上的大事，严复作为晚清著名启蒙思想家历史地位的确立，应该说与此大有关系。此后，自由、平等、民主、博爱等关于人的价值与启蒙的观点逐渐在中国大地落地生根。

严复所介绍的智、力、德和西方自由、平等思想后来被陈三立所接受。他在《崝庐书所见》一诗中写道："民有智力德，昊穹锡厥美。振厉掖进之，所由奠基址。"陈三立还用西方民权、自由思想与传统儒家思想进行印证，说明了两者之间不仅不是矛盾对立的，而且颇有相通之处，从而肯定了儒家思想的现代价值。

受严复影响的当然不仅陈三立一人，梁启超、陈天华等人也表达了与严复相似的观点。1902 年，流亡日本的梁启超开始在横滨出版《新民丛报》，连载《论公德》、《论国家思想》、《论权利思想》、《论自由》、《论进步》、《论合群》、《论私德》等文，后来结集成《新民说》。梁启超的"新民"，同样要解决民族的民智、民力、民德问题。他明确宣布"新民为今日中国第一急务"。他以资产阶级自由思想和国民资格为标准，要求国民克服惰性，养成积极进取的精神，根除奴隶性，培养独立自由的思想。与严复不同，梁氏将民德视为新民的核心任务，将道德建设视为人的现代化的中心环节，并由此展开了对国民劣根性的批判。《新民说》是近代中国思想史上一部里程碑式的著作，其中倡导的国家思想、权利和自由思想、新道德观念具有强烈的时代感、民族感和重要的启蒙意义，也标志着中国近代关于人的现代化思想趋于成熟，直接影响了五四启蒙运动。

晚清时期关于人的现代化思想，主要包含了以下几个方面的内容：

第一，民族国家意识和现代国民观的建立。1840年以来的中国思想文化建设，与中国近代"民族国家"意识的兴起密切相关。随着西方资本主义的全球扩张，中国古代那种"普天之下，莫非王土；率土之滨，莫非王臣"的"天下"观土崩瓦解，取而代之的是全球观和近代民族国家意识的兴起。严复的一系列政论和梁启超的《新民说》都是为了"新造吾国民"。从"臣民"到"国民"的转变，标志着近代国民意识已在中国生根发芽。

第二，西方资产阶级民主、自由、平等、人权等人文主义价值观和启蒙精神，特别是天赋人权思想被中国人接受，意味着对封建君权合法性的直接质疑。这直接导致了民主革命思想的传播和清政府的灭亡，也是五四运动的思想渊源之一。

第三，教育普及思想。无论是"人心风俗"说还是"新民"说，都极为重视对国民的教育。中国传统上历来重视教育，但与以往不同的是，近代教育思想的重点在于全民教育观的兴起，而这正是实现人的解放的根本。

第四，近代公民人格和公德观的兴起，以及在此基础上对国民性的批判。近代公民人格和公德观的产生，是在与西方国家对比参照的此基础上对自身劣根性进行深刻反思的结果。而对国民性的批判，其目的正是树立国民健康的心理结构、价值取向和行为方式。

当然，近代人的现代化思想是极为丰富的，它直接产生于并作用于近代那个波谲云诡的时代。这正是陈三立的人的现代化思想产生的背景和渊源。

第二节　陈三立的"人的现代化"思想(上)

　　陈三立很早就开始关注人的因素在摆脱民族危机、实现民族自立和国家富强中的作用。虽然没有像严复、梁启超那样形成系统的论述，但散见其诗文中的言论也时见思想的火花。陈三立的人的现代化思想是相当驳杂的，其中既有近代西方学说的影响，也有对中国传统儒家教化观的继承与发展，表现了中西文化交融大背景下的复杂性特征。

一　智、力、德

　　如前所述，民智、民力、民德是严复在《原强》中介绍的重要概念。智、力、德的思想来源，固然主要是西学，但也与儒家思想有关，因此它实际上是中西文化会通的结果。《礼记·中庸》云："智、仁、勇三者，天下之达德也。"达德即常德，意为天下通行的德行。孔子认为这是君子的理想人格："智者不惑，仁者不忧，勇者不惧。"（《论语·子罕》）自儒家言之，必三德具备，人格才算完成。智、仁、勇与西学智、德、力相对应，可见中西思想之相通处。但是严复笔下的"民智"译自英文"intellectual"，"民力"译自"physical"，"民德"译自"moral"，皆出自英国19世纪思想家斯宾塞的名著《教育论》(*Education：Intellectual，Moral，Physical*)。《教育论》一书本是斯宾塞在1854—1859年间发表的四篇教育论文《智育》、《德育》、《体育》和《什么知识最有价值》的结集，最早于1860年在美国出版，次年在英国面世，不久即先后被译成13种文字，流布于世界上主要的资本主义国家，对世界近代教育产生了较大影响。与达尔文相比较，斯宾塞的思想似乎更与严复契合。严复虽然没有全面译介斯宾塞的《教育论》，但却吸收了其智育、德育、体育的观念，并在《原强》一文中加以运用，以说明中国国民启蒙必由之径。1896年，严复在致梁启超的一封书信解释了他当日撰写《原强》一文时强调民智、民力、民德的原因："盖当日无似不揣浅狭，意欲本之格致新理，溯源竟委，发明富强之事，造端于民，以智、德、力三者为之根本，三者诚盛，则富强之效不为而成；三者诚衰，则虽以命世之才，刻意治标，终亦隳废。故其为论，首明强弱兼并乃天行之必至，而无可逃，次指中国之民智、德、力三者已窳之实迹，夫如是，而使窳与窳遇，则雌雄胜负效不可知，及乎衰与盛邻，则其终必折于人。然则中国由今之道，无变今之俗，存亡之数，不待再计而可知矣。是以今日之政，于除旧，宜去害民之智、德、力者；于布新，宜立其益民之智、德、力者。"[①] 在严复的思想体系中，智、力、德三者的更新，是实现国家富强的必由之路。分别来说，民智是指国民的知识和思想精神，与愚昧相对，包含着理性启蒙与知识启蒙两个重要素；民力，指国民的肉体体质之强健与否；民德，指国民的伦理道德修养。统而言之，智、力、德可视为国民现代意识的整体概念。对民智、民力、民德的强调，是严复作为启蒙思想家的重要标志。

严复对民智、民力、民德的强调，不仅影响了梁启超，也同样影响了陈三立。智、力、德不仅分别作为实现富国强兵的要求出现在陈三立笔下，而且也是一个对现代国民的整体要求。如他把父亲在湖南推行的改革总结为"变士习、开民智、

---

① 严复：《与梁启超书》，《严复集》第 3 册，中华书局 1986 年版，第 514 页。

赖军政、公官权"(《先府君行状》),称赞李有棻在任陕西按察使、布政使期间"以风节示僚吏"、创办《秦报》的行为是"牖民智而纳于轨则"(《清故太子少保衔江宁布政使护理总督李公墓志铭》)的善举。他尤其对"国民如散沙"的现状不满,坦陈"吾尤痛民德,繁然滋朋伪",希望"俗化得基础,然后图明备"(《感春》之三)。这些都说明,陈三立对开民智、鼓民力、新民德的命题是同样重视的。

作于1904年的长诗《崝庐书所见》最能集中体现陈三立对智、力、德的理解。为了便于理解,特引全诗如下:

> 西山江之滨,包裹四百里。冈峦支脉分,错出斗俶诡。高者插天霄,腾翼鹏鸾似。稍伏奔虎象,忽蹙蛇龙起。吾家所结庐,厥卜萧峰趾。徐迤为平原,陇陌映锦绮。村舍可相望,烟火略栉比。奈何托膏腴,而不自经纪。山有濯濯姿,呬涸涓涓水。杳莽畴亩间,豸兽迹填委。博塞以嬉游,盖多惰农矣。妇躯弃纺织,不握丝与枲。衣襦决臂肘,垢虱冒愧耻。小儿益无艺,颠倒蹋泥滓。朝探雉鹊㲉,暮拾猪牛矢。日缚一束薪,那救中肠馁。闲窥其室间,圈厕偪床第。蘁瓮倒瓦盆,羹糁冷甀锜。膻风煽溷浊,嗟汝毕老死。先公滋悯焉,日有说于此。墽地垦榛芜,尽付勤耒耜。杂植桑竹茶,薯芋杉楩梓。禁约彼盗采,稠遶奖生理。科条稍区列,一瞑悼天只。至今连哾呻,未遂脱疮痏。曛暮邻翁来,感叹既有以。指画松楸间,首顾口亦哆。低摧纵语翁,营魄犹寻咫。凤昔所施设,莫不究本始。况当圣政初,万情费量揣。拨乱加绸缪,孤蹈摆誉毁。造次省民艰,若疾痛在体。引绳喻仁术,鳞爪一毛耳。翁复扶杖言,此乡竟何

恃。昨岁备枯旱，今岁困渺弥。昨旦急篝敛，今旦刮骨
髓。侧闻苛告身，输缗颏有泚。又闻款议成，纠取充赎
贿。官家至是邪，琐屑挂牙齿。翁退背灯坐，涙墮不可
止。民有智力德，昊穹锡厥美。振厉掖进之，所由奠基
址。列邦用图存，群治抉症痞。雄强非偶然，富教耀历
史。执尸化育权，坐令侪犬豕。一沤知滔天，一尘测崽山
晶。抚一蚁蛭区，以验俗根柢。卤莽极陵夷，种族且敩
坦。天道劣者败，中夜起扪髀。体国始经野，歌以俟君
子。

　　作者在诗中首先用写实的笔法描绘了自己所居之地南昌西
山脚下一个破败的村庄。这里土地肥沃，盛产桑竹，只要辛勤
耕作，加上风调雨顺，便可衣食无忧。但是现实的情况却是农
废于野，妇弃纺织，肥沃的田野上荆榛丛生，兽迹填委，人民
生活困苦不堪。那么，这种情况是什么原因造成的呢？诗人通
过考察认为，造成这情况的根源固然有天灾的因素，但更多的
却是人祸：其一是当地农民"不自经纪"的惰性，不仅男人
"博塞以嬉游"，妇女也"不握丝与枲"，年轻人更是不学无
术，游手好闲，"朝探雊鹊鷇，暮拾猪牛矢"，自然只能收获
贫穷与破败；其二是官府的横征暴敛、敲骨刮髓，"昨旦急篝
敛，今旦刮骨髓"，使农民没有辛勤耕作的积极性；其三是庚
子之乱后中国与西方列强签订的不平等条约《辛丑条约》，列
强向中国索取的4.5亿两白银的巨额赔款，国家的沉重负担最
终转嫁到普通的民众，尤其是生活在中国社会最底层的农民身
上。

　　在作者看来，这些原因实际上都是表象，而不是问题的
根本，尤其第一点更是如此。陈三立极为痛心于农民"奈何

托膏腴，而不自经纪"的惰性，但是他没有一味指责农民的劣根性，而是将思考进一步深入下去："民有智力德，昊穹锡厥美。振厉掖进之，所由奠基址。列邦用图存，群治抉症痦。雄强非偶然，富教耀历史。孰尸化育权，坐令侪犬豕。"这几句含义极为丰富。首先，他认为民众的智、力、德等美好的品性是上天赐予的，是与生俱来的。此处，智、力、德主要是作为一个整体性的名词出现，不仅指人民的聪明才智和道德修养、强健的体魄等内容，更主要的是人们的现代意识，包括自由、民主、人权等现代观念。严复、梁启超等人强调智、力、德是实现国家富强之本，这一点陈三立与他们的看法没有什么不同。所不同的是，陈三立并不认为中国的国民缺少智、力、德。相反，他认为智、力、德是人先天的、生而即有的本质属性。陈三立这一观点可能受到孟子"性善论"的启发，他曾经说道："孟子言性善，而曰人皆可以为尧舜，凡以性之善充之，使至于尧舜焉尔。"（《读〈荀子〉五首》）但是正如先天的性善需要后天的培养，智、力、德等人类美好本质也离不开"振厉掖进之"，需要不断的培养、鼓励、挖掘，才能够发挥作用，奠定国家富强的基础。此处诗人提出一个尖锐的问题："孰尸化育权，坐令侪犬豕"，意思是说究竟由谁对没有能够"振厉掖进"民智、民力、民德负责呢？答案是显而易见的：政府和社会没有能够尽到这一重大的责任。这是第二层含义。第三，西方列国正是因为充分激发了国民的智、力、德的本性，才得以实现"群治"（民主政治）和"雄强"（现代化），这绝不是偶然的，而是社会发展的必然。陈三立这一观点，符合晚清时期思想家们"权生于智"的命题。张之洞《劝学篇》曾说："大抵国之智者，势虽弱，敌不能灭其国；民之智者，国虽危，人不能残其种。"① 梁启超也认为："今之策中国者，必曰兴民权，民权斯固然矣，然民权非可以旦夕而成也。权者生于智也，有一分之智，即有一分之权；有六七分之智，即有六七分之权；有十分之知，即有十分之权。是故国即亡矣，苟国人之智与灭我之国人之人相等，则彼虽灭吾国，而不能灭吾权。"② 他们看到了"民智—民权—国权"之间的逻辑关系，民有"智"才会有"民权"，有"民权"才会有国权，才有国家的强大。汪林茂认为："戊戌时期思想家们'权生于智'的命题，实际上是以曲折的方式，还很模糊的语言表述了一个道理：'人'的解放（主要是理性的自觉）是实现民权政治的前提。"③ 其实民权政治只不过是手段而已，并非晚清思想家们的终极关怀，陈三立、张之洞、梁启超等人所真正关心的是祖国的富强与现代化。陈三立认为，只有最终实现了富强，才能真正达到"卤莽极陵夷，种族且致坦"，才能使民族达到真正的解放。否则，按照"物竞天择，适者生存"的规律，中国必须遭到亡国灭种的危机。当然，面对残酷的现状，诗人的心情是极为沉痛的，但胸中未始没有充满希望。

《崝庐书所见》自觉地运用西学理论，从一个小村庄入手，不仅反映了中国农村的穷困现状，而且探讨了造成这种现状的深层根源。尤其是他深刻阐明了智、力、德与实现国家富强和现代化的关系，表达了实现民权政治的呼声，其理论含义极为丰富。

---

① 张之洞：《劝学篇·益智》，华夏出版社 2002 年版，第 83 页。

② 梁启超：《论湖南应办之事》，《饮冰室合集·文集》3，中华书局 1989 年版，第 41 页。

③ 汪林茂：《晚清文化史》，人民出版社 2005 年版，第 242 页。

二　启民智，开群愚——陈三立的人才观和教育观

既然"权生于智"，那么启民智便是维国权的基础。晚清思想家们看到了"民智—民权—国权"之间的逻辑关系，认为民有"智"才会有"民权"，有"民权"才会有国权，才有国家的强大。但是在西方，"民"主要是指具有一定的文化和科学知识水平、也有一定的政治能力的"市民阶级"（Bourgeoisie）。随着与西方民间和官方交往的不断加深，晚清思想家们认识到西方之民"农工商兵，人皆知学；妇女童稚，人尽知书"[1] 的状况，而中国社会之"民"，则绝大多数是农民，大多处于文盲状态。他们痛切地认识到中国国民在文化和政治素质上的落后是实现富国强兵、挽救民族危机的巨大障碍。开"民智"是他们的理想，而眼前的"民愚"状况则是不得不面对的触目惊心的现实，"（中国）识字之人百不二三；其一二识字之一，而知文义者又百不二三"[2]。因此，思想家们无不将启民智、开民愚置于实现国家富强至关重要的地位。严复认为，在智、力、德三者中，民智居于核心地位："然则三者又以民智为最急也。"为了达到启民智、开民愚的目标，尽快实现全民教育，成为时代最强烈的呼声。严复《天演论》："学校庠序之制善，而后智仁勇之民兴，智仁勇之民兴，而有以为群力群策之资，而后其国乃一富而不可贫，一强而不可弱也。"[3] 张之洞认为要实行新政，需先从教育始，教育是自强的必然途径。他将自己的变法著作命名为《劝学篇》，实

---

① 国家档案局明清档案馆编：《戊戌变法档案史料》，中华书局 1958 年版，第 2 页。

② 《衡州士绅开设俚语报馆禀》，《湘报》第 141 号，1898 年 8 月 30 日。

③ 严复：《天演论·乌托邦》，商务印书馆 1981 年版，第 21—22 页。

是用心良苦："自强生于力，力生于智，智生于学。……是故智以救亡，学以益智，士以导农工商兵。"①

义宁陈氏家族自陈伟琳始就有重视教育的传统。陈伟琳六七岁时即入塾读书，后来倡建义宁书院教育子弟，著有《劝学浅语》等。陈宝箴在家乡创建四觉草堂，作为陈氏子弟私塾，三立、三畏兄弟幼时都曾入四觉草堂读书。湖南新政时陈宝箴、陈三立父子联手创办时务学堂，又曾帮助张之洞主讲两湖书院，这都说明他们已经认识到优秀人才对国家的重要性。尤其可贵的是，陈三立还身体力行，将自己的教育理想付诸实践。就陈三立来说，他的教育观念可以说在当时是最先进、最开明的。在湖南时务学堂，他没有因为 14 岁的蔡锷文理不通而将其摈斥，而是慧眼识英才，破格予以录取②。蔡锷后来果然不负师恩，成为反对帝制、再造共和的大英雄。在南京寓所延师课子，陈三立与聘请的老师约法三章：不背书，不体罚学生等。他不仅令女童入塾读书，更在 1904 年送隆恪、寅恪兄弟赴日本留学，这一年寅恪才 13 岁。他还勉励诸子"分剖九流极怪变，参法奠异上下乘。后生根器养蛰伏，时至傥作摩霄鹰"（《抵上海别儿游学柏灵还诵樊山布政午彝翰林见忆之作次韵奉酬》），表现了他不拘一格的世界性眼光。后来陈三立长子衡恪成为画坛一代宗师，三子寅恪成长为海内外著名国学大师，隆恪、方恪等亦各有所成。孙辈一代中，陈封怀成为中国植物学界的先驱之一。陈氏后代取得的诸多成就，不能不说与陈三立先进、开明的教育观念有密切联系。

---

① 张之洞：《劝学篇·益智》，华夏出版社 2002 年版，第 81—83 页。

② 1922 年，陈三立与欧阳竟无谈起这一段历史时说："蔡松坡考时务学堂，年十四，文不通。已斥，予以稚幼取之。以任公教力，一日千里，半年大成。今不可复得矣。"见《欧阳竟无集》，中国社会科学出版社 1995 年版，第 203 页。

　　值得注意的是陈三立心中的"国民"概念，如"国民如散沙，披离数千岁"（《感春五首》之三）、"分瓜边警喧人海，诉挽沙鸥隶国民"（《渡湖毕江行遣兴》）、"彼其民权之所由兴，大抵缘国大乱、暴君虐相迫促，国民逃死而自救，而非可高言于平世者也"（《清故光禄寺署正吴君墓表》）。这当然不单单是从严复等启蒙思想家那里接受了一个新名词那么简单，而是说明陈三立已经接受了现代民族国家观念。在中国最先使用具有近代意义的"国民"一词的是康有为，对此词做出定义的是梁启超："国民者，以国为人民公产之称。"有人对"国民"与"臣民"的区别进行了如下辨析："凡立于一国之下，而与国家关系休戚者，则曰国民；立于一国下，而与国无关系休戚者，则曰奴隶。有国之民存，无国之民亡；有国民之国存，无国民之国亡"，"而凡可以为国民之资格者，则必其思想同，风俗同，语言文字同，患难同。其同也，根之于历史，胎之于风俗，因之于地理，必有一种特别的固结不可解之精神"[①]。"国民"一词的使用意味着从"臣民"的身份中解放出来，从而拥有了主体性，这本身就具有近代启蒙意义。

　　与这种国民意识密切相连的，是陈三立的人才观。一般来说，人才指的是社会精英，是能力、知识等超出普通人的出类拔萃的杰出人物。但是在陈三立心中，人才并非仅仅指杰出贤能和社会精英，而是指接受现代教育的普通大众，也就是合格的国民。在他笔下，"人才"有时又写作"人材"。他认为国家的贫弱，每一个普通的国民都负有不可推卸的责任："天下

---

　　① 余一（蒋百里）：《民族主义论》，转引自金冲及《辛亥革命与中国近代民族主义》，《辛亥革命与20世纪的中国》，中央文献出版社2002年版，第908页。

之变既亟矣，人材窳下、风俗之流失，寖以益甚，察其所由，自一人一家子弟之失职始也。天下之族，令皆如黄氏，有以善其教，纳子弟于轨物，以底于成。上者道济天下，智周万物，辅世长民，经纬大业；次者泽躬尔雅，忠信务本，不失为良士。"（《菱溪精舍记》）在这一段引文中，"上者道济天下，智周万物，辅世长民，经纬大业"指的是精英式人才，也就是郭嵩焘所说"为国致太平与养生求不死，皆非常人所能，且当守国使不乱，以待奇才之出，卫生使不夭，以须异人之至"（《庸庵尚书奏议序》）的"奇才"和"异人"，而"次者泽躬尔雅，忠信务本，不失为良士"显然是指普通的但却是素质合格的国民。

在为当时著名教育家刘古愚写的传记中，陈三立借用刘氏之口再次表达了自己兴教育以培养合格国民的理想："求国之贫弱，孰有捷且大于兴学者，特兴学以化民成俗为主，而非仅造士成材。风俗于人材，犹江河之蛟龙也，江河水积而蛟龙生，风俗醇美而人材出焉。无江河之水，即有蛟龙，亦与鱼鳖同枯于肆，而安能显云致雨以润天下之灵哉？故世界者，人材之江河，而学其水也。化民成俗，则胥纳士吏兵农工商于学，厚积其水，以待龙之生也。"（《刘古愚先生传》）刘古愚（1843—1903），名光蕡，字焕唐，因其自号古愚，故世称古愚先生，陕西咸阳人。在变法维新运动中，刘古愚是关中极有影响的"康党"思想领袖，时有"南康北刘"之称。57岁时（1899），刘古愚始居烟霞草堂（即复邠学舍），从事教学与著述。至60岁时，草堂学生聚至50余人。1903年病逝于兰州甘肃大学堂。刘古愚的教育著作和其他文字曾由其门人整理编成《烟霞草堂文集》、《刘古愚先生全书》等共计50余万字，刊行于世。上述引文，见刘氏所著《〈学记臆解〉序》（陈三立误作《学记臆说》）。

陈三立之所以大段引用传主言论，无疑是因为此言论与自己观点相契合。在《〈学记臆解〉序》一文中，刘古愚提出"救国之贫弱"的捷径唯在"大力兴学"，即大办全民教育。所谓"全民教育"，在刘古愚看来有两方面的基本任务：一是指全国之民都要接受教育，使"民众而质美"，普遍提高广大民众的文化素质；二是指士、农、兵、工、商、吏各应从事于富强之实事的训练，"兵练于伍，吏谨于衙，农勤于野，工巧于肆，商智于市，各精其业，即各为富强之事"，颇有现在"从我做起，从现在做起"之意。"化民成俗"的全民教育，应当面向全社会的所有成员，教育对象不应有年龄、性别、职业之分。陈三立尤其赞赏"兴学以化民成俗为主，而非仅造士成材也"一说，认为教育的目的不仅仅在于培养杰出人才，更重要的在于造就具有现代意识的合格国民。可见陈三立心中，教育之意不仅在培育杰出人才，而在于全社会的人的素质。用现在的话说，基础教育、全民教育为主，精英教育为辅。同时，他也认为全民教育是杰出人才的温床，只有普及了全民教育，才会真正培养出救国救亡的俊异奇杰之士："故世界者，人材之江河，而学其水也。化民成俗，则胥纳士吏兵农工商于学，厚积其水，以待龙之生也。"

陈三立把基础教育摆在首位的思路是符合当时的教育实际和中国的国情的。晚清中国的现实情况是，农村人口占全国人口的绝大多数，文盲率极高，识字率极低，而读书识字的士人则多沉溺于八股试帖之中，对世界大势茫然不知，一旦面临亡国危机，则敛手无以为计。陈三立曾痛陈："余尝愤中国士夫耽究空文而废实用，骤临利害无巨细。及有四夷之变，一以意气论议排捍之，不则瞠目敛手，无以为计。"（《廖笙陔诗序》）

又说："方今世变之大，匪徒士游于校务，通万方之略以成其材者，即为农为商工，亦有赖于捐故技、受要道，否则，资生狭隘，智究能素，将无以争存于物竞之世。"（《义宁陈氏宗谱序》）这几乎是近代最早的职业教育观念。他认为对于世界的发展变化，即使不是读书人，作为普通的劳动者，也应掌握一定的知识，只有这样才能在"物竞天择，适者生存"的社会中不被淘汰。个人如此，国家何尝不是这样呢？全民教育的实质是人民的知识启蒙与理性启蒙，这是造就合格的国民、合格的劳动者，从而实现民族独立和社会现代化的必由之路。因此，陈三立的发展基础教育、全民教育的思想是具有战略性眼光的。可惜的是，陈三立等先进思想家的启民智、开群愚、全民教育的设想，直到清政府被推翻以后才开始得到实施，新中国建立以后深入进行，又过了数十年以后才完成这一历史使命。

第三节 陈三立的"人的现代化"思想(下)

一 "人心风俗"观与国民性批判

在上文所引《菱溪精舍记》中，陈三立痛陈"人材窳下、风俗之流失"给国家和民族造成的严重后果，这实际上是陈三立一以贯之的观点。他继承了自顾炎武、龚自珍、魏源、郭嵩焘以来的人心风俗改造思想，并在此基础上展开了对中国国民性的批判。

人心风俗说在中国是一种传统的观念，它源于儒家教化思想，认为社会风气的好坏是社会兴衰的决定力量。顾炎武在《日知录》中写道："目击世趋，方知治乱之关，必在人心风俗"。龚自珍也认为："人心者，世俗之本也；世俗者，王运

之本也。人心亡，则世俗坏；世俗坏，则王运中易。王者欲自
为计，盍为人心世俗计矣。"① 陈三立的精神导师郭嵩焘结合
自己对英、法等西方国家风俗教化的考察，得出的结论是：
"天下万事万物，根本在人心。"把挽回人心风俗提到了立国
之本的高度。他们都认为，既然人心是立国之本，那么欲挽救
危机，必自正人心始。

受到郭嵩焘等人的影响，陈三立同样认为，国家之所以衰
败，人才凋零、风俗败坏才是根本原因。在《读〈论语〉四
首》中，陈三立写道："政教立而性命各正，前古人材之盛以
此也。"对于人心风俗之坏，他是有切身体会的。在与李有棻
共同创办南浔铁路的过程中，便是由于"人事"的原因而使
工作无法进行："乡之人以非隶于官，众可自便，要权利、私
干朋、挟无纪，不获则造作讪谤、拒投资者，牵掣排挠，使即
于败。异国留学群少年侈假民权，益起与应和，势张甚。"类
似的经历使他感慨万端："以是知一端之兴、一业之就，皆基
于人心风俗，否则贸然树之的，徒以资无艺不逞之夫，快其私
臆，拱手以待俱尽而已。"（《清故太子少保衔江宁布政使护理
总督李公墓志铭》）不过这更加坚定了陈三立从"人"的角度
解决国家和社会危机的决心。

症结找到了，解决问题也正需从症结入手。变法图强，改
造人心风俗是根本，"俗化得基础，然后图明备"（《感春》之
三）。陈三立认为："风俗于人材，犹江河之蛟龙也，江河水
积而蛟龙生，风俗醇美而人材出焉。无江河之水，即有蛟龙，
亦与鱼鳖同枯于肆，而安能显兴云致雨以润天下之灵哉？"

---

① 龚自珍：《平均篇》，《龚自珍全集》，上海古籍出版社1975年版，第78
页。

(《刘古愚先生传》) 在他看来, 挽狂澜于既倒, 挽救国家危亡, 需要杰出的人才, 而杰出的人才需要以"风俗醇美"作为其存在的基础。如果没有人心风俗作为保证, 那么人才就是无源之水、无本之木, 再杰出的不世之才, 也会与鱼鳖同枯于肆。不仅需要杰出的人才, 具备合格素质的国民同时十分重要, 这在前文已经指出, 而合格的国民是人心风俗的应有之义。那么, 一切维新活动, 都要围绕人心风俗这一根本来进行。遗憾的是, 现实中的维新运动并没有在改造人心风俗方面交出合格的答卷。在维新变法失败后, 陈三立认真总结了变法失败的根本原因: "吾国自光绪甲午之战毕, 始稍言变法, 当时昧于天下之大势, 怙其私臆激荡驰骤, 爱憎反复, 迄于无效, 且召大衅, 穷无复之。遂益采嚣陵之说, 用矫诬之术, 以涂饰海内外耳目。于人才风俗之本、先后缓急之程一不关其虑。"(《庸庵尚书奏议序》) 他认为变法之所以失败, 关键在于没有围绕"人心风俗"这个核心来进行, 没有致力于推进人的现代化, 结果"本不立而俗不长厚", 改革只能以失败告终。

从人心风俗的角度总结维新变法失败的根本原因, 认为改革不能仅凭一腔热情而昧于天下大势, 而要致力于最根本、最关键的人的现代化, 这是陈三立人心风俗观的独特之处。事实上, 戊戌变法运动是一场由清政府高层推进的由上到下的革新运动, 光绪帝在短短的三个月的时间内颁布了数百道变法召令, 结果许多官吏和基层政府组织并没有予以遵照执行, 因此变法运动对中国社会产生的实际影响实在是微乎其微。维新运动失败的原因是复杂的, 仅仅归结为人心风俗未免过于简单化。但革新的种子只有在适宜的土壤中才能生根发芽, 这又是无可置疑的, 因此陈三立的总结有他独特的价值, 应该予以肯定。

当然，人心风俗的概念在陈三立那里含义是丰富的，它不仅指国民的素质水平、知识结构、思想观念，还包含在此基础上形成的道德水平、社会风气、官场作风等内容。而中国社会道德水平、社会风气、官场作风的窳下，尤其令陈三立深感痛心。对于国民的劣根性，陈三立在他的诗文中进行了有力的批判。

归纳起来，陈三立对国民性的批判主要有以下几个方面：

第一，"国民如散沙"。

在《感春》之一中，陈三立首先批评"国民如散沙，披离数千岁"，认为国民没有作为一个共同体所应有的凝聚力，缺少为国家共同的目标而努力的精神，更缺乏真正的爱国精神。"谓吾国民如一盘散沙，夫沙之所以散者，以无粘液性也。吾人固有先天之粘液性，不知修养而利用之，乃至被他人以散沙相比，即吾人真为散沙矣。究竟天使吾人为散沙耶，抑天固不使吾人为散沙，而吾人自为散沙耶?"[①] 恽代英此言，或可作为陈三立"国民如散沙"之注脚。不过在《感春》诗中，陈三立对"国民如散沙"不过点到即止，没有进一步说明。其实，他对国人劣根性有着极为痛切的体会。他曾满腔热情地投身实业，与江西乡绅李有棻共同创办南浔铁路，以期造福乡梓。但是他在工作中遇到的最大阻碍恰恰来自基层的民众，"乡之人以非隶于官，众可自便，要权利、私干朋、挟无纪，不获则造作讪谤、拒投资者，牵掣排挠，使即于败。异国留学群少年侈假民权，益起与应和，势张甚"（《清故太子少

---

① 恽代英：《社会性之修养》，《恽代英文集》，人民出版社1984年版，第26页。

保衔江宁布政使护理总督李公墓志铭》），最终"劳精焦思、吞声含诉"，不得不辞职了事。陈三立的这些经历，令我们不得不想起台湾学者柏杨在《丑陋的中国人》中的若干言论："中国人最拿手的是内斗。有中国人的地方就有内斗，中国人永远不团结，似乎中国人身上缺少团结的细胞"，"中国人的不能团结，中国人的窝里斗，是中国人的劣根性。"[①] 其实，梁启超也早已感叹："吾国人之以排挤轧轹为天性也。"[②] 不识大体、互相掣肘、惯于内耗、缺乏凝聚力和爱国精神，这几乎是中国人劣根性之最根深蒂固者，对此陈三立的认识是极为敏感的。在夜宿九江铁路局时，面对涛涛江水和茫茫长夜，陈三立曾写出"陋于知人心"的诗句，这里面包含多少酸楚与感慨！

第二，"朋伪"。

陈三立对"朋伪"的批判，见《感春》之三："吾尤痛民德，繁然滋朋伪。"朋，结党；伪，诈也。在另一文中，又写做"伪薄"，意指道德的堕落和不完善。值得注意的，这是陈三立对中国人的"民德"的定性。梁启超曾说，中国国民所最缺乏者，公德其一端也："公德者何？人群之所以为群，国家之所以为国，赖此德焉以成立者也。"又说："人人独善其身者，谓之私德；人人相善其群者，谓之公德，二者皆人生所不可缺之具也。无私德则不能立；合无量数卑污、虚伪、残忍、愚懦之人，无以为国也。无公德则不能团；虽有无量数束身自好、廉谨、良愿之人，仍无以为国也。"[③] 而陈三立所论，

---

① 柏杨：《丑陋的中国人》，古吴轩出版社 2004 年版，第 811 页。
② 梁启超：《新民说》，辽宁人民出版社 1994 年版，第 217 页。
③ 同上书，第 16 页。

似合公德、私德为一而论之。那么，关于"朋伪"表现在哪里呢？他并没有详细说明，但是从以下论述可以窥知一二。如他反对士人挟私互相攻讦："类曹好曹恶异同攻尚之习，竟以为胜，非君子之所汲汲也"（《〈龙壁山房文集〉叙》），批评"法益弊而吏益巧"（《杂说二》）而欺骗百姓。对于士大夫的"苟偷、巧饰、斗捷"，陈三立十分愤慨："盖忠亮不据于其心，而无宁静澹泊之天怀为之根柢，才力之所极，功能之所擅，皆以成乎苟偷、巧饰、斗捷者之尤。是故本不立而俗不长厚。即果变今之法，矫今之习，欲以诱进天下之人才，弭外侮而匡世难，吾知其犹不可必焉。"（《廖笙陔诗序》）在他看来，士大夫是社会的精英，应该以"宁静澹泊之天怀为之根柢"。只有这样，才能"矫今之习"，改变"苟偷、巧饰、斗捷"的劣根性。否则"于是非之无可非，刺之无可刺，奄然媚于世之乡原，纷藉起矣。君相以是为用舍，师儒以是为进退，推之、衍之、渐之、摩之，不悉驱天下万世之人材趋纳于伪薄不止"（《读〈论语〉四首》）。

第三，愚昧。

愚昧与"民智"相对，它意味着一种蒙昧状态，是出于知识和人类理性的缺失。国弱则民愚，反之，民愚则国必弱。我们甚至可以说，民愚是近代中国的总体特征之一。所谓"开民智"，实际上就是要改变民间的愚昧状况，因此陈三立有时在诗中称之为"开群愚"。在中国农村，由于识字率的低下，文化只为读书人掌握，而广大民众则受古老的风俗和民间文化支配，各种迷信和野蛮、愚昧的陋俗随之在民间泛滥。在陈三立提到的陋习中，有"割臂股及肝疗母事"，如晏孝子（《书晏孝子》），有女子未嫁而守节事，如张贞女（《书张贞女》）。在《杂说五》中，陈三立向读者讲述了一个由野蛮民间习俗导致的惨剧：广东某地有"女子相约嫁而不耦其夫"的习俗，结果因为十位姊妹中的一位嫁而生子，最终姊妹中有七人饮毒药而死，生下的婴儿也被斫七刀惨死。作者借"客"之口指出："习俗移人而夺其天性，恶知其所由，然此乃积数十百年官吏之禁防、父老之约束、荐绅先生之讽诫化诲，犹分豪莫之革而止也。"将批判的矛头指向罪恶的上层社会，认为政治、文化阶层应该对这样的悲剧负责。在文中陈三立进一步指出，要革除这些愚昧的陋习，就必须引进先进的西方文明："自广兴女学始，益输万国文明释其不可解之心，耻谬于公理，其或庶几幸而有效欤？"因此，西学是启民智、改变愚昧状况的一把钥匙。在这一点上，陈三立的看法与近代启蒙思想家相同。

第四，懒惰。

懒惰是中国农民身上的又一个顽疾。如前文所述，陈三立曾经居住的南昌西山脚下，本是山川平阔的膏腴之地，但这里的农民却生活贫困，连吃饭都成为问题。究其原因，除了有天灾、官祸等外部因素外，农民自身的懒惰也是原因之一："博塞以嬉游，盖多惰农矣。妇躯弃纺织，不握丝与枲。衣襦决臂肘，垢虱冒愧耻。小儿益无艺，颠倒蹋泥滓。朝探雉鹊彀，暮拾猪牛矢。"（《崝庐书所见》）对此，陈宝箴在世时曾极为痛心，一再感叹。陈三立也认为"天道劣者败"，这样的国民"将无以争存于物竞之世"，并告诫自己的族人"务通万方之略以成其材"，只有"曰勤曰俭，为存人类之基"，才能"咸免为不材之民，不受天演之侵迫"（《光裕堂修义宁陈氏宗谱序》）①。

正如鲁迅用手中的笔无情地解剖了中国农民身上的"怯

---

① 潘益民、李开军辑注：《散原精舍诗文集补编》，江西人民出版社2007年版，第275页。

弱，懒惰，而又巧滑"等精神弱点，陈三立也用自己的诗句对中国人的愚昧和懒惰予以深刻解剖，同时又对他们抱以极大同情。虽然陈三立的笔触并未达到鲁迅的深度和广度，但其"哀其不幸，怒其不争"，与鲁迅相比同样令人动容。同时，陈三立并没有因此而鄙视农民，他仍然相信"民有智力德"，只不过没有得到"振厉掖进"而已，再次将批判的矛头对准统治者。

二 人的全面发展和自我完善

人的存在是自然存在、社会存在和精神存在的统一。因此人的发展不仅包含自然因素、社会因素，还应当包括精神因素。马克思主义关于人的理论强调人的全面发展，即每个人在劳动、社会关系和个体素质诸方面的全面、自由而充分的发展。人作为主体的自觉、自愿、自主的发展，是为了自身人格完善和促进社会进步，即把人作为目的而发展。马克思主义强调自身人格的完善，而中国传统思想家认为，人不仅有物质存在和精神存在，而且有着道德存在的内容。在孔子的思想体系中，人的实现是其重要内容之一。孔子强调人有"小人"、"野人"和"君子"之分，"君子"、"仁者"、"善人"是道德实践的主体。"君子道者三，我无能焉：仁者不忧，知者不惑，勇者不惧。"（《论语·宪问》）又说："君子喻于义，小人喻于利。"（《论语·里仁》）"君子"的含义不能简单地被视为与各自的地位和从事的行业密切相关的阶层身份，而主要是儒家道德人格的一种理想。孔子还提出"仁者人也"的命题，规定了人之所以为人的本质，肯定了每一个人存在的价值，揭示了人的本质的社会性意义，以及在人与人、人与社会的关系中完善人、实现人的必要性。儒家认为人的道德存在才是人的社会本质所在。先秦关于"性"的争论，宋代以后关于"心"的探讨，都在很大程度上揭示了人的道德存在。如荀子指出："凡性者，天之就也，不可学，不可事。礼义者，圣人之所生也，人之所学而能，所事而成者也。不可学、不可事而在人者，谓之性；可学而能、可事而成之在人者，谓之伪。"（《荀子·性恶》）此后儒家思想随着社会的发展而变异极大，但是始终强调义利之辩，强调人的精神存在和道德存在，用儒家的方式思考人的存在以及寻找人的自我完善的途径。

近代以来，随着西方资本主义生产方式和现代西方文明的涌入，中国传统的小农经济和封建伦理道德趋于解体，也促使中国传统伦理和价值观的崩溃。陈三立敏锐地意识到传统伦理和价值观的崩溃必将带来知识分子道德品格的丧失。为此，他竭力主张士大夫的精神、道德的发展和完善，强调人不同于禽兽的价值，强调个人修养的重要性。民国九年（1920），他的江西同乡、著名藏书家胡思敬在南昌东湖为姜曰广、袁继咸、万元吉、杨廷麟、揭重熙、陈泰来六位明末抗清志士建立祠堂，陈三立撰写了《南昌东湖六忠祠记》一文以资纪念。文中写道："盖人之生也，有羞恶之心，有不甘不屈之气，根于性，立于义，发于诚，明于分，依之则为人，违之甚或自陷于禽兽。当大难，临不测，若皆泛泛然拱手委之，君谁与赖？国谁与扞？民谁与保？况一死有系于成败存亡之外者哉？"他一再强调"名节"二字，认为"临难毋苟免，食其禄者忠其事，天地之大经、圣贤之遗则，通之百世而莫能易者"，"名节"就是人与禽兽不同的本质。对那些浮光掠影地学习了一些西方知识的所谓"新进学子"，陈三立尤感不满，认为他们对传统伦理的无知与简单摈弃将导致严重后果："溃名教之大防，绝彝常之系，势不至人心尽死、导而成蜉蝣之群、奴虏之国不止。为祸之烈，尚忍言哉！"

陈三立将名节、气节视为士人自我实现的真正途径。在他看来，这不仅是个人的修养问题，更是关乎人的价值的重大问题。同时，他还多次批判"纲纪陵夷"、"人纪废坠"，都是为了防止出现人在个人精神上的失落和幻灭，以纠正物质发展对人类精神领域的限制。他以立纲纪、变士习为要务，强调士人的"名节"、"气节"。对于中国传统的儒家士人来说，气节是一种洁身自好的人格理想和立身处世之道。气节之于中国传统文人，正如贞操之于传统女人，那是比生命还重要的。苏武、文天祥、方孝孺、朱自清等之所以为后世所尊崇，就是因为他们保持了一个文人的人格与气节，而洪承畴、钱谦益等则受到人们的唾骂，也是因为他们失去了作为文人的基本节操。终其一生，陈三立都在努力实践这一道德准则。他洁身自好，蔑视权贵。变法失败以后，即与统治者持一种不合作的态度，保持着相当的距离。即使对紫禁城内的废帝溥仪，他也毫无亲近之意。光绪二十九年（1903），清廷为了给慈禧庆祝七十寿辰，戊戌党人除康、梁外，皆复原官，陈三立也被恢复了吏部主事之职。但他始终无意仕进。清帝逊位后，陈三立的座师陈宝琛当上了废帝溥仪的老师，并向溥仪推荐陈三立辅佐自己。陈三立以不能说北京话为由，婉言谢绝了老师的邀请。后来，郑孝胥在紫禁城中多次奏请废帝溥仪请召见，陈三立都不置可否。1932 年，他在庐山过八十大寿，时为一国之领袖的蒋介石也在庐山，向陈三立献巨额寿金，孰料陈三立却不买蒋介石的账，拒而不受。① 1937 年 7 月 7 日，卢沟桥事变发生，北平沦

---

① 据陈隆恪诗、陈小从以及张元济子张树年《我的父亲张元济》回忆。参见张树年《我的父亲张元济》，东方出版中心 1997 年版，第 133 页。

陷。此时陈三立居住在北平，日军打算拉拢这位著名诗人，派汉奸百端游说，说者环伺其门。愤怒的散原老人呼佣妇操帚逐之，并绝食抗争，最终在忧愤交集中离开了人世。^① 当时沦落日占区的知名文人颇为不少，有许多人丧失了文人的气节而沦为可耻的汉奸，但却无人怀疑散原老人的铮铮铁骨。陈三立之所以在清、民之世享有如许盛誉，其维新时期的壮举和杰出的文学成就固然是重要原因，但其不同流俗、不媚权贵、洁身自好的文人气节和爱国精神恐怕才是更主要的。郑孝胥、沈曾植与陈三立并称"同光体三魁杰"，论文学成就不在陈三立之下，但其节操却与陈三立不可同日而语，三人也因此而分出高下。据章品镇记载，郑孝胥事敌伪后，"曾在长春时拿了新作问左右：这些东西较之散原不知如何？老人（指陈三立）听说此事，微哂而言：今日的他，还同我比诗吗？不必了"^②。陈氏诸子对乃父评价，也是将"气节"二字与"文章"并置，如1951年由陈方恪执笔、以陈氏四兄弟名义联合致陈毅司令员的信中写道："先君文章气节，举世共瞻。"^③ 陈寅恪更是在《寒柳堂记梦未定稿》中将"气节"排在"文章"之前："（先君）后虽复官，迄清之末，未尝一出。然以吏能廉洁及气节文章颇负重名于当代。"^④ 陈寅恪如此落笔绝非随意为之，显然毕生坚持"独立之精神，自由之思想"的一代大师陈寅

---

① 据汪东《义宁陈伯严丈挽诗》自注："二十六年秋，倭陷北平，欲招致先生，游说百端，皆不许。诇者日伺其门，先生怒呼庸媪操彗寻逐之。因发愤不食五日死。"

② 章品镇：《徜徉在新社会的旧贵族——记陈方恪》，潘益民《陈方恪年谱·附录》，江西人民出版社2007年版，第239页。

③ 潘益民：《陈方恪先生编年辑事》，中国工人出版社2005年版，第184页。

④ 陈寅恪：《寒柳堂集》，三联书店2001年版，第204页。

恪对父亲的高洁节操认识更为深刻。

第四节　陈三立"人的现代化"思想的意义与价值

清末民初启蒙思想家发起的"人的现代化"思潮，与五四运动一样，是近代人的解放运动的重要组成部分。从个人身份来说，他们大部分是清末士大夫出身，尚未完成向现代知识分子的转变；从理论素养来说，他们之中很少有人具有深厚的西学背景，他们的知识背景和主要的批判武器仍是以儒家思想为主体的中国传统文化，然而他们对"世运"却有着清醒的认识，知道只有引进西方文明改造中国才能实现强国理想；从实际效果来看，他们的启蒙是颇有成效的，五四时期的绝大多数思想家受到他们的影响。因此，可以说清末民初兴起的人的现代化运动，是五四新文化运动的先声。

社会的现代化，是以社会的进步与发展为目标。而人的现代化，是以人的解放为目标的。从启蒙运动的角度来说，现代性计划是以人的解放为目标的。在启蒙思想家看来，人受到了三重限制——即神的秩序对人的控制、自然对人的束缚和人对人的压迫。那么，如何把人从这三重限制中解放出来呢？或者说，以什么手段来解放人呢？启蒙运动思想家们首先想到的是理性——当然是人的理性：把人从神圣秩序的统治中解放出来意味着用人的理性取代对上帝的信仰，使理性能在人的生活中处于主导地位；把人从自然的束缚中解放出来意味着借助于科学技术和机器生产而使人获得驾驭自然的力量，使人更多地依靠人的理性而非听命于自然；把人从封建君主制度中解放出来意味着不再把政治权力（即国家主权）看作是君权神授和王室世袭的，而把它看作是理性的公民所达成的"社会契约"

或所让渡的"人民主权"。①从这个角度看，清末民初兴起的人的现代化思潮，无论是严复的开民智、鼓民力、新民德，还是梁启超的"新民"说，都是以人类的理性取代神对人、自然对人和人对人的限制和束缚。在他们看来，启民智、开群愚、兴办全民教育是首要的和最基本的任务，是鼓民力、新民德的基础，也是实现人类理性的必经之路。事实上，五四时期科学、民主等现代观念之所以能够很快深入人心，清末民初思想家的首倡之功不可埋没。

不过，清末民初的文化保守主义启蒙思想家与五四启蒙思想家对于人的解放的理解是不同的。五四思想家更关注迫在眉睫的启蒙与救亡的任务。其实，启蒙的目的就是救亡。启蒙是手段，救亡是他们的最终目标。而对于文化保守主义者陈三立来说，他更加注重人的全面提升和自我的实现，"人"在他那里是目的而非手段，因此他或许比五四思想家更接触到人的解放问题的实质。此处笔者绝非贬低五四诸贤，而是认为五四思想家与保守主义者的终极关怀有所不同。五四思想家的问题意识更为明确，也更为迫切。而清末民初保守主义思想家从价值理性出发，其思考与五四有所不同，但是这并不表示他们不关心救亡，而是关注的程度不同而已。然而出于民族危机的焦虑和压力，保守主义一时难以被社会所理解，这使得他们显得多少有些不合时宜。胡先骕之所以称陈三立的人道主义"陈义过高"，原因正在于此。在当时的社会文化危机中，救亡的要求显然更为迫切，因此五四思想家要"立人"，从而"立国"，达到救亡的目的，这是必要的。五四启蒙思想家和文化保守主

---

① 参见夏光《东亚现代性与西方现代性》，广西师范大学出版社 2005 年版，第 6 页。

义启蒙思想家的不同，实是思想分工的不同，没有必要厚此而
薄彼。肯定文化保守主义者的思想价值，不是为了贬低、也丝
毫无损于五四运动的伟大思想意义。

　　就陈三立来说，他既是启蒙者，同时又是被启蒙者。他受
郭嵩焘、严复等人的思想影响是极为明显的，带有鲜明的时代
烙印。他的智、力、德思想和教育观其实是那个时代许多士大
夫都具备的，因此从这一点上看他与其他思想人物并没有什么
本质的不同。但可贵的是，陈三立是一位具有实践品格的思想
人物。不仅他的政治思想曾经付诸实施，他对自己的文化理
想、教育观念等也都曾亲力亲为。他开学堂，办教育，把几个
儿子送出国留学，让女儿读书识字，使儿孙辈都学有专长，这
些都是启民智、开群愚的基础性工作。尤其是他用自己高洁的
品德，不同流俗、不媚权贵、洁身自好的文人气节和爱国精神
为后人树立了一个在精神上自我完善的典范。受到他的影响，
陈衡恪、隆恪、寅恪、方恪、登恪，陈封怀、封雄等儿孙，无
不以渊博的学识、突出的专业成就和"富贵不能淫，威武不能
屈，贫贱不能移"的立身处世之道赢得了人们的特别尊重。
举个例子，他的四子陈方恪年轻时风流倜傥，与世乖违，似乎
是个纨绔子弟，但在国家大义面前却颇有气骨。1945 年因掩
护地下电台而被日本宪兵逮捕，在狱中他饱受折磨却宁死不
屈，表现了陈氏后人的不屈气节和爱国操守。① 陈氏一门直至
现在仍为世人敬仰，除了他们取得的杰出专业成就，恐怕最主
要的还是他们都具有令人钦服的操守。这其中，陈三立是一个
枢纽式的关键人物，他的具有实践品格的思想起到关键作用是

---

　　① 潘益民：《陈方恪先生编年辑事》，中国工人出版社 2005 年版，第 154—
156 页。

无可置疑的。

智利学者萨拉扎·班迪博士在回顾发展中国家追求现代化的道路时，曾深刻地指出："落后和不发达不仅仅是一堆能勾勒出社会经济图画的统计指数，也是一种心理状态。"[①] 这种落后的心理状态受到清末民初文化保守主义启蒙思想家的严厉批判，成为五四时期国民性批判的先声。然而在新中国成立后对近代国民性批判理论的研究中，前者被大大忽略了。其实前五四时期的国民性批判在理论建构、批判的广度与深度上与后者相比并不逊色。所不同的是，前者具有更多的本土理论色彩，而后者不可避免地含有"后殖民"的话语。这一点在分析"国民性"一词的来龙去脉时便可知晓。"国民性"一词最早由梁启超在《新民说》中从日语中借用来的，而日语的"国民性"一词则源于英语"national character"。这一词语在由西方至日本再向中国进行"语际旅行"的过程中经历了历时与共时的多重语境变幻，其意义也在时空的流转中不断地被注入各种信息。刘禾指出鲁迅的国民性话语来源于斯密思的国民性理论，而斯密思对中国所作的国民性分析中潜伏着西方霸权话语，这使得五四时期的国民性批判陷入难以自拔的理论困境。[②] 而前五四时期的文化保守主义启蒙思想家对国民性的批判是在没有或较少作中西对比的情况下进行的，也没有明显的西方理论渊源，因此从郭嵩焘到陈三立的"人心风俗"观是一种本土的国民性批判思想，或可称为基于儒家理性主义的国民性批判思想。对包括陈三立在内的前五四国民性批判思想进

---

① 转引自英格尔斯《人的现代化》，殷陆君编译，四川人民出版社 1985 年版，第 3 页。

② 参见刘禾《国民性理论质疑》，《语际书写——现代思想史写作批判纲要》，上海三联书店 1999 年版。

行深入的了解与研究，对于全面了解近现代国民性批判理论具有重要意义。

除了本土的国民性批判思想，陈三立对近代人的现代化理论的另一大贡献，是他的人的全面发展和自我完善思想。他对知识分子道德品格的坚守，将名节、气节视为士人自我实现的真正途径，看似老生常谈，却含有深刻的现实意义。随着理性化、世俗化时代的到来，在西方基督教已不再是思想的正统，在中国儒学也失去了思想正统的地位。于是，随之而来的信仰危机、道德危机、精神危机成为现代社会固有的隐患，所谓"物质空前盛，精神一代荒"成为现代社会的普遍状况。人们致力于对利禄的追逐，从而对发展自己的精神生活丧失了兴趣。在西方，法国思想家埃德加·莫兰（Edgar Morin）指出，西方文明的福祉正好包藏了它的祸根：它的个人主义包含了自我中心的闭锁与孤独；它的盲目的经济发展给人类带来了道德和心理的迟钝，造成各领域的隔绝，限制了人们的智慧能力。[①] 启蒙运动思想家康德早已意识到了这一情况，因而他提出："我不得不悬置知识，以便给信仰腾出位置。"[②] 实际上，康德限制知识不仅为信仰留下了位置，同时也为人的"自在—自由"留下了位置："人类，就其属于感性世界而言，乃是一个有所需求的存在者，并且在这个范围内，他的理性对于感性就总有一种不能推卸的使命，那就是要顾虑感性方面的利益，并且为谋求今生的幸福和来生的幸福（如果可能的话）而为自己立下一些实践

---

① 参见乐黛云《文化自觉与社会和谐——在北京国家图书馆"文津讲坛"的演讲》，《解放日报》2006年6月4日第8版。

② ［德］康德：《纯粹理性批判·前言》，邓晓芒译，人民出版社2001年版。

的准则。"① 陈三立将道德品格的坚守视为这个"实践的准则",即达到人的"自在—自由"的途径,从而摆脱理性化使人受到的新的限制——理性对人的限制。正如古希腊哲学家赫拉克利特所说:"最优秀的人宁愿取一件东西而不要其他一切,这就是:宁取永恒的光荣而不要变灭的事物。"② 从这个意义上来说,陈三立的人的全面发展和自我完善思想尽管并不完善,但就其本质来讲都是应对现代性、全球化背景下普遍出现的人类精神危机、人的异化的思想预案,是与西方启蒙主义思想家殊途而同归的。

---

① 〔德〕康德:《实践理性批判》,韩水法译,商务印书馆1960年版,第62页。

② 《西方哲学著作选读》,商务印书馆1981年版,第28页。

第四章　断裂的焦虑

第一节　"仲尼已死"：近代文化转型与儒学危机

英国社会学家安东尼·吉登斯用"断裂"（discontinuities）这一术语概括现代性的总体特征。他把"断裂性"看成现代性最重要的特征之一。尽管吉登斯承认"断裂"存在于历史发展的各个阶段，这也是马克思历史唯物主义思考的主题之一，但吉登斯认为他理解的"断裂"是与现代时期有关的一种特殊的断裂。在他看来，"现代性以前所未有的方式，把我们抛离了所有类型的社会秩序的轨道，从而形成了其生活形态"①。断裂引发了巨大的、剧烈的转变，其影响是广泛的：社会的脱序，安全稳定性的丧失，信任的风险，等等。如果说"新人"毫无保留地欢迎这种剧烈的社会转变，那么对于"过渡人"来说，情况就不是那么简单了。社会学者冷纳（Daniel Lerner）在"传统者"与"现代人"之间，设定了"过渡人"这个概念，用以指称转型期社会的人。"过渡人"是我们了解

---

① 安东尼·吉登斯：《现代性的后果》，田禾译，译林出版社 2000 年版，第 4 页。

转型期社会的一把锁钥："过渡人站在'传统—现代的连续体'（traditional-modern continuum）上，一方面他既不生活在传统世界里，也不生活在现代世界里；另一方面，他既生活在传统的世界里，也生活在现代的世界里。……由于他生活在'双重价值系统'中，所以常会遭遇到'价值的困窘'，在心理上，积极的，他对'新'的与'旧'的有一种移情感；消极的，他对'新'的与'旧'的也都有一种迎拒之情，这种价值困窘与情感上的冲突，造成了'过渡人'内心的沮丧与抑郁。"①

毫无疑问，陈三立正是这类"过渡人"的典型代表。在内心深处，陈三立无疑是一个充满了思想矛盾和精神焦虑的灵魂。这不仅是因为他经历了最亲的人——与他有着共同政治理想的父亲，志趣相投、伉俪情深的妻子，才华横溢的长子师曾等——的先后不幸死亡，也不仅是因为他倾注了无数心血的维新事业的失败和富国强兵政治理想的破灭，同时也不仅仅在于他所依恋的清王朝统治的全面瓦解。更主要的，是"三千年未有之大变局"带来的文化劫难和思想危机，这种劫难和危机是如此的深刻和彻底，以至于它使得自汉武帝"罢黜百家、独尊儒术"以来就成为中国士人安身立命精神支柱的儒家思想及其价值伦理几乎在一夜之间就土崩瓦解，取而代之的是西方现代工业文明和资产阶级价值观在中国的兴起。如果说对西学陈三立可以欣然接受的话，那么儒学在中国思想统治地位的坍塌则在陈三立的内心深处造成巨大的创伤和深重的焦虑感。这在他的大量诗文中可以明显感受到：

---

① 金耀基：《从传统到现代》，中国人民大学出版社1999年版，第77、79页。

酒酣悲生肠，八极血仍溅。腹蛇伺我侧；吞噬逼寝荐。束手与偕亡，果验儒术贱。雁影迷关山，鸡声静庭院。留此歌泣地，聊许道不变。（《正月廿五日止庵相国假乙盦斋作逸社第一集招蒿庵中丞庸庵制府沤尹侍郎病山方伯入社同人咸赋诗》）

寻常寄兴触虚舟，过子何期对楚囚。于国于家成弃物，为人为鬼一吟楼。传薪愿缓须臾死，把袂犹堪汗漫游。（《病山南归旋失其子过沪相对黯然无语既还敝庐念吾友生趣尽矣欲招为莫愁湖之游收悲欢忻聊寄此诗》）

季运坏纪纲，蜩螗沸九有。死灰吹橐钥，万象迷蓬莱。忧愤起台郎，伸纸肝为剖。（《瘦唐侍御匡山归隐图》）

文武衣冠扫地尽，贱儒鬻作机上肉。（《题合肥张勇烈公树珊遗像》）

日日吟成危苦辞，更看花鸟乱余悲。闲来岁月吾丧我，圣处功夫书与诗。如此江山相向老，休论文字起衰谁。江南风景须公等，看取园亭啜茗时。（《次韵答宾南并示义门》）

人生留命殉歌哭，龙虎啖食鉴者谁。（《三月廿六日渡江入西山作》）

弃遗命已成孤注，偃蹇天留拨死灰。（《腊月初三夜盲风

虐雪晓起风止积雪盈尺》)

类似的诗句在《散原精舍诗文集》中比比皆是，显示出
诗人对未来的迷茫甚至绝望。"于国于家成弃物，为人为鬼一
吟楼"、"如此江山相向老，休论文字起衰谁"，这些用血写就
的诗句蕴含着厚重的历史感和渗入骨髓的忧惧与悲凉，饱含着
亚里士多德式的"恐惧与怜悯"。

一 "仲尼已死"！

在《诵樊山涛园落花诗讫戏题一绝》中，他以一句"仲
尼已死"点出了内心焦虑的总根源。1914 年，时居上海的陈
三立接到诗友樊增祥、沈瑜庆寄来的诗作《落花诗》各四首，
慨叹人生的无常和文化价值的失落。这引起了陈三立的强烈共
鸣，读罢他忍不住赋诗一首：

> 凭饮三危服九华，弥天四海一相夸。
> 仲尼已死文王没，乞得闲愁赋落花。

由花落而感叹人生的无常，这是中国古典诗歌的一个特殊
主题。自明代诗人唐寅以来，"落花"已成为中国文学中一个
有丰富意蕴的意象，被诗人们无数次地吟咏。龚自珍、俞樾、
陈宝琛、樊增祥、沈瑜庆、吴宓等都作过《落花诗》，陈三立
座师陈宝琛的《前落花诗》、《后落花诗》各四首曾传诵一时。
国学大师王国维自沉前为其门人谢国桢题扇面，两首是韩致尧
诗，两首则是陈宝琛的《前落花诗》。梁启超为表悼念之意，
又为学生再次书之。陈宝琛落花诗之意，历来有不同解释，但
大抵以为系感叹清室的灭亡并兼有自咏身世和慨叹人生无常之

意，这也可以解释为何王国维于自沉前单单选择它们题于扇面。①

陈三立此诗虽自称"戏题"，全诗也只有短短的四句，但却隐藏着诗人极大的精神创伤和情感痛苦，其含义是极为沉痛的。首句"凭饮三危服九华"语出梁简文帝《听早蝉诗》："草歇题鸣初，蝉思花落后。乍饮三危露，时荫五官柳。"古人认为蝉以清露为食，因此在传统诗文中比喻士人高洁的品格，如唐虞世南《咏蝉》诗："垂緌饮清露，流响出疏桐。居高声自远，非是藉秋风。"沈德潜以为："咏蝉者每咏其声，此独尊其品格。"②陈三立此处暗含其义，同时暗点出"落花"主题。"服九华"语出陶渊明《九月闲居序》："余闲居爱重九之名，秋菊盈园，持胶靡由，空服九华，寄怀于言。"九华，九月九日之花，指菊花，象征孤标傲世、高洁劲节的君子之德。此诗前两句意为诗人通过不懈的努力和修养，砥砺自己卓越的品行操守，达到了洁身自好、修养心性的自由境界。后两句诗意出现了陡然的转折："仲尼已死文王没，乞得闲愁赋落花。"在"仲尼已死文王没"的文化背景下，什么卓越的品行操守、高洁劲节的君子之德，这一切被儒家所称道的道德规范，忽然都变成没有意义的东西，于是诗人们只能怀着愁绪吟咏着《落花诗》。

"仲尼已死文王没"典出《论语·子罕》："文王既没，文不在兹乎？天之将丧斯文也，后死者不得与於斯文也。"但用在此处，"仲尼已死"更具有振聋发聩的象征意义。相信诗人

---

① 参见刘克敌《"心事落花寄，谁能识此情"——近人之落花诗杂议》，"世纪中国"网（http://www.cc.org.cn/old/pingtai/020130300/0201303009.htm）2002年1月30日。

② 沈德潜：《唐诗别裁集》，上海古籍出版社1979年版，第605页。

在落笔写下这四个字时，心情一定是极其痛苦。他只用了这四个字，就轻轻地然而却是最深刻地揭示了在那个社会剧烈变动的时代所发生的一切事件。所谓"三千未有之大变局"绝非是指政治、经济、军事等某一领域，而是影响深远的文化体系的崩溃。"仲尼已死"意味着儒学的价值体系在一夜之间坍塌。这不是一种普遍的学说，而是一种两千多年来在神州大地上影响无比深远的信仰体系，正如影响了西方世界近两千的基督教一样。1882 年，德国存在主义哲学家弗里得利希·尼采在《快乐的知识》一书中，借助一个疯子之口向世人宣布了一个骇人听闻的消息："上帝哪儿去了？让我告诉你们吧！是我们把他杀死了！是你们和我杀的！咱们大伙儿全是杀手！……上帝死了！永远死了！是咱们把他杀死的！"[①] 随后，他又在《查拉图斯特拉如是说》（1883—1885）一书中重申了这一宣言。在尼采宣布"上帝已死"32 年之后，中国诗人陈三立在遥远的东方痛苦地向世人宣布："仲尼已死！"这同样是影响深远的历史事件。正如郑孝胥在《散原精舍诗集序》中所说："今之天下，是乱臣贼子而非孔子之天下也。"

二 "斯文将丧"！

无论是"上帝死了"还是"仲尼已死"，尽管它们有着东方与西方的文化差异，但是造成的后果是一致的，那就是"一切事物的价值必将重新评估"。尼采指出，"上帝死了"这一事件将人类历史划为两个时代。旧时代已经崩溃，"一个太阳陨落了，一种古老而深切的信任变成了怀疑，我们这个古老

---

① ［德］尼采：《快乐的知识》，中央编译出版社 2001 年版，第 126—127 页。

的世界必将日益黯淡、可疑、怪异……有许多东西，比如整个欧洲的，原本是奠基、依附、根植于这一信仰的"①。在遥远的东方国度——中国，旧有事物的价值同样已被重新评估，儒家的太阳陨落了，"三纲五常"等原本被视为根本的和不可动摇的既有道德观念，随着西学的传入和社会的剧烈变动而被摧毁和倾覆，原有的价值系统崩溃了。对于以儒学为安身立命之根本的传统知识分子来说，不仅科学、理性所造成的对既有信仰的破坏已无法挽回，而且也造成了人生存在意义的丧失。由于他们同时也清醒而理性地承认西学的意义和价值，因此他们对中学和西学的价值矛盾的认识是极为复杂的。这种"价值的困窘"造成他们普遍的矛盾心态。如果说尼采在宣布"上帝死了"的时候"心中交杂着感激、惊喜、预感和期待之情"的话，那么陈三立宣布"仲尼已死"则充满着痛苦不安和无可奈何，这种痛苦和不安是因为他敏锐地感觉到随着儒学的崩溃，中国的文化传统也将失去存在的基础，从而"坟籍不待秦火毁"，以至于"循良雅化之遗迹扫地以尽"，最终的结果是"斯文将丧吾滋惧"（《正月二十二日通州南郭外会送肯堂葬》）——本土雅文化的灾难性毁灭。

那么，"斯文将丧"究竟意味什么呢？陈三立对儒学有着类似宗教般的特殊感情，然而奇怪的是，在陈三立一生中，他从未参加过任何类似康有为、严复式的"保教"活动，这对于像他那样以儒学为信仰的清朝遗老来说是颇为不寻常的。探究其原因，笔者认为在陈三立的心目中，儒学不仅仅是儒学，它实际上是一个符号，代表中国两千年来的传统文化。甚至可以说二者难分彼此，你中有我，我中有你，一荣俱荣，一损俱

---

① ［德］尼采：《快乐的知识》，中央编译出版社 2001 年版，第 247 页。

损。皮之不存，毛将焉附？儒学的崩溃必须带来传统雅文化的崩溃，这就是他所说的"斯文将丧"的真实含义。[①] 事实也确是如此。在陈三立的后半生，白话文取代了文言成为文学的正宗：如西方译诗般的散行白话诗取代了千百年来的律、绝、乐府、歌行，西方式的小说取代了传统的章回体小说，话剧取代了戏曲、传奇。不仅文学抛弃了传统，几乎完全西化，中国传统的诸多艺术门类，如绘画、音乐、舞蹈、戏剧等，在近代也无一例外地离开了本土的发展轨道，转而对西方认同。传统艺术不得不转向地下，走向边缘，成为潜文本，或者成为西方艺术的附庸与点缀。1924 年四五月间，印度诗人泰戈尔访华，至杭州会晤陈三立，并合影留念。泰氏以自己诗集相赠，并请他以《散原精舍诗》相赠。陈三立道："您是位世界闻名的大诗人，足以代表贵国，我却不敢代表我国。"诗集最终未送成。[②] 以今观之，陈三立之所以婉拒印度诗人泰戈尔的要求，其原因恐怕是他很清醒地意识到自己在文坛的尴尬地位，那就是尽管他在旧文坛上地位崇高，但已经无法代表中国现代文学。当然，那时他的心态想必是颇为复杂而耐人寻味的。陈三立不断热心地鼓励、提挈年轻诗人在传统诗歌创作道路上的探索，称赞志同道合的友人传承民族文化的不懈努力。而对于每一位友人的逝去，他都显得是那么痛苦和无奈，因为在他看

---

　　① 胡晓明《仲尼已死文王没》："孔子之死，不仅象征中国文化之亡，而且象征人类文明价值之亡。注意此诗写于辛亥后三年，中国最黑暗的时代。这里的'斯文已丧'的'文'，不单单是指孔孟之道，而且是文明与文化的基本价值，在诗人看来，孔子之道，代表着人类文明与文化的基本价值。"见胡晓明博客（ht-tp：//www.unicornblog.cn/userl/90/10346.html）。

　　② 陈小从：《图说义宁陈氏》，山东画报出版社 2003 年版，第 58 页。又陈隆恪《致吴宗慈函》（1943 年 3 月）："泰戈尔来游吾国，曾借徐志摩特访先君于杭州，两人同摄一影。"

来，作为文化传承者的友人的离世，意味着民族文化的危机又加深了一层。他不遗余力地办教育，根本原因是为了实现国家的富强，但是其中不能不说有着传承中国传统文化的强烈诉求。

尽管陈三立等文化保守主义者努力维护传统文化的生命，然而"斯文将丧"的时候毕竟已经到来，而这是无法改变的现实。如果说文化是一个社会意识形态的母体的话，那么随着原有文化母体的解体，被这文化所"化"的人从此将遭受永远的失怙之痛。

三 "尽是失父人，呼天失怙恃"

"尽是失父人，呼天失怙恃"，这是陈三立的友人、诗人黄遵宪在《寄题陈氏崝庐》中的一句。这一句诗非常准确地揭示了陈三立的失怙体验，这种失怙体验，其实不仅仅来自父亲的不幸去世带来的精神痛苦。

自陈宝箴死后，陈三立几乎每年都要赴南昌崝庐扫墓，并记之以诗。在陈三立诗歌作品中，崝庐扫墓诗不仅数量极多，而且有很高的艺术水平，特别是情感的沉痛，具有极强的感染力。王赓在《今传是楼诗话》中揭示了这些诗作的情感深度："散原诗中，凡涉崝庐诸作，皆真挚沉痛，字字如迸血泪。苍茫家国之感悉寓于诗，淘宇宙之诗文也。"① 在这些情感真挚的崝庐扫墓诗中，"孤儿"一词是理解陈三立情感深度的一把锁匙。试看以下诗句：

---

① 钱仲联主编：《清诗纪事》光宣朝卷，江苏古籍出版社 1989 年版，第13247 页。

呜呼父何之，儿罪等枭獍。终天作孤儿，鬼神下为证。(《崝庐述哀诗》五首之一)

群山遮我更无言，莽莽孤儿一片魂。(《雨中去西山二十里至望城冈》)

明灭担牙挂网丝，眼花头白一孤儿。(《庐夜漫兴》)

孤儿犹认啼鹃路，早晚西山万念存。(《返西山墓庐将过匡山赋别》)

天乎有此庐，我拂苍松入。壁色满斜阳，照照孤儿泣。(《壬寅长至抵崝庐谒墓》)

孤儿更有沧桑泪，依倚东风洒翠微。 (《雨后晚步墓上》)

1900 年陈宝箴"以微疾卒"，享年 70 岁，已算得享高寿。其时陈三立已经 48 岁，开始步入老年，但是父亲的死仍给他造成极大的精神创伤和心内痛楚。"眼花头白"与"孤儿"形成强烈的比照，因此刘纳认为："如果在另外的场合，或许会使人感到既可怜又可笑的'老莱子'式的矫情。然而，搏动在陈三立诗句里的却是非常真挚的悲戚与十分深致的痛楚。"[①] 这一分析是颇为精彩的。那么，业已步入老年的陈三立为何竟有如此深切沉痛的失怙意识呢？可以肯定的是，这种失怙意识

---

① 刘纳：《陈三立：评传、作品选》，中国文史出版社 1998 年版，第 19 页。

无疑与父亲之死蕴含的家国隐痛有关，前文已有论及，此不赘述。但是，如认为这种失怙仅局限于家国隐痛的层面，则未免过于坐实。刘纳已经看出陈三立笔下的"孤儿"既是实指，亦有其特殊的象征意义："在诗人凄切的'孤儿'之感中，还包含着更深广意义上的'失怙'。"这种认识是不错的，他把这种更深广意义上的"失怙"称为"精神失怙"，并认为"在19、20世纪交接的几年里，不少中国文人都有过精神失怙的心理体验"①。可是，这种精神失怙究竟来自哪里，刘纳语焉不详，并没有给出答案。如果结合陈三立的人生经历和文化理想，我们不难得出结论。刘纳称之为"精神失怙"，是从清王朝灭亡的角度来说的，但他忽略了更深一层的"文化"内涵。陈三立的这种"失怙意识"与中国近代以来"文化弑父"（被殖民）具有内在的联系。陈三立所"失"之"怙"，实是"传统文化"之"怙"。近代的西学东渐和中学的式微，不仅宣告了"仲尼已死"，也使中国传统知识分子失去了精神与文化的凭依，而激进知识分子"自我殖民"式的"文化弑父"，更使士大夫对自我身份的认同产生了前所未有的迷惘感。对于陈三立来说，他的文化失怙意识与家国之痛纠缠在一起，因此不自觉地投射到崝庐扫墓的过程中。他的"孤儿"身份的体认，源于近代"文化弑父"与"自我殖民"造成的文化危机。正因为如此，才使他诗中的"孤儿"意象充满了无可奈何的痛楚。看到崝庐墙下盛开的花朵，他有感于心，写下了"孤儿瞠视眩今昔，掩蔼酸涕增汍澜"（《崝庐墙下所植花尽开甚盛感叹成咏》）的诗句。所谓瞠视今昔而酸涕汍澜，正表现了一种古往今来的历史悲剧感，是面对传统文化"无可奈何花

---

① 刘纳：《陈三立：评传、作品选》，中国文史出版社1998年版，第19页。

落去"的虚空感和无可奈何。

第二节 心境与诗境

一 幻灭与虚无

对于诗人来说，诗境即是心境。关于陈三立的诗歌境界，前人所论甚多。李肖聃《星庐笔记》云："予谓近世论诗宗黄，倡之者湘乡曾公，大之者伯严也。所谓词雄而思深，非同时辈流所及，固为一代大家。"郑孝胥在为《散原精舍诗集》所撰序中写道："大抵伯严之作，至辛丑以后，尤有不可一世之概。源虽出于鲁直，而莽苍排奡之意态，卓然大家，未可列之江西社里也。"李、郑二人一曰"词雄而思深"，一曰"莽苍排奡"，语虽不同，其实一也，都是指陈三立诗歌中的雄健一面。而陈衍论陈三立诗则尤为人所熟知："伯严诗避俗避熟，力求生涩，而佳语仍在文从字顺处。"他认为自道光以来，诗歌主要分为两个流派。一派为"清苍幽峭"，以郑孝胥为代表，一派为"生涩奥衍"，则以陈三立为代表。"近来诗派，海藏以伉爽，散原以奥衍，学诗者不此则彼矣"，说的其实是陈三立诗歌的文字风格。而关于陈三立诗歌的艺术风格，陈衍则认为："散原为诗，不肯作一习见语，于当代能诗钜公，尝云：某也纱帽气，某也馆阁气。盖其恶俗恶熟者至矣。少时学昌黎，学山谷，后则直逼薛浪语，并与其乡高伯足极相似。然其佳处，可以泣鬼神，诉真宰者，未尝不在文从字顺中也。而荒寒萧索之景，人所不道，写之独觉逼肖。"①

---

① 钱仲联主编：《清诗纪事》光宣朝卷，江苏古籍出版社1989年版，第13224页。

　　拾遗老人不愧为"同光体"的理论家，"荒寒萧索"四字，准确地道出了陈三立诗歌的总体艺术特征。在陈三立的诗中，如血的残阳、晚归的暮鸦、凄冷的风雨、狰狞的怪柳，无不营造出直逼人心的苍凉萧索的氛围。当然，陈三立诗歌的艺术风貌并不单一，既有生涩奥衍的风格，也有自然清新之作，但纵览其总体艺术风格，则不能不说"荒寒萧索"可以极为准确地概括其诗歌风格。摩罗曾认为冷硬与荒寒是中国当代文学的基本特征①，其实中国文学的冷硬与荒寒不仅不始于当代，也不始于现代。自甲午战争以来，这种冷硬与荒寒就已经成为中国文学的重要风格特征，以陈三立为代表的"同光体"诗歌亦是如此。五四以后，鲁迅、萧红等新文学作家的小说也充满了冷酷、严峻、荒寒，以至于摩罗认为"鲁迅小说的主要诗学特征就是荒寒"。如果说以陈三立为代表的旧文学作家和以鲁迅为代表的新文学作家，他们的荒寒风格同样表现了那种中国式的屈辱与痛苦，包含了时代赋予他们的大痛苦、大热情、大悲悯的话，那么，他们的现代性焦虑则完全不同。新文学作家的荒寒感导源于"落后"的焦虑情结，是对超越历史、迅速自我更新的强烈渴求；而旧体诗人的荒寒感则源于他们遭遇到的一种"阐释的焦虑"，即东方文化在现代化或所谓西化的进程中，成为西方文化凝视（gaze）中的次等文化。只不过对于他们来说，文化焦虑与政治焦虑交织在一起，变成幻灭和虚无，但归根到底文化焦虑仍是主导性的基本的因素。

　　诗歌艺术的荒寒透露出诗人心境的荒寒。试看下面一首：

---

　　① 摩罗：《冷硬与荒寒：中国当代文学的基本特征》，《南方文坛》1999年第1期。

我来只有万鸦飞，烟冷江城雨打扉。残夜低徊计安
出，旧乡临晚意多违。霜天影入鸧鹅乱，茶鼎声兼螿蚓
微。自笑老怀余一掷，醉醒丹素更谁非。（《抵南昌馆夜有作
用壬梦湘太守秋闱联咏韵》）

　　诗人抵达南昌，迎接他的只有纷飞的噪鸦和凄风冷雨。面
对如此萧索的景象和乖违的社会，个人渺小的力量不足以改变
这个世界。全诗意象密集，万鸦、残夜、霜天、冷雨，都是他
常用的诗歌意象。其他类似的字句和意象还有归鸦、残宵、劫
灰、暗灯、鸣蛩，乃至怪柳、丑石、新鬼，等等，它们一起向
读者传达出"数千来未有之奇劫巨变"带来的幻灭感和虚无
感。对于以儒学为安身立命的价值依托的士大夫来说，随着
"仲尼已死文王没"，既有的信仰体系、价值体系、意义体系
彻底崩溃，他们遭到前所未有的人的生存危机，不得不面对绝
对的孤寂和无依无靠，在无边无际的虚空中，不知飘向何处。
这是一个虚无主义的时代。在欧洲，尼采深刻地指出：随着
"上帝死了"，虚无主义这个"不祥的来客"已来到了门前[1]。
它不仅深深地植根于欧洲文化中，而且深深地根植于包括东方
在内的人类文化中，植根于人的精神中。作为诗人的陈三立无
法做到不依赖于意义而生存，只能发出"从知人间世，不值
一杯水"（《峭庐写触目》）的感慨。倘若他能够像激进知识分
子那样迅速而全面地接受新的信仰和价值体系，那么他就足以
摆脱这种幻灭感和虚无感。然而他偏偏深陷迷惘而信念不移，
这只能使他的幻灭感和虚无感进一步加深，最后变成一种无可
奈何的绝望，乃至"吞声太息，求偷一日之乐而不可必得"

---

[1] ［德］尼采：《权力意志》，商务印书馆1996年版，第656页。

（《南湖寿母图记》）。

二　孤独感与边缘感

痛苦的灵魂往往是孤独寂寞的。陈三立本来并非是一个不爱热闹的人，他交游满天下，年轻的时候最喜与新知故旧"相与剖析世界形势，抨击腐败吏治，贡献新猷，切磋诗文，乐则啸歌，愤则痛哭，声闻里巷，时人称之为：'义宁陈氏开名士行'"①。变法失败后，他退居南京，不再过问政治，但仍时常与诗友结社吟咏。随着年龄的增长，他在文坛上也日益受世人尊崇，然而得享高寿的他却不得不忍受知交亲朋相继谢世的不幸，俞明震、范肯堂、文廷式、熊季廉、沈瑜庆、李瑞清、于式枚、麦孟华、余肇康、释敬安、严复、朱祖谋、梁启超、康有为，这些一个个先他去世的文坛硕彦，我们可以列上长长的一串名单，只留下他一个人日益陷入无边的孤独寂寞之中，发出痛苦的追问："同为天戮民，奈何先我死！"（《挽陈善余》）晚年的诗人常常离群孤往，徐一士的下列记载可资证明：

> 散原老人之诗，标格清俊。新派海派固不通唱和，即在京派诸吟侣中，亦似落落寡合，每见离群孤往。昔年北政府盛时，闽赣派诗团优游于江亭后海，或沽上之中原酒楼，往来频数，酬唱无虚；陈则驻景南天，茕茕匡庐钟阜间，冥索狂探，自饶真赏。及戊辰首会迁移，故都荒落，诗人泰半南去，此叟忽尔北来，省其师陈弢庵，得"残

---

① 陈小从：《庭闻忆述》，张杰、杨燕丽选编《追忆陈寅恪》，社会科学文献出版社1999年版，第449页。

年小聚"之欢。壬子间杨昀谷赠诗："四海无家对影孤，
余生犹幸有江湖。"足为诗人写照。……综览散原精舍
诗，所最推许者，当属通州范当世肯堂，集中投赠独繁而
挚。一作云："公知吾意亦何有，道在人群更不喧。"又
曰："万古酒杯犹照世，两人鬓影自摇天。"此"使君与
操"之胜慨也。①

　　他的孤独寂寞难以排遣，《枕上》一诗真切地传达了这一
点：

　　　　枕上回残味，空文嚼四更。暗灯摇鼠鼷，疏雨合虫
声。忧患随缘长，江湖入梦明。豆棚鸡唱外，辗转是余
生。

　　在孤寂的深夜，饱经忧患的老人在枕上辗转反侧，难以入
睡，只能一个人挨过漫漫的长夜，独自忍受着"弥天忧患"
带来的巨大悲苦的煎熬。在这黑夜中，只有老鼠与虫声伴着疏
雨陪伴着他。这种渗入骨髓的孤独感，成为近代文化失落、世
变时移的变革时代旧知识分子的一部心灵史。不仅如此，陈三
立的孤独在一个技术社会即将来临的时代更有着象征意义。随
着工具理性的强化与扩张，现代社会逐渐技术化，人本身遭到
异己的物质力量或精神力量的奴役，逐渐失去了主体性，成为
社会机器的附属物，人的情感需要受到了无情的漠视，人类遇
到空前的精神危机。这种精神危机的表现之一便是人与人关系
的"丛林状态"，自我与他者永远处于激烈的较量中。作为一

---

① 徐一士：《一士类稿》，辽宁教育出版社 1997 年版，第 97—98 页。

个"存在的人",陈三立的"虚无"和孤独无依,不正是现代人的真实存在吗?诗歌的艺术世界是他的"自由选择",他通过诗歌在痛苦中寻找自己的生存之路。但是,当诗歌的世界无法找到真正的意义时,他的孤独达到了顶峰。

与孤独感相伴的是浓重的边缘感。陈三立是一个敏感的诗人,他敏锐地感觉到社会的迅速变化。时代正飞速前进,就像飞速前进的车轮,毫不留情地把他奉若神明的东西统统抛弃在身后,而自己也正不断地被时代所抛弃。在新的时代,他完全是一个边缘人、多余人。在诗中,他这样写道:

> 寻常寄兴触虚舟,过子何期对楚囚。于国于家成弃物,为人为鬼一吟楼。传薪愿缓须臾死,把袂犹堪汗漫游。我反称天韩愈说,玄天得及莫愁不。

这首诗题为《病山南归旋失其子过沪相对黯然无语既还敝庐念吾友生趣尽矣欲招为莫愁湖之游收悲欢忻聊寄此诗》。他强烈地感觉到自己在新旧文化交替中的悲剧角色,"传薪"句表达了传承文化的迫切心情,但是现实是残酷的,"于国于家成弃物",自己已经是国家和时代的"弃物",显示出诗人内心的孤独无助而又绝望至极。事实上,他确实是被社会主流文化所抛弃的人物。尽管他在旧文学阵营中地位极为尊崇,但在掌握了话语权的新文学中,他基本上是一个被忽视的"局外人",这从一个细节中可以清楚地看出。1924 年,印度诗人泰戈尔来访,在国内文化界产生了极大轰动,新文学作家在散文、日记中记录甚详。泰戈尔到杭州拜会陈三立一事,尽管在报纸上有所报道,然而奇怪的是,这一中印两位大诗人的相晤在新文学作家的记叙中竟然有意无意地被忽略了,这一忽略是意味深长的。陈三立本人极为清醒，同时又相当敏感，泰氏以自己的诗集相赠，也请他赠以《散原精舍诗》。但是陈三立认为自己已不足以代表中国文学，诗集终未送成。或许人们感到遗憾，但从这一件小事可知陈三立内心深处的边缘感是多么强烈。

边缘人疏离于主流社会之外。我们注意到，在陈三立的诗中，他的自我形象具有病态、丑陋、远离主流世界等特征。是"腐儒"，如"人物渺然羞湛辈，腐儒袖手看横流"（《胡琴初寄示除日述怀四首次韵酬之》）、"腐儒犹得窥天日，野老应争祭肺肝"（《喜晴一首》）；是"贱儒"，如"吾侪狎丧乱，贱儒嗜饮食"（《雨中午诒招集愚园兼饯郭统将还长沙》）、"贱儒醉饱工作计，朝哈暮吟苦不足"（《霭园公燕赋别分韵得菊字》）、"文武衣冠扫地尽，贱儒鬻作机上肉"（《题合肥张勇烈公树珊遗像》）；甚至是"侏儒"，如"莫闲乱离轻性命，祇余饱死羡侏儒"（《集沪上酒楼》）；是"秃翁"，如"四时分洒亲朋泪，万劫能留老秃翁"（《除日雪中书感》）、"楼头独看笼歌哭，写影如猿一秃翁"（《中秋夕楼居看月》）。他还自称"老丑"，如"羁挚海隅伤老丑，眼睹危亡迫前后"（《将别山庐有忆瞿相国往与相国过里上冢同时发沪渎且约同还期冀获遇于江舟云》）、"销烟一媚老丑，飞来无蝶无蜂"（《重游沙发园同鹤亭重伯映庵伯夔各赋六言纪之》），或者"老秃"，如"出网双鱼带笑看，不忘老秃佐加餐"（《更生翁既相过不遇复馈盆菊池鱼滕以三绝句率和报谢》）、"冉冉四十年，不死余老秃"（《七月十三日携隆恪登恪逾含鄱岭至栖贤寺过玉渊憩三峡桥逐寻琴志楼废宅三首》）。

无论是"贱儒"还是"老丑"、"老秃"，不应仅仅看成是对古人诗歌常用语的简单继承。这些卑贱、丑恶、衰老、边缘、病态、无意义的形象，与现实的世界显得是那么不协调、格格不入。它们无疑都是诗人内心世界的无依无靠和精神旨归绝望孤独的象征，显示出诗人所遭遇的深刻的精神危机和生存危机。加缪说："一旦世界推动幻想与光明，人就会觉得自己是陌路人。他就成为无所依托的流放者，因为他被剥夺了对失去的家乡的记忆，而且丧失了对未来世界的希望。"① 这句话几乎就是对陈三立的最好写照。丧失了对未来世界的希望，说明他的心已死。作为精神的人，陈三立与他的生活之间是分离的，就像演员与舞台之间的分离，真正构成加缪式的"荒谬感"："一个人的身体背叛了他自己，而他不能及时地死去，只有靠演戏来等待结束，面对这个他并不喜欢的上帝，他为这上帝服务，就像以往为生活服务一样，他跪倒在空无的面前，伸开双臂求助于一个他明知是空无的惨淡天空。"② 面对着一个"他并不喜欢的上帝"，陈三立正处于这种更令人战栗的景象之中，或许他不是一个坚决的反抗者，但绝对无愧于一个为了理想的殉道者。在古希腊神话中，西西弗受到诸神的处罚，周而复始地将石块从山脚推到山顶，而石头由于自身的重量又滚下山去。诸神认为再没有比进行这种无效无望的劳动更为严厉的惩罚了。西西弗清醒地意识到自己工作的荒诞性和处境的悲惨，"他以自己的整个身心致力于一种没有效果的事业。而这是为了对大地的无限热爱必须付出的代价"③，于是他坚定而坦然地走向无尽的苦难。中国近代以来像陈三立那样的文化保守主义者所进行的复兴中国文化的努力，其实何尝不是

① ［法］加缪：《西西弗的神话》，杜小真译，陕西师范大学出版社 2003 年版，第 7 页。

② 同上书，第 89 页。

③ 同上书，第 143 页。

"以自己的整个身心致力于一种没有效果的事业"呢？与西西弗一样，陈三立毅然决然地选择了"以沉重而均匀的脚步走向那无尽的苦难"，"他完全清楚自己所处的悲惨境地：在他下山时，他想到的正是这悲惨的境地"。西西弗是一位失败的英雄，"造成西西弗痛苦的清醒意识同时也就造就了他的胜利"[1]，而仅仅不到一百年的时间，陈三立的价值已经逐渐为人们所认识，他离自己的胜利已经不太遥远了。

三　生趣与鬼趣

自感被社会抛弃的人常常会有一种厌世感，陈三立也是如此。在上引《病山南归旋失其子过沪相对黯然无语既还敝庐念吾友生趣尽矣欲招为莫愁湖之游收悲欢忻聊寄此诗》一诗中，他直言不讳地在诗题中嵌入"生趣尽矣"四个惊心动魄的字。从诗题上下文看，这是对饱尝丧子之痛的老友的描写，但对于同样经历了丧子之痛的陈三立来说，这实际上是夫子自道，是一种自我观照。从他的诗作看，"生趣尽矣"一句绝非孤证。试看以下几句：

吾生无乐处山中，披诵骚辞托迹同。（《遣闷》）

辟居仍有世，留命到何年。（《丙辰元旦阴雨逢日食》）

厌世忧天百无用，看围高烛倒深卮。（《除夕》）

---

①　[法]加缪：《西西弗的神话》，杜小真译，陕西师范大学出版社2003年版，第145页。

饱经忧患的老人已经感受不到生活的乐趣。对他来说，生趣已尽，活着已经变成纯粹的痛苦。与陈三立同时代的西方诗人艾略特敏锐地洞察到，人类生活的急剧世俗化造成了人类文明的"荒原"景象，人只不过是"稻草人"、"空心人"而已，死亡成为现实的国度，是这一国度至高无上的国王。加缪说："真正严肃的哲学问题只有一个：自杀。"① 窃以为如果把"自杀"二字换成"死亡"，似乎更加准确。死亡正是陈三立所期望早日到来的结局："尔来悬的购殃败，扰攘趋死甘如饴。人生留命殉歌哭，龙虎啖食鉴者谁。"(《三月廿六日渡江入西山作》)。在陈三立看来，死亡并不可怕，甚至有些可爱。可是，死神却迟迟不肯到来，他只能在痛苦中等待。1922 年，梁启超来到南京与陈三立相晤，二人触往事而凄怆伤怀。当时适逢欧阳竟无也在座，从他的记载我们可以看到陈三立当时的心境：

> 散原问何佛书读免艰苦，任公以《梦游集》语之。散原乃自陈矢，今后但优游任运以待死，不能思索，诗亦不复作也。②

这种心如死灰的感觉是如此地令人窒息。"哀莫大于心死"，80 岁以后陈三立不再作诗，他的心是彻底死了。

"任运以待死"的陈三立"平生无可了，只有泪纵横"(《别墓》)，勉强苟活也是"人生留命殉歌哭"(《三月廿六日

---

① ［法］加缪：《西西弗的神话》，杜小真译，陕西师范大学出版社 2003 年版，第 2 页。

② 《欧阳竟无集》，中国社会科学出版社 1995 年版，第 203 页。

渡江入西山作》），其至"自信眼穿偿一死，扶舆初烬未成灰"
（《初度日写愤示亲朋》）。活着了无生趣，只有死亡才是自己
真正的归宿。"生趣"已尽，"鬼趣"则狰狞奇诡。1913 年，
"同光体"三位魁杰——沈曾植、郑孝胥、陈三立先后以"鬼
趣"诗相唱和。沈曾植诗《简苏盦》如下：

> 秋叶脱且摇，秋虫吟复吟。秋宵无旦气，秋啸无还
> 音。寸寸死月魂，分分析星心。天人目其眴，海客珠方
> 沈。悼史执简槁，日本还泞深。寄声寂莫滨，乞我膏肓
> 针。
> 贵已不知贱，鬼应殊胜人。攓蓬语庄叟，乘豹招灵
> 均。荡荡广莫风，悠悠野马尘。独行靡挈曳，长往无缁
> 磷。鬼语诗必佳，鬼道符乃神。道逢钟葵妹，窈窕千花
> 春。绝倒吴道玄，貌彼扶目瞋。
> 君诗四灵诗，坚齿漱寒石。我转西江水，不能濡涸
> 辙。道穷诗亦尽，愿在世无绝。湛湛长江水，照我十年
> 客。昔梦沧浪清，今情天水碧。彻视入沈冥，忘怀阅潮
> 汐。

郑孝胥诗《答乙盦短歌三章》如下：

> 仰见秋日光，秋气猛入肠。相守虫啸夜，相哀叶摇
> 黄。枕书窗间人，二竖语膏肓。日本何时翻，一快偕汝
> 亡。寂寞非寂寞，煎愁成沸汤。同居秋气中，一触如金
> 创。
> 人生类秋虫，正宜以秋死。虫魂复为秋，岂意人有
> 鬼。盍作已死观，稍怜鬼趣美。为鬼当为雄，守雌非鬼

理。哀哉无国殇，谁可雪此耻？纷纷厉不如，薄彼天下士。

秋气虽宜诗，鬼语乃诗病。君诗转西江，驾浪极奔劲。云何弄细碎，意属秋坟敻。四灵若灵鬼，底足托高咏。人间匪佳味，孤唱泪暗迸。故交去堂堂，关张等无命。共君伴残岁，后死聊自圣。

陈三立诗《乙盦太夷有唱和鬼趣诗三章语皆奇诡兹来别墅怆抚兵乱亦继咏之》如下：

月黑城壕西，有物绕屋啼。鬼车昂九首，云空答酸嘶。妇孺出复壁，喘诉凶祸随。默怜血污魂，上下索逝骓。汝颅易百钱，汝酋橐累累。

吹笳驻防城，悲气横蒿里。扪虱旗脚下，指彼枕藉死。膏血长榛梗，风劲齐万矢。故宫影憧憧，恍啼人立豕。侵陵新鬼大，故鬼待筑垒。

行吟傍溪路，秃杨长比人。幻作狰狞躯，攫拏增怒嗔。我实无罪过，忝与山鬼邻。一世沦墟墓，枯骴恶能神。宥汝斫为棺，赢葬反其真。

"鬼趣诗"在近代诗歌史上令人称奇，却又令人难以索解。今人刘纳对沈、郑、陈三人的鬼趣诗有着精彩的分析。她指出："旧时代的消亡与旧文化的衰落使他往日所尊崇的一切都被推挤到'鬼'的位置，而遗老或准遗老的身份选择本身就包含鬼气。"沈、郑二人诗中，映眼耀目的鬼的风采与沉寂的现实世界形成鲜明的对照。不同于沈诗、郑诗将悲郁之慨疏解于故作的达观，陈三立把五内如焚的悲愤推向极致。他诗中的鬼已构不成"趣"——那是真实的、散发着血污气的新鬼。①

　　刘纳的分析更多地集中在审美感受式的艺术分析，但我们不能忽略的是，三立诗的主旨在于感抚兵乱，与沈、郑二人相比融入了更多的现实感慨，显示出他的现实主义的一面。事实上，陈三立的"鬼趣"诗并不限于以上三首，"鬼"是他诗歌世界的常见意象，如"万鬼狰狞巨海隈，真成一夕碎琼瑰"（《哭季廉》）、"痛定叩百灵，欲以残梦续。瘖歌出物表，醉答鬼夜哭"（《潜楼读书图题寄幼云》）、"拂屋鬼车天尽墨，隔铃魔舞堞吹旛"（《飓风累日夕兀坐写怀》）、"玩世计终疏，风摇新鬼哭"（《楼夜》），等等。

　　"鬼趣"在中国文人眼中，是一道特殊的风景。从蒲松龄的《聊斋志异》到"扬州八大家"之一的画家罗聘的《鬼趣图》，到方言小说《何典》，再到"同光体"三魁杰的"鬼趣诗"，人们对"鬼"的话题乐此不疲。但是，同为"鬼趣"，他们之间却有着显著的分别，沈曾植、郑孝胥、陈三立的作品有着更多的现代意味。在人看来，鬼是虚幻的灵异之物，是人死亡之后变成的。鬼与人拥有完全不同的生存空间，他们之间是封闭的，鬼与人无法进行有效的沟通。鬼的世界无法理解人的世界；同样，人的世界也无法理解鬼的世界。从人的世界看鬼，鬼是业已死亡的东西，鬼的世界黑暗、恐怖、了无生趣。从鬼的世界看人，人的世界也未必充满生机，而鬼的世界也未必一无是处。萨特在他的《存在与虚无》中认为，人总是把"他人"看成一个客体，他人的目光不仅把"我"这个自由的主体变成了僵化的客体，而且还迫使"我"多少按他们的看法来判定自己。"鬼"的自我定位，正是郑孝胥、沈曾植、陈

---

　　①　刘纳：《陈三立：评传、作品选》，中国文史出版社1998年版，第39页。

三立们按照"人"的看法判定自己的结果。在陈三立等人眼中，人的世界——拥有合法性的主流世界，是虚幻的，无趣的，而鬼的世界——这个世界被"人"的世界所拒斥，从而无法证明自身的合法性——却是奇诡的、属于他们的世界。因此，沈曾植才会写出"贵己不知贱，鬼应殊胜人"的诗句，陈三立也有"我实无罪过，忝与山鬼邻"，显示出对"鬼的世界"的认同和对"人的世界"的蔑视、疏离。于是，"鬼"因而有了"趣"，这种"趣"意味着生机与活力。"生趣尽矣"的诗人在鬼的世界中找到了生存的意义。与其说陈三立对鬼的世界产生了亲切的认同，倒不如说他对现实世界疏远与拒斥。实际上，鬼就是人，人就是鬼，人与鬼本没有什么本质的区别，正如陈三立的姻亲兼知交挚友俞明震所说："穷巷与世隔，人鬼无畦町。"① 只不过，人与人之间无法理解、沟通与认同，既有自认为人的人，则必有自认为鬼的人，因为他们要与"人的世界"拉开距离。俞明震说陈三立是"余乱托鬼话"，信为知言。鲁迅说《何典》"谈鬼物正像人间"，正可以借用过来说明陈三立等人"鬼趣诗"的特征。

第三节　陈三立的精神遗产与陈寅恪的焦虑

一　从《王观堂先生挽词序》看陈寅恪对王国维与陈三立的理解

　　1927 年农历五月初三，国学大师、清华大学国学研究院导师王国维在颐和园昆明湖投水自杀，年仅 51 岁。由于在中

_____

① 俞明震：《读散原鬼趣诗》，《觚庵诗存》，上海古籍出版社 2008 年版，第 67 页。

国古代史、古文字学和文学研究上的杰出成就，王氏在中国社会和文化界享有盛誉，因而他的猝然自杀在社会上引起强烈轰动，关于其死因的猜测和争论至今未歇。在对王国维死因做的种种解释中，与王国维同为清华研究院导师的陈寅恪的"殉文化"说影响最广：

> 　　或问观堂先生所以死之故，应之曰：近人有东西文化之说，其区域分划之当否固不必论，即所谓异同优劣亦姑不具言，然而可以得一假定之义焉。其义曰：凡一种文化，值其衰落之时，为此文化所化之人，必感苦痛。其表现此文化之程量愈宏，则其所受之苦痛亦愈甚。迨既达极深之度，殆非出于自杀无以求一己之心安而义尽也。吾中国文化之定义，具于《白虎通》三纲六纪之说，其意义为抽象理想最高之境，犹希腊柏拉图所谓 Eidos 者。若以君臣之纲言之，君为李煜，亦期之以刘秀；以朋友之纪言之，友为郦寄，亦待之鲍叔。其所殉之道，所成之仁，均为抽象理想之通性，而非具体之一人一事。①

　　陈寅恪认为王国维所殉之道均为抽象的理想，绝非具体的一人一事，强调王国维之死的"殉文化"意义，明确否定了"殉清"说。在《挽王静安先生》一诗中，他将王国维视为中国文化的化身（"文化神州丧一身"），强调"吾侪所学关天意"，即文化对国家与民族的终极意义。在王国维纪念碑铭中，陈寅恪写道："先生以一死见其独立自由之意志，非所论

---

　　①　陈寅恪：《王观堂先生挽词序》，《陈寅恪集·诗集》，三联书店 2001 年版，第 12 页。

于一人之恩怨，一姓之兴亡。"又说："先生之著述，或有时而不章。先生之学说，或有时而可商。惟此独立之精神，自由之思想，历千万祀，与天壤而同久，共三光而永光！"① 强调王国维作为现代知识分子的精神追求。

陈寅恪既是王国维在清华研究院的同事，又是最亲密的知交好友。王国维在遗书中托付陈寅恪安排自己身后之事，因此之故陈寅恪在挽联中写道："十七年家国久魂消，犹余剩水残山，留与累臣供一死；五千卷牙签新手触，待检玄文奇字，谬承遗命倍伤神。"王国维将陈寅恪视为足以信赖的知己，这种知己之情是建立在共同的学术追求和文化信仰之上的，因此陈寅恪对王国维的理解应该最能接近王国维真实的内心世界。

问题是，陈寅恪何以能够如此深刻地理解王国维？王国维生于1877年，陈寅恪生于1890年，他们之间相差13岁。王国维研究领域广泛，包括史学、古文字学、文学等方面，且均有精深造诣，而陈寅恪则专门研究中国历史，注重以史为鉴，考历史之得失与当今之兴衰。陈寅恪1925年受聘清华大学，到1927年王国维投水自杀，二人共事时间只有短短的两年，就算二人之间有共同的学术追求和文化信仰，但为何能在短时间内竟有如此深入的信任和了解呢？

其实陈寅恪的观点，与其说是对王国维之死的解释，不如说是他以自己的一种心态来观照王国维的精神。他强调王国维之死的"殉文化"意义，用以否定"殉清"说，是因为他与后期王国维在文化问题上有着强烈的共鸣——他们都有一个无限眷恋中国旧文化的情结。故他作《王观堂先生挽词序》，既

---

① 陈寅恪：《清华大学王观堂先生纪念碑铭》，《陈寅恪集·金明馆丛稿二编》，三联书店2001年版，第246页。

是为了悼念王国维，也是以此自悼。因此，陈寅恪对王国维的理解正是建立在自己的文化追求基础之上的。"殉文化"说既准确地提示了王国维之死的文化内涵，同时陈寅恪也借此浇自己胸中之块垒。陈寅恪撰写的《王观堂先生挽词序》和王国维纪念碑铭尽管文字并不长，但饱含情感，内涵丰富，意蕴深长，特别是"独立之精神，自由之思想"一句，虽历久而弥新。他曾自言："我的思想，我的主张完全见于我所写的王国维纪念碑中。"① 可以说这两篇文字是陈寅恪一生学术追求与文化理想之凝缩，也是他一生治学的总纲。

　　笔者以为，如果对陈寅恪的家族史有所了解，对散原老人陈三立所经历的种种沧桑与他的精神世界有所了解，再细读《王观堂先生挽词序》，就可知陈寅恪对王国维的理解，是建立在对其父陈三立精神世界与文化理想的深刻理解基础之上的。试看"凡一种文化，值其衰落之时，为此文化所化之人，必感苦痛。其表现此文化之程量愈宏，则其所受之苦痛亦愈甚"几句，移到陈三立身上，简直再准确不过。在《元白诗笺证稿》中，陈寅恪还有一段意思相近的话："纵览史乘，凡士大夫阶级之转移升降，往往与道德标准及社会风习之变迁有关。当其新旧蜕嬗之间际，常呈一纷纭错综之情态，即新道德标准与旧道德标准，新社会风习与旧社会风习并存杂用，各是其是，而互非其非也。斯诚亦事实之无可如何者。虽然，值此道德标准、社会风习纷乱变异之时，此转移升降之士大夫阶级之人，有贤不肖拙巧之分别，而其贤者拙者常感受痛苦，终于

---

　　① 陈寅恪：《给科学院的答复》，参见陆键东《陈寅恪的最后二十年》，三联书店1995年版，第111页。

消灭而后已。"① 由传统士大夫出身的旧派知识分子，由于家国、文化的兴亡而感受着奇哀剧痛、悲伤憔悴。上引这一段话，说明陈寅恪对这些人物的苦心孤诣具有一种"了解之同情"："所谓真了解者，必神游冥想，与立说之古人，处于同一境界，而对于其持论所以不得不如是之苦心孤诣，表一种之同情，始能批评其学说之是非得失，而无隔阂肤廓之论。"② 陈寅恪首先对乃父抱有这种"了解之同情"，然后始能对其他相同人物抱有"了解之同情"。对于陈寅恪来说，没有对其父的理解，就不可能有对王国维的理解。

王国维与陈寅恪是亦师亦友的关系，与陈三立并没有实质的往来。但这并不妨碍王国维与陈三立思想境界和文化精神的相通。王国维死后，陈三立曾撰一联相挽："学有偏长，与乾嘉诸老相抗；死得其所，挟鲍屈孤愤同归。"可见他对王国维的敬重与理解。而王国维在自沉前曾应学生谢国桢等人要求将陈宝琛《落花诗》二首书于扇面，这是耐人寻味的。王国维与陈宝琛同在溥仪小朝廷共事为臣，王国维任"南书房行走"时，陈宝琛是"帝师"。但陈宝琛同时又是陈三立的座师，其《沧趣楼诗集》出版时正是陈三立撰序。陈三立在序中称赞陈宝琛诗歌"感物造端，蕴藉绵邈，风度绝世，后山所称韵出百家上者庶几遇之。然而其纯忠苦志，幽忧隐痛，类涵溢语言文字之表，百世之下，低徊讽诵，犹可冥接退契于孤悬天壤之一人也"（《沧趣楼诗集序》）。陈宝琛有前、后《落花诗》各四首，王国维自沉前所书的《落花诗》为其前四首中的两首：

① 陈寅恪：《陈寅恪集·元白诗笺证稿》，三联书店 2001 年版，第 85 页。
② 陈寅恪：《冯友兰〈中国哲学史〉（上册）审查报告》，《陈寅恪集·金明馆丛稿二编》，三联书店 2001 年版，第 279 页。

生灭原知色即空，眼看倾国付东风。惊回绮梦憎啼鸟，胃入情丝奈网虫。雨里罗衾寒不寐，春阑金缕曲方终。返生香岂人间有，除奏通明问碧翁。

流水前躔去不留，余香骀荡碧池头。燕衔鱼喋能相厚，泥污苔遮各有由。委蜕大难求净土，伤心最是近高楼。庇根枝叶由来重，长夏阴成且少休。

陈宝琛借《落花诗》感叹清室的灭亡和人生的无常。王国维自沉一年后，吴宓也曾作《落花诗》八首，诗前小序自述落花诗之含义："古今人所为落花诗，盖皆感伤身世。其所怀抱之理想，爱好之事物，以时衰俗变，悉为潮流卷荡以去，不可复睹。乃假春残花落，致其依恋之情。"① 落花是家国苦难的缩影，是个人命运的象征，同时又具有感叹中国文化在"数千年未有之巨劫奇变"中不断衰落和人生之悲哀苍凉的意义，而这也是《沧趣楼诗集》的总主题。王国维与陈三立同时对陈宝琛的人生感悟发生共鸣，这也说明了二人精神的相通。细考陈三立与王国维，二人精神相通之处主要有以下几点：

第一，虽留恋清朝，但并非真正愚忠于清室。王国维虽留辫，但"观其平生著作，无一语指摘当道，无一字赞美晚清政治，无自伤不遇之言，无愤慨贵人之作，惟记事则言本朝，

① 《吴宓诗集》，商务印书馆2004年版，第173页。吴氏后来曾说："予所为《落花诗》虽系旧体，然实表示现代人之心理……所谓过渡时代之病候。而在曾受旧式（中西）文学教育而接承过去之价值之人为尤显著者是也。惟予诗除现代全世界知识阶级之痛苦外，兼表示此危乱贫弱文物凋残之中国之人所特具之感情。"见《吴宓诗话》，商务印书馆2005年版，第148页。

革命则言国变，圣讳必缺笔而书，留辫表示清遗民，若此之类，公表其个人节操，岂足以见其政治主张乎？"① 清亡后，陈三立也曾留辫，但他最晚在 1916 年就已经剪掉辫子了。② 陈三立虽体认了遗老的身份，但他却从未参加过遗老的复辟活动。吴宗慈《陈三立传》认为陈三立很清楚君主制改共和制是历史大势所趋，从未有反对民国的言论。那么，如何解释他们对清朝的留恋呢？吴宗慈认为陈三立忠于清朝实是尽臣子之责，这只是一个方面。笔者认为，对于陈三立、王国维等文化保守主义者来说，清朝不再仅仅是一个封建王朝，而是上升为一种文化理想的象征。他们往往将对传统文化的依恋不自觉地投射到对清王朝的依恋上，这给一般人造成了他们保守、落后的假象。出于对陈三立的理解，陈寅恪能够敏锐地认识到王国维所殉之道绝非为具体的一人一事，当然也不是清朝一姓之兴亡，而是清朝所代表的传统文化。

关于殉清实为殉文化，民国初年轰动一时的梁济之死可作一旁证。1918 年 11 月，梁济自沉于北京净业湖（积水潭），其遗书自言其志云："梁济之死，系殉清朝而死也。……其实非以清朝为本位，而以幼年所学为本位。……此鄙人所以自不量力，明知大势难救，而捐此区区，以聊为国性一线之存也。"对于梁济的死，旧派文人有相应的反应。桐城派传人、北大教授姚永朴为梁济写了《梁君巨川传》，力陈梁济之死

---

① 戴家祥：《读陆懋德〈个人对于王静安先生之感想〉》，《追忆王国维》，中国广播电视出版社 1997 年版，第 185 页。
② 见陈小从《图说义宁陈氏》所刊 1916 年全家合影照片，山东画报出版社 2004 年版，第 24 页。

"非徒殉清，实殉所志"。① 梁济之子、新儒家的代表人物梁漱溟也认为："先父以痛心固有文化之澌灭，而不惜以身殉之。捐生前夕所遗《敬告世人书》，其要语云：国性不存，我生何用！国性存否，虽非我一人之责，然我既见到国性不存，国将不国，必自我一人先殉之，而后唤起国人共知国性为立国之必要——国性盖指固有风教。"② 梁氏父子已经说得极为明白，可见清朝并非具体的政治上之清朝，而是抽象意义上的文化之清朝，其象征意味是非常明显的。因此，与其说陈三立、王国维、梁济等人是清朝之遗民，不如说他们是传统文化的遗民更为合适。只不过在陈三立、王国维、梁济等人的潜意识中，清朝与传统文化是两位一体的，难以截然分开。梁济明言所谓"国性"指的是固有风教，其本质却是代表着中国之所以成为中国的文化特质，即"民族文化的主体性"。民族文化特质的消亡意味着一个民族在文化上失去主体性。陈三立、王国维、梁济等文化保守主义者深知，亡国之奴尚有复国的希望，亡文化之奴则必然大势难救，其危害更甚于亡国。可以说，他们共同的文化理想就是维护"国性"——民族文化的主体性。

　　第二，崇尚气节，崇尚独立的人格。剪不剪辫对于王国维来说，更主要的意义在于维护他作为学者的尊严。他对亲友说："诸君皆速余剪其辫，实则此辫只有待他人来剪，余则何能自剪之者。"③ 他颂扬历史上的"直节之士"，痛恨毫无节操

---

　　① 关于梁济之死，参见沈卫威《回眸学衡派——文化保守主义的现代命运》，人民文学出版社 1999 年版，第 272—278 页。

　　② 转引自胡逢祥《社会变迁与文化传统》，上海人民出版社 2000 年版，第 192 页。

　　③ 王东明：《先父王公国维自沉前后》，转引自陈鸿祥《王国维传》，人民出版社 2004 年版，第 675 页。

的政客，他在去世之前所写《遗书》中一再说明自己"义无再辱"，恐怕亦有这方面的考虑。梁启超认为他的自沉，完全代表着中国学者"不降其志，不辱其身"①的精神。这与陈三立的气节观也是相通的。陈寅恪再三表彰王国维独立之精神、自由之思想，亦是渊源有自。王国维主张学术独立，认为"哲学家而仰国家之保护，哲学家之大辱也"，又说："今日之时代已入研究自由之时代"，学问应"博稽众说而唯真理是从"②。这一思想又与陈三立相通，陈三立亦曾云："破荒日月光初大，独立精神世所尊。"（《寿左子异宗丞五十》）

第三，传统文化衰落下的焦虑感。王国维在临死前的《遗书》中写道："五十之年，只欠一死"，语气沉痛之极。"只欠一死"是宋以来殉节者的惯用语，如宋代谢枋得遗书云："大元制世，民物一新，宋室孤臣，只欠一死。"这种殉节意识当然只不过是传统文化衰落引起的内心焦虑感的外化表现而已，陈三立自然有之。如他早在1915年便有类似的沉痛诗句："降生父老宠龙媒，六十三年博一哀。自信眼穿偿一死，扶舆初烬未成灰。"（《初度日写愤示亲朋》）这与王国维之语何其相似。陈寅恪在《王观堂先生挽词序》中以为："盖今日之赤县神州值数千年未有之巨劫奇变；劫尽变穷，则此文化精神所凝聚之人，安得不与之共命而同尽，此观堂先生所以不得不死，遂为天下后世所极哀而深惜者也。"③ 陈寅恪在撰

---

① 梁启超：《王静安先生墓前致辞》，参见陈鸿祥《王国维传》，人民出版社2004年版，第675页。

② 王国维：《奏定经学科大学文学科大学章程书后》，《王国维遗书·静安文集续编》，上海古籍出版社1983年影印版，第38页。

③ 陈寅恪：《王观堂先生挽词序》，《陈寅恪集·诗集》，三联书店2001年版，第12页。

写这篇文章之时自是指王国维而言，他哪里意识到"此文化精神所凝聚之人，安得不与之共命而同尽"一句竟然一语成谶，应验在父亲身上。1937年卢沟桥事变之后，北平沦陷，陈三立因忧愤，疾发而拒不服药，最后"忧愤不食而死"，享年85岁。以一般观念视之，陈三立享高龄而逝，且因忧国而死，与王国维年甫51岁便投水自杀完全不同。但据陈寅恪所说，陈三立是拒不服药，"忧愤不食而死"，可见他是主动地选择了死亡，这与自杀其实并无二致，此其一。其二，陈三立之所以绝食而亡，从表面看是忧愤日寇亡我中华，以为亡国之人生不如死，但是如果进一步探究，则亡国之痛只不过是进一步加深了"生趣尽矣"的程度而已，归根到底仍是生命无意义的焦虑感和虚无感促使他做出了这样的选择。如此分析，则陈三立之死与王国维之死其实都具有某些相同的象征意味。

通过以上分析可知，陈三立与王国维在文化理想与精神世界上有颇多相通之处，这种相通是陈寅恪理解王国维的基础。这也说明，陈寅恪本人的文化理想与精神世界是建立在对其父陈三立的"同情之了解"之上的，甚至"同情之了解"一语的提出就是直接来自陈三立。没有这种"同情之了解"，就没有陈寅恪对陈三立精神遗产的继承与发扬。

二　陈寅恪对陈三立精神遗产的继承与发扬

陈三立诸子衡恪、隆恪、寅恪、方恪、登恪都在各自的领域取得了杰出成就，但真正继承了陈三立的精神遗产并加以发扬光大的，自是寅恪无疑。

陈寅恪对陈三立精神遗产的继承，首先在于维护民族文化本位的学术思想。

文化保守主义者对中国传统文化怀着深深的感情，因而对旧文化眷恋不已。但陈寅恪之所以在文化界享有崇高的地位，在于他已远远超出了眷恋的境界，而达到了忧国忧时的高度。著名学者余英时认为，陈寅恪"事实上是以毕业的学术研究来寻求关于现代中国思想问题的答案"①，这一论断是极为准确的。

陈寅恪选择魏晋、隋唐史为自己治史的主要研究对象，其目的正是探究历史的规律，从而为未来中国文化的走向作一个探索。魏晋、隋唐时期正是外来文化与中国本土民族文化、胡人与汉人大融合的时期，特别是佛教的传入及其与中国思想结合的过程，与近代西学东渐的大潮极其相似，因此成为陈寅恪研究的重要内容。1932 年，在为冯友兰《中国哲学史》作的审查报告中，陈寅恪提出了他的民族文化本位论："至道教对输入之思想，如佛教、摩尼教等，无不尽量吸收，然仍不忘其本来民族之地位。既融成一家之说以后，则坚持夷夏之论，以排斥外来之教义。……窃疑中国自今日之后，即使能忠实输入北美或东欧之思想，其结局当亦等于玄奘唯识之学，在吾国思想史上，既不能居最高之地位，且亦终归于歇绝者。其真能于思想上自成系统，有所创获者，必须一方面吸收输入之外来学说，一方面不忘本来民族之地位。此二种相反而适相成之态度，乃道教之真精神，新儒家之旧途径，而二千年吾民族与他民族思想接触史之所昭示也。"② 陈寅恪这一段议论在中国思想史上具有重要意义。他认为道教对外来思想之吸收是有原则的，即不忘其本来民族之地位，这样才能丰富自己本身的思

---

① 余英时：《陈寅恪的学术精神和晚年心境》，《现代危机与思想人物》，三联书店 2005 年版，第 378 页。

② 陈寅恪：《冯友兰〈中国哲学史〉（下册）审查报告》，《陈寅恪集·金明馆丛稿二编》，三联书店 2001 年版，第 284—285 页。

想，融成一家之说；坚持夷夏之论，以排斥外来之教义，乃是"不忘本来民族之地位"一句之自注，用现在的话来说，就是坚持思想文化的独立自主性，反对文化殖民。这两种态度是相反相成的，陈寅恪强调二者的辩证关系，极为深刻。

此处顺便强调一下，陈寅恪所谓"夷夏之论"，并非一概排斥外来学说，而是在吸取外来思想的同时，对民族文化之本位的坚持。由于受到"左"的思想的影响，许多学者一提起夷夏之辨思想，往往不假思索地贴上"盲目排外"、"自我封闭"的标签予以全盘否定，对其中合理的思想因素却视若不见。其实，同样的术语，不同思想的人物使用，便赋予了不同的含义。近代顽固派固然以夷夏之辨为思想武器，对吸收外来思想的潮流加以完全否定；文化保守主义者运用这一术语，便无排斥外来思想文化的含义，而是对民族文化本位的强调。如果不坚持夷夏之论，则民族文化本位必将丧失，最终的结果是民族身份的丧失，所谓"认贼作父，自乱其宗统也"。

陈寅恪有一个重要的观点，相比较血缘纽带，文化才是区别一个民族的最重要标志。在考察了南北朝时期民族融合的历史事实后，陈寅恪得出结论："汉人与胡人之分别，在北朝时代文化较血统尤为重要。凡汉化之人即目为汉人，胡化之人即目为胡人，其血统如何，在所不论。"[①] 他还举《北齐书·杜弼传》、《北史·源贺传》等为例，说明胡汉之分"在文化而不在种族"。陈寅恪此论，已隐含了对可能丧失民族身份的忧虑，具有强烈的现代关怀。而现实正在朝他所忧虑的方向发展，"全盘西化"的事实选择，正在造就千千万万的"胡化之

---

① 《陈寅恪集·唐代政治史述论稿》，三联书店 2001 年版，第 200 页。

人",民族文化正在不断丧失。而唯一可能挽狂澜于既倒的,便是学术能够存民族文化之血脉。他强调:"吾国大学之职责,在求本国学术之独立,此今日之公论也。"又说:"国可亡,而史不可灭。今日国虽幸存,而国史已失其正统,若起先民于地下,其感慨如何?"① 显示出对现状的焦虑。不过,他对于民族文化的未来还未丧失基本的信心:"窃疑中国自今日之后,即使能忠实输入北美或东欧之思想,其结局当亦等于玄奘唯识之学,在吾国思想史上,既不能居最高之地位,且亦终归于歇绝者。"②

可见,陈寅恪秉承陈三立以传承、保存中华文化为己任的历史重负,处处维护中华本位的传统文化,对"全盘西化"思潮持坚决抵制之态度。即使到晚年,他仍固执地坚持"中学为体,西学为用"的文化保守主义思想。吴宓确系陈氏知音,他准确地概括了陈三立、陈寅恪父子的文化精神和一生的文化理想:"故义宁陈氏一门,实握世运之枢轴,含时代之消息,而为中国文化与学术德教所托命者也。"③ 1949 年之后,陈寅恪的文化理想更加难以实现。他与时代格格不入,只能在忧思愤懑中读书自遣。1957 年,他 67 岁生日时写下了"平生所学供埋骨,晚岁为诗欠砍头"④ 的沉痛诗句,不能不令人联

---

① 陈寅恪:《吾国学术之现状及清华之职责》,《陈寅恪集·金明馆丛稿二编》,三联书店 2001 年版,第 361、362 页。

② 陈寅恪:《冯友兰〈中国哲学史〉(下册)审查报告》,《陈寅恪集·金明馆丛稿二编》,三联书店 2001 年版,第 283 页。

③ 吴宓:《读散原精舍诗笔记》,《吴宓诗话》,商务印书馆 2005 年版,第 291 页。

④ 诗题为"丙申六十七岁初度晓莹置酒为寿赋此酬谢",全诗如下:"红云碧海映重楼,初度盲翁六七秋。织素心情还置酒,然脂功状可封侯。平生所学供埋骨,晚岁为诗欠砍头。幸得梅花同一笑,炎方已是八年留。"见《陈寅恪集·诗集》,三联书店 2001 年版,第 122 页。

想到王国维自沉昆明湖之前写下的"五十之年，只欠一死"和陈三立的"自信眼穿偿一死，扶舆初烬未成灰"的诗句，由此而知陈寅恪"凡一种文化值衰落之时，为此文化所化之人必感苦痛，其表现此文化之程量愈宏，则其所受之苦痛亦愈甚"之句，同时概括了其父陈三立、其友王国维和他自己的精神世界。

陈寅恪对陈三立精神遗产的继承，还在于他对气节的尊崇与坚持。

陈寅恪对其父精神遗产的理解，简而言之其实就是"气节文章"四个字。文章指陈三立传承文化的方面，并非专指文学成就；而气节则指知识分子独立的精神人格而言。在陈寅恪看来，其父的"气节"更在"文章"之前，其实他自己又何尝不是如此？他始终清醒地认识到作为一个知识分子必须具有独立人格，更是用一生自觉地实践贯彻这一精神，从不随流俗改易。去世之前两年，他在《赠蒋秉南序》一文中写道："默念平生固未尝侮食自矜，曲学阿世，似可告慰友朋。"①这是他一生的真实写照。

为了捍卫作为知识分子的独立人格和学术精神，1953年陈寅恪在答复中国科学院院长郭沫若、副院长李四光函请他担任中古历史研究所所长时说："我绝不反对现在的政权，在宣统三年时就在瑞士读过《资本论》原文，但我认为不能先存马列主义的见解，再研究学术。""因此，我提出第一条：'允许中史研究所不宗奉马列主义，不学习政治。'其意就在于不要有桎梏，不要先有马列的见解，再研究学术，也不要学习政

----

① 陈寅恪：《寒柳堂集》，三联书店2001年版，第182页。

治。""我提出第二条：'请毛公或刘公给一允许证明书，以作挡箭牌。'……我认为最高当局也应该和我有同样的看法，应从我说，否则，就谈不到学术研究。"① 他还一再作诗嘲讽思想禁锢、思想改造与知识分子独立人格的丧失，如《文章》："八股文章试帖诗，宗朱颂圣有成规。白头学究心私喜，眉样当年又入时。"又如《男旦》："改男造女态全新，鞠部精华旧绝伦。太息风流衰歇后，传薪翻是读书人。"又如《癸巳六月十六日夜月食时广州苦热再次前韵》："墨儒名法道阴阳，闭口休谈作哑羊。屯戍尚闻连泗水，文章唯是颂盛唐。"等等。

与陈三立不同的是，陈寅恪的气节观吸收了现代西方自由主义精神的营养，追求知识分子的独立人格和自由精神，超出了传统儒家讲求"道"、"义"的范围，从而赋予传统的气节观以新的时代意义。这是他对陈三立气节观的继承和发展。因此余英时说："由于他的西方学术的深厚修养，陈寅恪在这里已用西方为参照系统而对中国'士'的传统进行了现代的转化。"②

陈寅恪的气节还体现在他的"独立之精神，自由之思想"上。从撰写王国维纪念碑铭起，他就一再表彰这种精神："思想而不自由，毋宁死耳。斯古今仁圣所同殉之精义，夫岂庸鄙之敢望。先生以一死见其独立自由之意志，非所论于一人之恩怨，一姓之兴亡。……先生之著述，或有时而不章。先生之学说，或有时而可商。惟此独立之精神，自由之思想，历千万

---

① 陈寅恪：《对科学院的答复》，参见陆键东《陈寅恪的最后二十年》，三联书店1995年版，第112页。

② 余英时：《陈寅恪与儒学实践》，《现代危机与思想人物》，三联书店2005年版，第435页。

祀，与天壤而同久，共三光而永光！"① 在《对科学院的答复》，他说："没有自由思想，没有独立精神，即不能发扬真理，即不能研究学术。……对于独立精神，自由思想，我认为是最重要的。"② 甚至晚年在憔悴幽忧中撰写《论〈再生缘〉》和《柳如是别传》，也有"以表彰我民族独立之精神，自由之思想"之旨，将"独立之精神，自由之思想"上升到民族精神的高度。

"独立之精神，自由之思想"后来成为许多学者的座右铭，但陈寅恪此说究竟应该做何解释？要真正理解"独立之精神，自由之思想"的全部含义，当然并非本书作者之力所能及。不过如果全面考察陈三立、陈寅恪父子的学术精神与文化理想，我以为至少具有两个层面的内涵：第一，就个人而言，知识分子的独立人格和自由精神，这一点已被学界普遍接受，不必多说；第二，就整个民族而言，是指民族精神和文化的独立性与自主性。第二层面的内涵建立在第一层之上，又是第一层含义的延伸。陈寅恪认为"吾国大学之职责，在求本国学术之独立"。他为中国不仅自然科学落后于人，而且社会科学，包括本国史学、文学、思想、艺术史等都受制于人，从而失去学术的独立性而痛心疾首。1929年，他送北大已巳级史学毕业生赴日本学习中国古代史时，写下了"群趋东邻受国史，神州士夫羞欲死"的沉痛诗句。他的名言"敦煌者，吾国学术之伤心史也"，并不只是就敦煌国宝被掠至国外而言，而是痛心于中国敦煌学研究的落后面

① 陈寅恪：《清华大学王观堂先生纪念碑铭》，《陈寅恪集·金明馆丛稿二编》，三联书店2001年版，第246页。

② 陈寅恪：《对科学院的答复》，参见陆键东《陈寅恪的最后二十年》，三联书店1995年版，第111页。

貌，所谓"敦煌在中国，敦煌学在西方"是也。陈寅恪始终
将学术的独立性视为一个国家民族文化的独立，学术受制于
外国意味着民族文化自主权的丧失，此"实系吾民族精神上
生死一大事者"。陈寅恪这些言论发表于半个多世纪以前，
但是现在读来，似乎特别契合于半个多世纪以后的今天。联
想到几十年以来，"我们确实少有称得上创新并引起世界关
注的思想理论成果和艺术作品。在当今世界对任何重大现实
问题的关切与思考都没有'中国学派'的声音，我们的学术
前沿就是学习和传播西方的学术话语"①。一些学者不无忧虑
地指出："自80年代开始的文艺新潮，被称为创新的部分，
几乎全是对西方现代主义及后现代主义种种形式、手法的袭
用，从意识流、'朦胧诗'、泛性论表现、叙述主体的介入，
无不如此。文艺批评的话题，从存在主义、接受美学、后结
构主义、女权主义、后殖民主义，一直到这里所说的全球
化，全是西方话语，在这方面，中国最好的批评家也只是能
复述西方话语而已。"② 大量西方文化、学说、思潮和电影大
片在"拿来主义"的神话中不断涌入，势必压制本土学者和
作家的创新能力，使中国文化的现代化失去文化原创的应有
动力，民族文化的创新能力大大萎缩，而一个缺乏创新能力
的民族是没有希望、没有前途的。今天，我们不得不痛心和
惊叹于陈寅恪的先知先觉，并对中国文化和学术究竟应该
"拿来主义"还是"自主创新"进行重新审视。

　　近代是中国从封闭走向开放、从传统走向现代的一个重要

---

　　①　韩源：《全球化背景下维护我国文化安全的战略思考》，《毛泽东邓小平
理论研究》2004年第4期。

　　②　《世纪之交：中国文艺理论研究的回顾与展望》，《光明日报》1999年7
月22日第6版。

转型期，从实质上看，这一转型就是现代性在中国建构、确立的过程，其中文化的转型是最重要的内容。中国近代文化的转型是在中西文化剧烈碰撞、交流、融合的过程中曲折进行的。在这一过程中，中西文化的碰撞、对抗大于交流、融合，最终西方近三百年历史进程中积淀的现代性文化资源几乎被整体地接纳，"民主"、"自由"、"平等"、"科学"等现代西方价值成为中国社会思潮的主流，而中国原有的两千年文化传统被视为"腐朽落后"的"封建文化"而几乎被整体地抛弃。正如杨联芬所说，"现代性"概念在中国"更倾向于一种空间化的时间意识"，具体说，就是与中国传统之"过去"没有关联的"西方"所代表的"现在"。因此，从根本上说，就是一种文化空间的转换。经由晚清维新运动的失败和辛亥革命后思想文化"现代化"理想的落空，先锋知识分子对中国文化的信心已经严重不足，西方文化在晚清的有限接纳，到五四以后则发展成被全面认同和接受。①

　　这种文化空间的转换带来两个显著的后果：第一，在中国确立了自由、平等、民主、人道等在传统文化中较为缺失的现代意识和价值观念，完成了西方式的启蒙进程，并逐渐使中国摆脱了民族危机，走上了现代化的发展道路；第二，造成了传统文化的"断裂"和现代身份认同的危机。科举的废除和清王朝的崩溃使儒学失去了最后的制度依托；五四新文化运动以后，以儒学为核心的中国传统文化被视为近代中国落后的总根源而遭到全面批判；十年"文化大革命"中，文化与传统更是被视为"封资修"而惨遭"割尾巴"的厄运。经过数十年

----

　　① 杨联芬：《晚清至五四：中国文学现代性的发生》，北京大学出版社2003年版，第11页。

的清算、运动，最终的结果是中国的本土雅文化成为现代性祭坛上的牺牲品，变成缺少制度依托的"游魂"，导致中国文化现代性主体认同的危机。可以说，在中国，传统的"断裂"要远远比国外一些国家来得彻底。

鲁迅先生曾经说过，中国人是最善于遗忘的民族。事隔半个多世纪，现代的人们已经很难理解数十年前陈三立、王国维、陈寅恪那一代知识分子对传统文化的深厚感情和面对民族文化危机的巨大痛楚和焦虑感。在一个信仰解体后不久，一个全新的信仰迅速弥补了它留下来的真空，这恐怕并非幸事。

现代性既是一个理性化的过程，也是一个不断"世俗化"的过程。它摧毁了原有的信仰，"上帝"已经死了，造成信仰的失落和人类文明的"荒原"。1991年诺贝尔文学奖得主、墨西哥诗人巴兹（Octavio Paz）说，全球所有的文化都已受到"现代性的诅咒"。在这种诅咒之下，西方世界其实是最幸运的，一方面它们的现代性是原生型的，最大限度地保留了几千年来的历史传统，另一方面西方世界"得以在几个世纪的漫长时间内逐渐来舒缓世俗化对人们一神信仰所带来的剧烈阵痛与精神创伤"。① 而同样的幸运则没有降临于其他一些信仰世界。与西方世界相比，中国是不幸的。首先，中国的现代是植入型的，这使得现代性的断裂在中国具有了双重性：不仅是传统与现代之冲突，亦是中西之冲突②；其次，现代性的突然植入，使得中国不可能像西方世界那样有漫长的时间来逐渐舒缓世俗化对人们的信仰所带来的剧烈阵痛与精神创伤。在中国，

---

① 参见吴冠军《多元的现代性》，上海三联书店2002年版，第177页。

② 参见刘小枫《现代性社会理论绪论》，上海三联书店1998年版，第2页。

尽管没有像西方基督教那样的普遍的社会一神信仰，但儒学仍然起到了类似的作用，成为全社会共同遵守的道德和信仰准则。有学者认为中国传统文化中的多神信仰（儒、释、道三教长期共存）这一独特的文化特质反而使世俗化的剧痛在20世纪的中国以一种较为轻度和温和的方式进行①，细考历史的发展历程，这一论断似乎并不符合事实。"仲尼已死"使长久以来的信仰价值无所依归，它给中国传统知识分子带来的剧烈阵痛与精神创伤一点也不亚于其他信仰世界的人们，而西方文化的植入带来的矛盾和屈辱的情感显然更加深了这种精神的创伤。哈贝马斯说"上帝死了"仍是一件影响深远的"进行时态"之事件："传统生活方式的解体给人们带来了极大的痛楚，而且还没有找到补偿的途径。改善物质生活条件固然是途径之一，但关键还在于由于情感屈尊而导致的精神变化。"②这句话对于饱尝断裂之焦虑的近代文化保守主义者来说，同样是适用的。

---

① 吴冠军：《多元的现代性》，上海三联书店2002年版，第177页注释。
② 哈贝马斯：《信仰·知识·开放》，《读书》2001年第11期。

第五章 陈三立与旧体诗的现代转型

第一节 诗教传统的坚守与背叛

美籍华人学者王德威在对晚清小说做深入的考察之后，提出了晚清小说"被压抑的现代性"的著名命题。他写道："我主张晚清小说并不只是中国'现代'文学的前奏，它其实是'现代'之前最为活跃的一个阶段。如果不是眼高于顶的'现代'中国作家一口斥之为'前现代'（pre-modern）或'近代'，它可能已为中国文学现代化带来了一个极不相同的画面。"王德威指出，晚清"中国文学的创作、出版及阅读蓬勃发展，真是前所未见，并在世纪转折交替，或'世纪末'之际，蔚为高潮。小说一跃而为文类的大宗，更见证传统文学体制的剧变。但最引人注目的是作者推陈出新、千奇百怪的实验冲动，较诸'五四'，毫不逊色"。他的结论是："晚清，而不是'五四'，才能代表现中国文学兴起的最重要阶段。"① 王氏的结论可以进一步讨论，但他敏锐地看到晚清小说作者不断推

---

① ［美］王德威：《被压抑的现代性——晚清小说新论》，北京大学出版社2005年版，第23—24页。

陈出新，实是中国传统文学现代化之先声。在此之后，杨联芬在《晚清至五四：中国文学现代性的发生》一书中将晚清至五四视为中国文学现代性的发生阶段。然而无论王德威还是杨联芬，他们对晚清文学现代性的讨论局限于富于实验冲动，但是实际成就并不高的小说。对于同样蓬勃发展，先锋性实验相对较少，然而艺术成就却高得多的旧体诗歌，却因种种原因未能予以讨论。那么五四之前旧体诗歌的发展是否同样具有这种"被压抑的现代性"？如果认真考察陈三立等"同光体"诗人的创作，我们可以得出同样的结论：晚清以来，中国诗歌"最弥足珍贵的变化其实已经在最不可能的地方出现了"。

一　儒家诗教的近代命运

"温柔敦厚"的儒家诗教，是中国古典诗歌的重要美学范畴。"温柔敦厚"最早见于《礼记·经解》："孔子曰：入其国，其教可知也。其为人也：温柔敦厚，诗教也……温柔敦厚而不愚，则深于诗者也。"孔颖达《礼记正义》释曰："温，谓颜色和润；柔，谓性情柔和。诗依违讽谏，不指切事情，故云温柔敦厚是诗教也。"又云："此一经以《诗》化民，虽用敦厚，能以义节之。欲使民虽敦厚不至于愚，则是在上深达于《诗》之义理，能以《诗》教民也。"

"诗教"说是汉儒对孔子文艺思想的一种概括。《论语·为政》："《诗》三百，一言以蔽之，曰思无邪。"《论语·八佾》："《关雎》乐而不淫，哀而不伤。"王运熙、顾易生主编的《中国文学批评通史·先秦两汉卷》认为，"思无邪"和"乐而不淫，哀而不伤"是孔子主张的诗的"中和"、"和谐"之美，而"无邪"、"中和"，实为"仁"、"礼"思想的体现。"温柔敦厚，诗教也"要求诗歌塑造的是"怨而不怒"、"乐而不淫，哀而不伤"、温柔和顺的文学形象，反对激烈的情感，"孔子正是肯定人有生活欲望这基本原则来论诗的。他崇尚诗歌抒发真情实感，但认为情感应该有所节制，勿使放荡无度，以致引起对己对人的损伤"①。美国学者宇文所安指出："这些内化于心的价值规范给情感的动机以适当的限制。……以'礼义'形式出现的道德性是加给情感概念的一个适度限制，情感本来是静的，如果不限制就会导致过度。"②

　　"温柔敦厚"说，尽管后世理论家也以其指锋芒内敛、含蓄蕴藉的审美旨趣，构成传统诗歌的稳定结构，因此它有积极意义和合理价值，但它强调诗歌的伦理纲常，具有浓厚的教化色彩，是儒家中庸思想在诗歌上的反映。著名文艺理论家敏泽指出，作为儒家的传统诗教，"温柔敦厚"的诗教理论在长期的中国封建社会中发生了很大的影响。一方面，在封建社会统治阶段内部，运用这一诗教来调整本阶段社会成员之间的关系，以诗教民，以诗化民。另一方面，"怨刺"是可以的，但这种"怨刺"必须是"温柔敦厚"的，必须"止于礼"，不能太过火，不能金刚怒目地去揭发和批判，以免伤害剥削阶级统治的根本利益。③ 汉代以后，历代都有许多诗论家和作者从不同角度发挥其说，而多数则从维护封建礼教秩序的角度出发，主张通过"温柔敦厚"来给诗歌以某种枷锁。最有代表性的是乾隆时代诗坛领袖沈德潜，他要求诗人严守诗教，以"不失温柔敦厚之旨"作为评价诗歌的最高标准。

---

　　① 王运熙、顾易生主编：《中国文学批评通史·先秦两汉卷》，上海古籍出版社1996年版，第86页。

　　② ［美］宇文所安：《中国文论：英译与评论》，上海社会科学院出版社2003年版，第49页。

　　③ 敏泽：《中国文艺理论批评史》，人民文学出版社1981年版，第29页。

但是，"温柔敦厚"的诗教使诗人缺乏独立精神和反抗的血性，压抑诗人的个性，实质上鼓励逆来顺受的性格，容易导致中国文人柔弱的文化性格，不利于诗歌的发展。近代以来，国难当头，西风东渐，诗教思想愈发显得与积极进取、个性解放的时代精神格格不入，成为中国诗歌现代化过程的一大阻碍，因而受到有识之士的批判。龚自珍以心学、佛学为武器，揭露封建专制对个性的压抑，大力倡导"我光照日月，我力造山川，我变造羽毛肖翅，我理造文字言语，我气造天地，我天地又造人，我分别造伦纪"①，开有清以来个性解放思想之先声。其后，王韬、严复、谭嗣同、邹容等思想先驱或提倡"自由平等"，或鼓吹战斗精神，张扬个性，从西方汲取自由精神以反对礼教。儒家传统价值观念被颠覆了，"乐而不淫，哀而不伤"、"发乎情，止乎礼义"、"温柔敦厚"的儒家传统受到空前质疑。如王韬认为，诗应表现自我的感情："余不能诗，而诗亦不尽与古合；正惟不与古合，而我之性情乃足以自见。"②梁启超痛感"诗界千年靡靡风，兵魂销尽国魂空"，倡导"诗界革命"，认为诗歌应有欧洲意境语句："欧洲之真精神、真思想，尚未输入中国，况于诗界乎？此固不足怪也。吾虽不能诗，惟将竭力输入欧洲之精神思想，以供来者之诗料可乎？"③鲁迅作于 1907 年的长篇论文《摩罗诗力说》则将批判的矛头直接指向儒家诗教及"平和"的审美理想，视"平和"

---

① 龚自珍：《壬癸之际眙观第一》，《龚自珍全集》，上海古籍出版社 1975 年版，第 12—13 页。

② 王韬：《蘅花馆诗录自序》，郭绍虞、罗根泽编《中国近代文论选》下，人民文学出版社 1959 年版，第 16 页。

③ 梁启超：《夏威夷游记》，《饮冰室合集·专集》22，中华书局 1989 年版，第 190 页。

为禁锢诗人的枷锁："平和为物，不见于人间。其强谓之平和者，不过战事方已或未始之时，外状若宁，暗流仍伏，时劫一会，动作始矣。""惟诗究不可灭尽，则又设范以囚之。如中国之诗，舜云言志，而后贤立说，乃云持人性情，三百之旨，无邪所蔽。夫既言志矣，何持之云？强以无邪，即非人志。"将"无邪"、"平和"列为人道的对立面。他从诗的本质入手，强调诗是表现人的生命体验的："盖诗人者，撄人心者也……诗人为之语，则握拨一弹，心弦立应……而污浊之平和，以之将破。平和之破，人道蒸也。"① 只要打破"污浊之平和"，人的反抗精神就会大加发扬，为此他极力推崇拜伦、雪莱等欧洲浪漫主义诗人，"别求新声于异邦"。这些言论，动摇了儒家封建诗教的思想基础，在理论上打破了禁锢诗人心灵的枷锁。

作为一种审美理想，儒家诗教对浪漫文学和悲剧是一种束缚。在文学史上，除屈原、李白、李贺等极少数诗人外，中国古典文学实际上并没有形成像欧洲那样足以与现实主义文学相抗衡的浪漫主义文学思潮。然而，"当中国文学观念进入近代时，它的审美理想必须发生改变，以拓宽中国文学的视野，帮助文学挣脱儒家文学观念的束缚，建立敢于大胆表现个性人生体验的完美理想。文学不再成为士大夫的专利，也促使文学的审美趣味出现世俗化民主化的倾向"② 。尽管诗文是传统文学中最为稳定的文学样式，但面对深重的民族危机，包括陈三立在内的诗人不再抑压自己的情感，放任悲痛、愤怒等极端情感的流露，打开了"温柔敦厚"诗教樊篱的缺口。"乐而不淫，

---

① 鲁迅：《摩罗诗力说》，《鲁迅全集》第 1 卷，人民文学出版社 2005 年版，第 70 页。

② 袁进：《中国文学观念的近代变革》，上海社会科学院出版社 1996 年版，第 136 页。

哀而不伤"的诗教束缚终于被诗人抛弃在历史车轮的后面，尽管这一转变过程是痛苦的。

二　坚守与背叛

陈三立出身诗书世家，祖父伟琳公"所著《北游草》、《松下谈》、《松下吟》、《劝学浅语》、《劝孝浅语》通若干卷。其于诗尤长，而不乐为名，故世亦莫能知"①。他的父亲宝箴也能诗，陈三立曾说他"所著奏议若干卷，批牍若干卷，书牍若干卷，文集若干卷，诗集若干卷，待刊于世"（《先府君行状》）。陈宝箴诗据云多至二三百首，今人汪叔子、张求会编《陈宝箴集》辑有陈宝箴诗作数十篇。陈三立在这样的家庭成长，从小就受过严格的儒家传统教育，所结交诗友长辈俱为饱学之士，因此他恪记着诗言志、诗缘情、"温柔敦厚"的诗教传统就不足为奇了。在为陈曾寿诗集《苍虬阁诗》作的序中，陈三立写道：

> 余与太夷所得诗，激急抗烈，指斥无留遗。仁先悲愤与之同，乃中极沉郁而澹远，温邃自掩其迹。尝论古昔丁乱亡之作者，无拔刀亡命之气，惟陶潜、韩偓，次之元好问。仁先格异而意度差相比，所谓志深而味隐者乎？嗟乎！比世有仁先，遂使余与太夷之诗或皆不免为伧父，则仁先宜有不可及，并可于语言文字之外落落得之矣。

这段文字告诉我们两个事实。首先，他在内心深处是牢记

---

① 郭嵩焘：《陈府君墓碑铭》，汪叔子、张求会编《陈宝箴集》，中华书局2005年版，第1856页。

儒家诗教的，陈曾寿"悲愤与之同"，但其创作却符合诗教，因此他对陈曾寿诗作倍加欣赏；其次，他自己的创作并没有一味固守"乐而不淫，哀而不伤"的传统，其诗歌中蕴含的风云之气、愤怒悲哀的情感，可谓儒家诗教的叛逆者。郑孝胥的分析是准确的，他认为陈三立诗"源虽出于鲁直，而莽苍排奡之意态，卓然大家，未可列之江西社里也"①。这里尤其值得注意的是，郑孝胥特意强调陈三立诗歌"莽苍排奡"的艺术风格，这与"温柔敦厚"大相径庭，其中蕴含着丰富的时代信息，应该说是有见地的。不过，陈三立对这种创作上的背叛充满着内疚和不安，他内心深处的传统儒家观念和实际创作在某种程度上是分裂的。他清楚地意识到自己的诗作违反了儒家诗教的标准，他后来要求郑孝胥代删其诗，恐怕未必没有这方面的考虑。幸运的是，郑孝胥没有删除那些充满"莽苍排奡"之气的优秀诗作，才使得这些作品流传至今。可见，他对自己并不满意，认为自己的诗作过于激急抗烈，失去了含蓄蕴藉的旨趣。

在诗学观与创作上，陈三立处于矛盾之中。一方面由于长期以来的儒家思想文化的影响，他恪记着诗言志、诗缘情、"温柔敦厚"的诗教传统，奉之如圣神；但另一方面，国势阽危，家国之痛，加上父亲与自己政治理想的破灭，都使他无法控制自己激急抗烈的情感，任其由笔端宣泄奔流而出。然而，尽管他对自己未能在创作上恪守"温柔敦厚"的诗教而深深自责，但对同侪诗友同样激急抗烈的诗作，他又是宽容的，充满了同情和理解。他对梁鼎芬诗歌的评价："梁子之诗既工

---

① 郑孝胥：《散原精舍诗序》，李开军校点《散原精舍诗文集·附录》，上海古籍出版社 2003 年版，第 1216 页。

矣，愤悱之情、噍杀之音亦颇时时呈露而不复自遏，吾不敢谓梁子已能平其心，一比于纯德，要梁子志极于天壤，谊关于国故，掬肝沥血，抗言永叹，不屑苟私，其躬用一己之得失进退为忻慢。此则梁子昭昭之孤心，即以极诸天下后世百犹许者也。"（《梁节庵诗序》）我们有足够的理由相信，"愤悱之情、噍杀之音亦颇时时呈露而不复自遏"不仅仅是指梁鼎芬诗歌，同时也是夫子自道。我们看他作于1901年为辛丑和议赔款而抒其愤的《江行杂感》，其中一首写道：

> 天有所不覆，地有所不亲。汝不自定命，天地矧不仁。猛虎捽汝头，熊豹靡汝身。蹴裂汝肠胃，咋喉及腭唇。长鲸掉尾来，啖肠齿鳞峋。汝骨为灰埃，汝血波天津。吁嗟汝何有，道在起因循。大哉生人器，千圣挈其真。尽气赴取之，活汝黐与呻。媛媛而睢睢，永即万鬼邻。踯躅荒江上，泣涕以霑巾。

　　这首诗以极端的方式抒发诗人极端的生命情感体验，充分显示了残酷的现实。这种惊心动魄的凄厉、狠绝的风格在古典诗歌中是少见的，因此胡先骕评曰："热血空涌，不能自已，其音则凄厉噍杀，屈子之怀沙，晞发之恸哭，差相仿佛也。"[①]
　　如果说"哀而不伤"是儒家诗歌的形象化比喻的话，那么以这个标准，陈三立的许多诗正是"哀"而且"伤"的，这从他诗作的"泪"的意象之繁多就可清楚地认识到。陈三立的《散原精舍诗》中，"哭泣"作为一个重要的意象出现。特别是1901—1905年间，"泪"、"哭"、"泣"、"涕"、"恸"、

---

　　① 《胡先骕文存》，江西高校出版社1995年版，第484页。

"悲"、"啼"等字眼多次出现，密度之大，令人吃惊。尤其是"泪"字，自辛丑迄庚午，贯穿《散原精舍诗》、《散原精舍诗续集》、《散原精舍诗别集》始终。据笔者初步统计，1901年（辛丑）陈三立存诗127首，其中"泪"字出现24次，"哭"字出现7次；1903年（癸卯）存诗138首，其中"泪"字出现13次，"哭"字出现7次。如果加上未统计的"泣"、"涕"、"恸"、"悲"、"啼"等字眼，几乎每4首诗出现1次"哭泣"的类意象，这对于一个信守儒家"温柔敦厚"、"哀而不伤"诗教传统的诗人来说，应该说是十分惊人的。

1900年，慈禧以义和团对抗列强，八国联军侵入北京，慈禧与光绪帝仓皇逃往西安；同年，陈宝箴在西山家中"以微疾卒"，今人刘梦溪考证可能是被慈禧密旨赐死；1901年，清政府与列强签订屈辱的《辛丑条约》；1903年，日俄两强在中国东北界内开战，清政府却保持中立。这一系列的国恨家仇，给诗人内心造成极大刺激，伤心之泪、愤怒之泪、悲哀之泪、绝望之泪，从诗人笔下喷薄而出。"痴儿只有伤春泪，日洒瀛寰十二时"（《得熊季廉海上寄书言俄约警报用前韵》），国势阽危至此，使诗人洒下伤心的泪水；"至今风雨阑干上，使我凭之双泪流"（《登楼望西山二首》），诗人登楼望西山，想起父亲惨死，更是椎心般难过；"依然箫鼓山川夜，泪堕年年上下潮"（《北固山阁夜时》），"旋出涕泪说家国，倔强世间欲何待"（《与纯常相见》），遇到劫后余生的友人，徒增感慨，"九州人物灯前泪，一舸风波劫外魂"（《十月十四夜饮秦淮》），"孤吟自媚空阶夜，残泪犹翻大海波"（《黄公度京卿由海南人境庐寄书并附近诗感赋》），令人心情激荡；即使旅途中，诗人也禁不住回忆起十多年来为国家富强所做的努力尽付东流，"将携十年泪，狼藉半船书"（《舟夜感赋》），"平生无可了，只有泪纵横"（《别墓》）。

　　陈宝箴的意外去世，是陈三立心中最大的隐痛。陈宝箴葬居之处西山崝庐，成为联系陈三立家仇与国恨的纽带。其后三立虽寓居南京、上海、杭州等地，但岁时仍往西山扫墓，写下大量扫墓诗，构成散原诗歌最深沉痛切的一部分。他在父亲墓前啮墨咽泪，在诗中呼天泣血，家国之痛，一寓于诗。如"人亡国亦瘁，对语交涕流"（《倚楼望西山》），"国忧家难正迷茫，气绝声嘶谁救疗"（《由崝庐寄陈荄潭》），"世患令人老，一生余几哭"（《墓上》）。情感的任意迸发，自我的极度宣泄，"哀"而且"伤"的艺术风格，使得陈三立崝庐扫墓诗具有极强的艺术感染力。王逸塘认为陈三立"凡涉崝庐诸作，皆真挚沉痛，字字如迸血泪，苍茫家国之感，悉寓于诗，洵宇宙之至文也"[1]。杨声昭也称："集中扫墓之作，多而且工，几于篇篇动心魄，字字感鬼神。"[2]

三　诗人主体性地位的确立

　　陈三立"哀而且伤"的诗歌，并不是孤立的个别现象。诗人身份由士大夫向现代知识分子的过渡，带来文学与文化的一系列变迁。事实上，伴随着儒家合法性地位受到全面质疑，儒家传统审美体系就处在坍塌的边缘。文学的世俗化、民主化趋势已经日益明显，诗人作为一个政治文化群体——儒家代言人的身份日趋解体，取而代之的是诗人独立主体性地位的确立。儒家诗教的日趋解体，说明诗歌已经开始与政教脱离，获

---

　　[1]　王逸塘：《今传是楼诗话》，转引自《散原精舍诗文集·附录》，上海古籍出版社 2003 年版，第 1228 页。

　　[2]　杨声昭：《谈散原诗漫记》，钱仲联编《清诗纪事》光宣朝卷，江苏古籍出版社 1989 年版，第 13228 页。

得了自由，并逐渐成为诗人个人的情感的宣泄口。诗人摆脱了"集体抒情"的束缚和追求，向完全独立抒情主体蜕变。这不仅意味着近代审美观念的变化，同时也意味着旧体诗歌在近代发生了巨大变化。自此之后，诗歌的终极审美理想不再是温柔敦厚，而是真正的个体生命体验的抒写。

袁进先生指出，自晚清以来，"社会的审美情趣确实发生了重要变化。不仅是市民阶层的审美情趣发生变化，连士大夫的审美意识也有改变。'哭泣'再次成为文学的主题"①。比如，西方现代小说的翻译介绍，使《茶花女》等悲剧小说在晚清文人中间找到知音。而清末民初"哀情小说"、"悲情小说"、"惨情小说"如雨后春笋般出现，成为当时最畅销、最有影响的文学作品，读者们心甘情愿地为主人公的悲惨结局洒下一掬同情之泪。刘鹗（洪都百炼生）在《老残游记》自序中写道："吾人生今之时，有身世之感情，有家国之感情，有社会之感情，有种教之感情。其感情愈深，其哭泣愈痛。此洪都百炼生所以有《老残游记》之作也。""由情而生'泣'，而这'泣'正是封建正统文人以为'碍目'，不合伦理规范，违背'中和之美'的感情。"

"哭泣"的时代主题不仅表现在传统观念上的边缘文学样式——小说中，同样也表现在传统的正统文学——诗文之中。诗需要表现人的生命体验，情感起着决定性作用。比起以"惨情"、"悲情"小说娱人的小说家来，陈三立诗歌的"哭泣"主题确是用血泪写成的，因而更加充满了生命力的激情。从某种意义上，它意味着数千年来儒家传统审美体系的坍塌，

---

① 袁进：《中国文学的近代变革》，广西师范大学出版社 2006 年版，第 270 页。

现代理性精神和主体意识得到了极大张扬。陈三立的许多作品"保存并发展了晚明以来诗歌流露出来的那种自我意识急速膨胀但又严重受制于现实的哀伤、敏感与悲愤"①。固守传统与向往现代，坚持旧学与学习西方，晚清时代的先进文人常常在传统与现代之间作痛苦的挣扎。因此，陈三立的两难处境，实际上也是晚清时期处于新学旧学交界时的文人的两难处境。尽管由于自身以及时代的局限，陈三立没有在思想上彻底摆脱纲常名教，但在诗歌创作上回应了晚清民初小说界的"哭泣"主题。因此章培恒认为陈三立诗歌是"与从来的诗异质"的，常常"给人以一种现代诗的感觉。显示出与五四文学中的自我失落感存在着某种程度的相通"②。

第二节　散原诗歌意象的扭曲与变形

诗歌审美观念的变化，不仅表现在对"温柔敦厚"式的儒家诗教最高审美理想的突破，也表现在传统诗歌意象及其美学特征的革新。在陈三立的笔下，传统的诗歌意象出现了意想不到的变化。

一　柳、月、鼠意象的扭曲与变形

与众多古代诗人的作品一样，在散原精舍诗集中，柳、月、鼠等是最为常见的诗歌意象。不同的是，这些在中国诗歌传统中几乎沦为陈词滥调的意象，在陈三立的笔下却给人耳目

---

①　张求会：《义宁陈氏诗歌初探》，《华南师范大学学报》（哲社版）1999年第2期。

②　章培恒：《元明清诗鉴赏辞典·序》，上海辞书出版社1994年版。

一新的感觉。柳的意象已经不是以往柔美的树木，月也不再是引起诗人浪漫想象的明月，而鼠的意象也充满着别样的诡异色彩。

陈植锷指出："在古代诗歌中，一些艺术感染力较强的意象，往往是不同时代、不同作者递相袭用，有时甚至在同一作家的不同作品中也反复出现意思大体相同的现成语词或词组。"① 柳是古代诗人笔下最常见的一种意象，从《诗经》开始，几乎每一个著名的诗人都或多或少涉及这一意象。柳树枝条柔软，春夏季节，万条垂下，柳丝如烟，微风吹拂，细叶轻摆，婀娜多姿，富有诗情画意。又，"柳"与"留"谐音，其形似有依依不舍之意，因此古人有折杨柳枝送别的风俗。柳又象征着生机勃勃的春天，有时象征着诗人的乡愁，有时象征着对恋人的相思，内涵极为丰富。杨柳承载了人们内心深处最细腻、最宝贵的柔情。但不管怎样，古人笔下的柳有一个共同的特征，即柳总是柔美的、柔弱的。如《诗经·采薇》："昔我往矣，杨柳依依。今我来思，雨雪霏霏。"唐代诗人姚合《杨柳枝词五首》："江亭杨柳折还垂，月照深黄几树丝。见说隋堤枯已尽，年年行客怪春迟。"又唐彦谦《寄友三首》："客里逢春一惘然，梅花落尽柳如烟。"温庭筠《菩萨蛮》："水精帘里颇黎枕，暖香惹梦鸳鸯锦。江上柳如烟，雁飞残月天。"宋人柳永《雨霖铃》："今宵酒醒何处？杨柳岸，晓风残月。"在这些诗句中，柳的意象具有阴柔之美，带着淡淡的哀怨与乡愁，积淀着中华民族的集体无意识和特有的审美情趣。

以笔者有限的阅读视域，柳意象的阴柔美是一以贯之的，在陈三立之前似乎还没有诗人将丑陋、秃怪、狰狞等令人不安

① 陈植锷：《诗歌意象论》，中国社会科学出版社1990年版，第164页。

的、富有侵略性和攻击性的字眼赋予柔弱的柳。然而到了陈三立笔下，柳的意象发生了巨大的变异。试看以下诗句：

　　秃柳狰狞在，疏梅次第垂。（《园居三首》之一）

　　秃柳城边风散鸦，嫩晴闲护短丛芽。（《正月十九日园望》）

　　影篚秃柳狰狞出，喧屋攒枫向背翻。（《雨中去西山二十里至望城冈》）

　　明灭灯摇驮，狰狞柳攫人。（《夜出下关候船赴九江》）

　　阪陀满新冢，疏邪拱秃柳。（《雨霁游孝陵》）

　　劫余处处迷，秃柳迎如鬼。（《春晴携家泛舟秦淮》）

　　臆决后湖阻裙屐，奔拂狞柳鸦声粗。（《独游后湖啜茗阁上》）

　　在这些诗句中，柳已经不再是传统的柔美、柔弱的意象，而是丑陋、秃怪、狰狞的。在陈三立的眼中，虽然不无"袅袅柳边棹，离离月下人"（《桃叶渡夜泛》）的优美，但柳给人最突出的印象却是"秃"和"狰狞"。"秃"是丑陋的，难看的，令人不安的。"狰狞"则意味着柳不仅丑恶，它还是令人恐惧的、可怕的，甚至是富有侵略性和攻击性的异物。这种侵略性和攻击性表现在狰狞的柳不仅丑怪"如鬼"，还能够"攫人"，形成对人的压迫性力量。这些词语用于柳树的意象，彻底颠覆了古代诗人对柳树的美好记忆，因而显得格外惊心动魄。

陈三立将柳树这种原本可亲可爱的美丽树种描绘成"人"的世界的敌对之物，这是以往从未有过的，不能不说是独特的创造。柳的意象被扭曲、变形了。表面上看，这种扭曲与变形是荒唐的，甚至有些荒诞、可笑、令人不可思议。然而细细想来，这些令人惊讶的用词却又极符合柳树的特色。诗人的艺术思维是一个过滤器，过滤掉了柳树最易引起人的美感的柳叶、柳枝，剥离了与之相关的春天及与亲人、恋人的相思相念的温情脉脉，却放大了柳树光秃秃的枝干，并将它置于肃杀的氛围之中，从而使得柳树给人以一种丑怪、狰狞的美学印象。

除了柳树意象，月亮意象同样发生了扭曲与变形。尽管陈三立笔下的月亮意象也有"霜月"、"明月"、"冷月"、"新月"、"纤月"等传统审美色彩，但给人印象最深的却是一个甚为突兀的"大"字。如"凉宵大月溪山上，祇隔佳人共赏之"（《病山同年和病中原作韵见示时值中秋于月下诵之复次韵却寄》）、"青天荡荡大月在，踞坐艇子随晚潮"（《十八夜月上与次申移棹复成桥口占二首》）、"谁悬大月辉天东，万柳桥头视蒙蒙"（《中秋夜同肯堂喆甫恪士泛舟青溪榘林次申亦各携妓至遂登复成桥步月次肯堂韵》）、"深杯犹惜长谈地，大月难窥澈骨忧"（《肯堂为我录其甲午客天津中秋玩月之作诵之叹绝苏黄而下无此奇矣用前韵奉报》）、"卧看大月吐峰头，湖水空明一片秋"（《南湖月夜有怀仁先京师》）。类似的诗句尚有不少，这里不再一一列举。

"大"与"月"连用，虽不是陈三立的独创，但前人诗中似仅明代诗人刘基《次韵和石末公七月十五夜月蚀诗》一诗中有"招摇指坤月望日，大月如盘海中出"之句，黄遵宪

《八月十五夜太平洋舟中望月作歌》一诗中也有"茫茫东海波连天，天边大月光团圆"之句。刘基、黄遵宪等人不过是偶一用之，到了陈三立，"大月"连属始蔚为大观。在古代诗人笔下，月常常象征着诗人的悲欢离合或望乡之思。"霜月"、"明月"、"圆月"、"新月"等用法，强调月亮的恬静、纯洁和美好。"缺月"、"纤月"等则借以表达诗人人生无常、生命苦短的感叹。无论怎样，传统的月与人是亲近的，带着明显的浪漫色彩。"大月"与"冷月"接近，都强调月的客观属性。与"明月"、"圆月"、"新月"、"纤月"等用法相比，"冷月"与人似乎刻意保持着某种距离，造成人的孤寂感，如"冷月自浸一湖水，孤尊空到九江船"（《泊九江怀烟水亭旧游》）、"回舟溪色苍，微浪碎冷月"（《次申伯羖招棹小舫寻青溪胜处还就仲鲁饮水榭》）。不过"冷月"虽不与人特别亲近，但骨子里仍不乏浪漫的因子。而"大月"则突出了审美意象对主体的逼迫感与挤压感。与狰狞的秃柳一样，"大月"是作为"人"的世界的对立之物出现的，这在古代诗歌意象群中是一个重要变化。

作为"人"之世界敌对之物的客观意象除了柳和月之外，还有鼠意象。鼠意象在中国古代诗歌中其实并不多见。鼠代表着黑暗、贪婪与罪恶，《诗经》中"硕鼠"的形象基本涵盖了鼠意象的全部艺术内涵。诗人们经常用"鼠"来渲染环境，烘托心绪。柳宗元《贺分淄青诸州为三道节度状》："鼠夜无动，鸮变好音。"秦观《如梦令》："梦破鼠窥灯，霜送晓寒侵被。"纳兰性德《临江仙》："夜阑犹未寝，人静鼠窥灯。"在古代诗人的笔下，鼠的形象单一而面目模糊。而在陈三立的艺术世界中，鼠的形象被放大了。鼠是猥琐的，又是神秘的。它是黑夜的主宰，又是诗人孤独、绝望心情的外在投射。年迈的诗人深夜难眠，不免辗转反侧，伴随他的除了寒灯只影，便是在黑暗中偷偷活动的老鼠了。鼠的面目是如此清晰，以至于诗人一而再、再而三地用诗歌勾勒出鼠的猥琐形象，如"残宵鼠啮帷灯涩"（《园夜听骤雨》）、"喧寂但看鸦啄屋，生涯自笑鼠搬姜"（《又柬梁璧元大令》）、"松枝影瓦龙留爪，竹籁声窗鼠弄髭"（《月夜楼望》）、"围坐欢呼虹贯酒，更衣颠倒鼠窥梁"（《刘聚卿观察饮席观所藏碑搨书画赋贻一首》）、"梅枝压雪纸窗掩，鼠影憧憧须拂剑"（《雪夜叠韵酬樊山》），等等。这里的鼠意象是极为清晰、具体的，不仅有动作，甚至还有表情。在黑暗的掩护下，它不仅"啮帷"，还会"弄髭"，甚至还会"窥梁"，以至于"搬姜"、"衔泪"、"养疮"、"立嶙峋"，简直无所不至，一时鼠影憧憧，气氛诡异，令人印象深刻。

陈三立诗歌艺术中的柳、月、鼠意象，以扭曲与变形的手法颠覆了传统的同类意象与人们的日常经验，它们显得荒诞、离奇、诡异和不近情理。其实不仅柳、月、鼠的意象出现了扭曲与变形，陈三立诗歌中扭曲与变形的手法运用颇广，如"火云烹雁万啼浮"（《同易实甫游莫愁湖》）、"断云脱岫骑鸦背"（《开岁三日步循洄水晴望》）、"阴柯绷幄满，怪石扑灯狞"（《过武昌宿曹二园馆》）等句。又如，为人所熟知的"闲愁千万丝，吐挂鹃啼树"两句，钱仲联称为""奇警"①，即是将不可见之物以变形的方式表达出来。这两句诗虽自前人

---

① 钱仲联《梦苕庵诗话》："陈散原诗'闲愁千万丝，吐挂鹃啼树'二语，极喜其奇警，樊榭《红桥春游曲》起句云：'客愁当春乱如丝，挂在红桥新柳枝。'乃知此意前人已先有。"见钱仲联编《清诗纪事》光宣朝卷，江苏古籍出版社1989年版，第13235页。又，窃以为"客愁当春乱如丝，挂在红桥新柳枝"乃从李白《金乡送韦八之西京》诗"狂风吹我心，西挂咸阳树"一句化来。

诗句化来，但画面感更强，它不禁使我们联想到现代西方超现
实主义画家萨尔瓦多·达利（Salvador Dali，1904—1989）的
著名油画作品《记忆的永恒》。在这幅画中，最令人惊奇的是
几只钟表变成了柔软的东西，它们软绵绵地，或挂在树枝上，
或搭在平台上，仿佛在漫长的时间之中熔化、松垮下来。达利
表示这幅画表现了自己的"梦中意念"，而陈三立的柳、月、
鼠等意象则是诗人诗眼中的现实，然而他们都是以一种稀奇古
怪、不合情理的方式，将普通物像扭曲或者变形。这种扭曲与
变形本是旧体诗自宋诗革新以后进行的一次可贵的探索，但是
也给读惯了古代诗歌的读者造成了不少阅读障碍，甚至连陈衍
也对陈三立的这种创新手法表达了不理解。钱钟书记载了陈衍
的一次谈话："陈散原诗，予所不喜。凡诗必须使人读得、懂
得，方能传得。散原之作，数十年后恐尠过问者。早作尚有沉
忧孤愤一段意思，而千篇一律，亦自可厌。近作稍平易，盖老
去才退，并艰深亦不能为矣。为散原体者，有一捷径，所谓避
熟避俗是也。言草木不曰柳暗花明，而曰花高柳大；言鸟不言
紫燕黄莺，而曰乌鸦鸱枭；言兽切忌虎豹熊罴，并马牛亦说不
得，只好请教犬豕耳。丈言毕，抚掌大笑。"① 拾遗老人此论
带着讽刺与嘲笑的口吻，未免不够厚道，这也说明他其实并没
有真正理解陈三立诗歌艺术上的创新。

二　"陌生化"与"间离效果"

陈三立诗歌，近人评价甚高，有人甚至认为他是"元好
问之后八百年来第一人"②。"避俗避熟"的创新精神是他成

---

① 钱钟书：《石语》，中国社会科学出版社 1996 年版，第 39 页。
② 参见胡迎建《一代宗师陈三立》，江西高校出版社 2005 年版，第 282 页。

为领袖诗坛的重要原因，尤其是他善于炼字。刘成禺在《世载堂杂忆》中曾说自己发现了陈三立作诗的"秘密武器"："陈散老作诗，有换字秘本，新诗作成，必取秘本中相等相似之字，择其合格最新颖者，评量而出之，故其诗多有他家所未发之言。予与鹤亭在庐山松门别墅久坐，散老他去，而秘本未检，视之，则易字秘本也，如'骑'字下，缕列'驾'、'乘'等字类。予等亟掩卷而出，惧其见也。"① 这种说法未免故弄玄虚。如果这种所谓换字秘本果真存在的话，那也只不过是自编的写作工具书而已，我国早有此类工具书传世，如《佩文韵府》、《诗韵合璧》之类即是。工具仅仅是工具，不能代替诗人的艺术思维。借用同样的工具书，平庸的作者写出的仍是平庸的作品，杰出的诗人却往往能够写出伟大的杰作来，这是因为炼字炼意的能力和作者创造才能的高下不同使然。陈三立炼字之奇，不少学者早就曾经指出，如"夜枕堆江声，晓梦亦洗去"（《癸丑五月十三日至焦山》）、"疏林乌鹊衔晴出"（《次韵宗武》）、"小疲鼾欲动，骤觉梦遭烹"（《立秋后五夕暑烈不寐》）等句中，"堆"、"洗"、"衔"、"烹"等字即是千锤百炼而来，令诗句戛戛生新。其实，与其说陈三立善于炼字，不如说他善于炼意、造境。柳之"狰狞"，月之"大"，鼠之"啮帷"、"窥梁"，大大颠覆了人们所熟悉的日常经验，从而营造出诡异生新的诗境，尤其令人印象深刻。但是，仅仅以"避俗避熟"、"荒寒萧索之景，人所不道，写之独觉逼肖"等语句评论陈三立诗歌的意象扭曲与变形对日常经验的颠覆，总觉有隔靴搔痒之感。

　　这里不妨借用西方文艺理论来看陈三立式的意象扭曲与变

---

① 刘成禺：《世载堂杂忆》，中华书局1997年版，第292页。

形。俄国形式主义理论家什克洛夫斯基在《作为技巧的艺术》一文中提出艺术语言的"陌生化"（defamiliarization）问题，他写道：

> 艺术之所以存在，就是为使人恢复对生活的感觉，就是使人感受事物，是石头显出石头的质感。艺术的目的是要人感觉到事物，而不是仅仅知道事物。艺术的技巧就是使对象陌生，使形式变得困难，增加感觉的难度和时间长度，因为感觉过程本身就是审美目的，必须设法延长。艺术是体验对象的艺术构成的一种方式；而对象本身并不重要。①

什克洛夫斯基认为，陌生化是艺术创作必不可少的方法，这一方法就是要将本来熟悉的对象变得陌生起来，使读者在欣赏的过程中感受到艺术的新颖别致。文学的价值就在于让人们通过阅读恢复对生活的感觉，在这一感觉的过程中产生审美快感。审美快感的过程越长，文学作品的艺术感染力就越强。陌生化手段的实质就是要设法增加对艺术形式感受的难度，拉长审美欣赏的时间，从而达到延长审美过程的目的。② 按照陌生化理论，陈三立对柳、月、鼠等传统意象的创新与改造，造成"陌生化"的效果，使读者对已熟悉的柳、月、鼠等事物产生别样的新鲜感，从而摆脱了对柳、月、鼠等事物认识的机械性，恢复了对生活的敏锐新鲜的感受。但是这种对传统意象的

---

① 什克洛夫斯基：《作为技巧的艺术》，转引自朱立元主编《当代西方文艺理论》，华东师范大学出版社1997年版，第45页。

② 朱立元主编：《当代西方文艺理论》，华东师范大学出版社1997年版，第45、46页。

颠覆并不是使艺术远离现实事物，而是相反，是为了在陌生化中更加深切和敏锐地感受事物。从效果上来看，陈三立的意象变形的确达到了这一目的，读他的诗，我们的感受是极为新鲜的。

但是，这种解释仍然是似是而非的，因为传统的意象同样具有陌生化效果。如"昔我往矣，杨柳依依；今我来思，雨雪霏霏"，柳意象的拟人化手法与人们日常经验的柳实际上具有不同的形态。从这个方面看它是陌化、别致的，只是它在千百年来的诗歌发展中逐渐变成滥俗的符号而不再新鲜。陈三立的意象变形尽管摆脱认识事物的机械性，恢复对生活的敏锐新鲜的感受，但却使柳变成鬼一般的"非柳"，鼠近乎"非鼠"，月也变得异乎寻常，这不仅仅造成了陌生化，而且使意象远离了现实事物。

德国戏剧理论家布莱希特在考察了中国京剧艺术之后，提出了与"陌生化"理论接近的"间离效果"（Verfrem-dungseffekt，有人也译为"陌生化效果"）理论。在《论实验戏剧》中，布莱希特对"间离效果"进行了如下定义："把一个事件或者一个人物性格陌生化，首先意味着简单地剥去这一事件或人物性格中的理所当然的、众所周知的和显而易见的东西，从而制造出对它的惊愕和新奇感。"[①] 可见，"间离效果"就是通过对习以为常、众所周知的事件和人物性格进行"剥离"，破除那些习以为常或司空见惯的东西，使人们从新的角度来看习以为常的事件和人物性格，并从中发现新颖之美。"间离效果"与什克洛夫斯基的"陌生化"理论

---

① 布莱希特：《论实验戏剧》，转引自张黎编选《布莱希特研究》，中国社会科学出版社1984年版，第204页。

都强调把熟悉的东西变得陌生，以利于读者或观众发现其中
所蕴含的深刻之物。但在俄国形式主义者那里，陌生化是使
"石头更像石头"；而在间离效果理论中，间离的目的旨在使
"石头不像石头"。布莱希特坚信，司空见惯之物最容易遮蔽
人们对它的发现和思索，因而最容易导致人云亦云的常识。
所以，他比俄国形式主义更加激进。俄国形式主义只承认日
常生活经验具有欺骗性和麻痹性，使人对事物视而不见、听
而不闻，因此艺术陌生化了的经验就具有振聋发聩的功效。
布莱希特则更进一步，他认为艺术经验或审美经验照样有欺
骗性和麻痹性，移情共鸣式的娱乐效果本身就遮蔽了观众对
所表现的事物的独立认识和批判。因此，间离效果不但是对
日常经验的反叛，同时也是对艺术中欺骗人操纵人的种种把
戏的颠覆。① 笔者认为，陈三立的意象扭曲与变形，更接近
"间离效果"，他笔下的柳、月、鼠等变形意象颠覆了传统审
美观的意象，柳变成了"非柳"，月变成了"非月"，鼠成
了"非鼠"，给读者的阅读造成惊愕和新奇感。这种意象的
扭曲与变形揭示出传统审美经验的欺骗性和麻痹性，促使他
的读者背离了熟悉的日常现实和审美现实，从而达到对日常
现实和审美现实的批判与改变。

三　现代性与世界范围内的艺术艰深化趋势

　　陈三立在同光体诗人中被归入"赣派"，陈衍说他的诗歌
最突出的特点就是"生涩奥衍"，"不肯作一习见语"，"避熟
避俗，力求生涩"。说到陈三立诗歌的"生涩奥衍"，一般人

---

　　① 参见周宪《审美现代性批判》，商务印书馆2005年版，第415—416
页。

必会提到"奇字"。一部《散原精舍诗》，奇字、生字、异体字确有不少，令人望而生畏。但是陈三立对"生涩"的追求，不仅仅在于僻字拗句的运用，还在于意象的生涩。传统诗歌意象的扭曲与变形也是一种生涩，甚至意象之"涩"较之字句之"涩"更加给人造成阅读的障碍。在"同光体"三位魁杰中，郑孝胥诗歌较为平易浅白，"字皆人人能识之字，句皆人人能造之句"，陈三立与沈曾植两人都以晦涩著名，不同的是，沈曾植还杂以佛藏道笈，"僻典奇字，诗中层见迭出，小儒为之舌挢不大"①，可见其审美旨趣。

一般人多以为，近代以来中国文学有一个文体浅白化的趋势。白话的倡导与普及使得古典语言体系逐渐瓦解，文学语言逐渐普遍化、平民化，这几乎是毫无疑问的。然而历史发展是复杂的，文体的浅白化趋势只是事物发展的一个方面，在另一面同时存在着文体艰深化的趋势。如章太炎的文章古奥艰涩，是众所周知的。与章太炎并肩作战过的刘师培，文章也并不浅俗。林纾的古文、严复的译笔，其风格均在雅洁，而非平易。严复《原富》等书初出，当时许多读者已谓其艰深。日后成为新文学创始人的鲁迅，最初小试牛刀的《摩罗诗力说》一文亦是博雅宏丰，《域外小说集》更是以晦涩的古文译西方小说，一般人已不易读懂，也是造成其销售困难的主要原因。另一位新文化运动的领导者蔡元培曾作过清末翰林，中过进士。他年青时醉心乾嘉之学，所作古文"奇古博雅"，"喜欢用深奥的文字和奇特的句子，往往把'通''假'的字来掉换常用的字，拿古书里面最奇特的句

---

① 钱仲联：《论近代诗四十家》，《梦苕庵论集》，中华书局1993年版，第147页。

子，来代替普通的句子，使一般人都看不懂，像'杀君马者道旁儿，民亦劳止，汔可小休'之类"①，即使在参加科举考试时也是如此，被人称为"怪八股"。周作人后来曾回忆说："小时候曾见家中有蔡先生的朱卷，文甚难懂。"② 在诗歌上，同光体之奥衍艰深自不待言。即使是提倡诗界革命的谭嗣同，其诗歌也是杂以新词、隐语、宗教典籍，令人"索解为难"。如谭嗣同的《金陵听说法四首》之三有"纲伦惨以喀私德，法会盛于巴力门"等句，诗后要缀上长长的注释才能被人理解。词学方面，王鹏运、朱彊村、郑文焯等人发展出一种接近南宋的词风，"理隐而志微"，讲究"重、拙、大"。③不仅文学如此，其他艺术形态也出现了艰深化的趋势，如书法上阮元提出以北魏碑刻的书风来寻求改革，其后康有为、李瑞清（清道人）等书家一变宗唐书风而上溯南北朝，摆脱了妍美姿媚的风格，表现出一种朴拙艰深的美。陈三立不仅诗歌力求生涩，其书法也摹习北魏，风格古拙端重。光绪十二年他参加会试时，以书法不合科举考试要求的馆阁体而被"格于廷试"，不得不"退而习书"。陈三立并非近代书法大家，但他本人对自己书法颇有信心，晚年别人求其写字，"虽午夜篝灯，必勤勤交卷"④，可见一斑。

台湾学者龚鹏程在《近代思想史散论》中认为，整个晚清，在大趋势上说，恐怕正是艰深文风兴盛的时代。但龚氏将

---

① 陈良猷：《追忆蔡先生我们应有的认识》，陈平原、郑勇编《追忆蔡元培》，中国广播电视出版社1997年版，第385页。

② 周作人：《记蔡孑民先生的事》，陈平原、郑勇编《追忆蔡元培》，中国广播电视出版社1997年版，第32页。

③ 龚鹏程：《近代思想史散论》，台湾东大图书公司1991年版，第20—25页。

④ 刘成禺：《世载堂杂忆》，中华书局1997年版，第291—292页。

之归因为复古思潮，以为溯求前一文化世代的行动，可以理解为"以传统的主流之外，寻找旁支、非主流因素，来批判主流，而达成文化变迁"。①笔者以为这种说法并不尽然。近代部分作家对艰深晦涩文风的追求，实是为了守住高雅文化的阵地，这种倾向归根到底是对现代文化的世俗化、大众化和精英的边缘化趋势的一种抗拒。现代社会不同传统社会的特征是世俗化，所谓世俗化不仅指宗教信仰的世俗化，而且还应包括文化的世俗化。人类理性的发展、科学技术的普及，必然导致文化的民主化、大众化和世俗化。在古代社会，文化是僧侣、贵族和读书人等社会精英的专利。而现代社会由于教育的普及，一般大众成为文化的生产者，这种文化的大众化和世俗化，同时意味着大众化和世俗化的文化，但也往往导致文化的庸俗化。于是以传统雅文化的失落与知识分子对精英立场的放弃为标志，精英文化与文化精英日益被边缘化。作为现代社会的"过渡人"，陈三立生活在传统与现代的"双重价值系统"中，所以常会遭遇到"价值的困窘"。这种"价值的困窘"表现在，他们一方面要启蒙大众，提倡教育普及和文化普及，另一方面却担心精英文化的失落，于是努力以创作的晦涩难懂来强化精英文化的雅博，以此坚守精英文化的最后一块阵地。因此近代文化的雅与俗的对立，与时间维度的传统与现代的对立、空间维度的中学与西学的对立，共同构成现代性建构的三对矛盾。陈三立痛心于"驯良雅化之迹扫地以尽"，林纾不甘心"若尽废古书，行用土语为文字，则都下引车卖浆之徒所操之语，按之皆有文法，不类闽广人为无文法之喟啾，据此则凡京

---

① 龚鹏程：《近代思想史散论》，台湾东大图书公司1991年版，第20—25页。

津之稗贩，均可用为教授矣"①，坚持古文之不宜废，与章太炎、沈曾植等文化创作的艰深化、晦涩化一样，都不过是对精英文化的坚守与维护而已。即使像蔡元培、鲁迅等新文化人物，骨子里何尝没有对精英立场的坚守呢？但是，陈三立等文化保守主义者的悲剧性在于既然要启蒙大众实现文化普及，就无法避免雅文化失落的历史命运。对于他们来说，启蒙是唯一的选择，而启蒙导致的雅文化的失落则是他们最不愿意看到，但是却无法避免的结局。这是一个两难的选择，这种选择的二律背反构成近代中国文化变迁的最大吊诡，令任何一个文化保守主义者都无法回避、无法释怀，也造成了陈三立、陈寅恪父子等人深入骨髓的边缘感和孤独感。

此外，任何一种文明的艺术臻于成熟而达到某种难以企及的高度时，后来者必转而寻求新的突破途径，以完成对前人和前代艺术的超越，这也是造成晚清文体艰深化的原因之一。不独中国如此，19世纪末20世纪初，世界范围内的文化都在寻求自身的突围。现代工业文明对人的深刻影响，理性主义在世界范围内的蔓延与发展，促使艺术家们抛弃了传统的审美观，转而寻求表达的深度，这使得原本令人愉悦的艺术变得不再容易理解，造成了艺术的晦涩化。在中国，诗人们打着复古的旗号进行创新，他们的探索步伐显得保守而有节制；在西方，艺术家们走得更远，野兽派、立体派、未来派、超现实主义、达达主义等现代主义艺术流派纷纷登上历史舞台，它们以各种奇思怪想的手法来表现现代人的生命体验，跟我们熟悉的传统艺术迥然相异。以诗歌而论，1857年法国诗人波德莱尔的《恶之花》问世，以"表现精神在恶

---

① 林纾：《致蔡鹤卿书》，《公言报》1919年3月18日。

中骚动"而震惊了法国诗坛。波德莱尔通过艺术的手法，使丑恶变成一件美的艺术品，对传统的审美实现了创造性的颠覆，其美学理论在世界诗歌和艺术史上成为一个重大转折点。在英国，诗人艾略特被称为"现代诗的里程碑"的杰作《荒原》，则糅合了象征主义、意象主义和玄学派的特点，使用了比喻、暗示、联想、对应等象征主义手法及意象叠加、时空交错等现代诗歌表现手段，使得诗歌高度抽象化、哲理化，同时也造成诗歌晦涩难解，使一般读者望而却步。在小说、美术等艺术创作上，现代主义也逐渐取代现实主义和浪漫主义，成为世界艺术舞台的主角。

将中国近代诗歌的晦涩化趋势置于世界现代主义艺术的大背景之下进行考察，并非要给陈三立对千百年来诗歌传统的突破与创新牵强附会地戴上"现代主义"的桂冠。事实上，没有必要将西方式的现代文化强加于以传统形式创作的中国诗人身上，毕竟中国诗歌有自己的发展规律。但是如果说两者之间存在一些共性，都在寻求理性的深度而对传统的浪漫主义和现实主义审美理想作了某种程度的革新甚至颠覆，则是可以接受的。比如荒诞与变形不仅是西方现代主义艺术采用最为广泛的艺术手法之一，同时也是陈三立诗歌的独特面貌之一，它们之间显然是相通的。我们还可以大胆断言，西方现代主义文化与近代中国诗歌晦涩化的趋势，都是现代性的产物。

国内学者在谈到西方现代主义时，多将之归因于现代性造成的人的异化与精神危机，如龙泉明认为："西方现代主义文学虽然形态复杂，头绪纷繁，但它们都具有一个共同的特征，就是相当全面地展示了西方资本主义和现代工业社会动荡变化中的尖锐的社会矛盾和深刻的精神危机，战争对于人类理性与文明的扭曲与破坏，人类在精神上感到自身存在的不合理性和荒诞性，特别深刻地揭示了人类所赖以生存的四种基本关系——人与社会、人与人、人与自然、人与自我方面的严重畸形与异化。"① 近年来，有学者将现代主义归因于审美现代性，认为审美的现代性从一开始似乎就是启蒙现代性的对立面："现代主义艺术为何追求感性、个性、神秘、多变和短暂，这一切都可以从它对已经控制了日常生活的启蒙现代性的反抗角度来加以理解。"② 哈贝马斯在他的著名论文《现代性：一个未完成的计划》中使用了三个相关的概念：审美现代性（aesthetic modernity）、文化现代性（cultural modernity）和社会现代化（societal modernization）。"天才的艺术家能够把本真的表现诉诸他在遭遇自己那非中心化的主体性时所具有的体验，这种体验摆脱了刻板化了的认知和日常行为的种种强制。"③ 按照周宪的解释，审美现代性就是对韦伯所说的"合理化"的质疑与反抗。"合理化"是指社会的、政治的和经济的生活中，人们选择实现目的的手段，甚至所选择的目的本身，都是受制于合乎逻辑的和合理的计算。然而，"当这种启蒙的现代性诞生伊始，一种相反的力量似乎也就随之降生，并随着启蒙现代性的全面扩展而得到了进一步的加强。这种现代性可以表述为文化现代性或审美现代性"④。而审美现代性"不断地反思着社会现代化本身，并不停地为急剧变化的社会生活提供重

---

① 龙泉明：《现代性与现代主义》，《文艺研究》1998 年第 1 期。
② 周宪：《审美现代性与日常生活批判》，《哲学研究》2000 年第 11 期。
③ Habermas，"Modernity：An Incomplete Project"，转引自周宪《审美现代性批判》，商务印书馆 2005 年版，第 69 页。
④ 周宪：《审美现代性与日常生活批判》，《哲学研究》2000 年第 11 期。

要的意义"①。它不仅可以协调"感性冲动"（本能）和"形式冲动"（道德）所导致的人性分裂，而且是通向主体解放的道路，这正是审美现代性的深意所在。

从哲学的高度谈论审美现代性，与艺术家的实际创作相对而言似乎有些过于玄妙。而诗人波德莱尔在他具有深远影响的文章《现代生活的画家》中写道："现代性，意味着过渡、短暂和偶然；它是艺术的一半，另一半则是永恒和不变。"这句话似乎更加切中现代主义艺术的要害。现代性之所以具有这种"过渡、短暂和偶然"，是因为现代生活充满了短暂性、偶然性和破碎性，"现代性是一个悖论的聚合、一个无法聚合的聚合。它将我们推入了一个大漩涡中，那里是永久的崩溃和更新；是争斗和矛盾；是含混和苦痛"，伯曼深刻揭示了现代性对人类心理造成的巨大荒原："虽然发展的进程本身将废墟变成了一片欣欣向荣的社会领域，但与此同时，它也在发展者的内心重铸了一片废墟。"② 因此，现代主义艺术之所以成为我们的艺术，正是因为"它是一门对我们面临的混乱状态做出回应的艺术"③。

按照伯曼的观点，西方现代主义艺术，正是对现代性在人的内心造成的巨大废墟进行的回应。陈三立诗歌中的意象扭曲与变形，亦可作如是观。意象本是中国古典诗歌广泛运用的理论术语，"意"指作者主观方面的思想、观念、意识，"象"

① 周宪：《审美现代性批判》，商务印书馆 2005 年版，第 71 页。

② M. Berman，"All that is solid melts into air"，转引自大卫·哈维《现代性与现代主义》，庄婷译，文化研究网（http://www.cul-studies.com/old/asp/list3.asp? id = 2762&writer = %27harvey%27）。

③ 大卫·哈维：《现代性与现代主义》，庄婷译，文化研究网（http://www.cul-studies.com/old/asp/list3.asp? id = 2762&writer = %27harvey%27）。

即客观事物，包括自然界以及人身以外的其他社会联系的客体。"所谓意象，也就是诗歌艺术最小的能够独立运用的基本单位。"① 意象之说也影响到西方诗学。美国意象派诗人庞德对"意象"做了如下的界定："意象"不是一种图像式的重现，而是"一种在瞬间呈现的理智与感情的复杂经验"，是一种"根本不同的观念的联合"。美国学者勒内·韦勒克在《文学理论》一书中认为，"意象"表示有关过去的感受或知觉上的经验在心中的重现或回忆，是人的感觉的遗留。② 陈三立诗歌中狰狞的柳、冷而大的月和诡异的鼠等变形意象，正象征着他内心的巨大废墟，是他所面临的混乱状态在作品中的反映，也是他内心深处荒诞感、边缘感和绝望感的外在投射。除了柳、月、鼠外，类似的意象还有残阳、夜雨、躁鸦、寒蛩、丑石等。这些毫无生命力的死亡式的意象，不能不使我们联想到艾略特式的"荒原"。在艾略特笔下，象征着春天的"四月最残忍，从死了的／土地滋生丁香，混杂着／回忆和欲望，让春雨／挑动着呆钝的根"③。而在陈三立笔下，在"仲尼已死"的世界，春晴之日不再百鸟啁啾、鲜花怒放，大地不再勃勃生机，而是"劫余处处迷，秃柳迎如鬼"（《春晴携家泛舟秦淮》），夜色中的大地上除了"鸦衔缺月在檐端"，只有"丑石疏枝负手看"（《立春夕对月》）。他们都在以此警示世人：信仰的丧失、精神的死亡是多么的可怕。

---

① 陈植锷：《诗歌意象论》，中国社会科学出版社 1990 年版，第 17 页。

② 勒内·韦勒克、奥斯汀·沃伦：《文学理论》，刘象愚等译，江苏教育出版社 2005 年版，第 211、212 页。

③ 艾略特：《荒原》，查良铮译，《英国现代诗选》，湖南人民出版社 1985 年版，第 46 页。

第三节　陈三立与近代旧体诗的现代转型

美国汉学家宇文所安在谈到中国现代文学史时曾经指出，民国的创立和五四运动可以称之为"大写日期"（the Date）。在中国"大写日期"之后：

> 那些在疆界的这一边继续用传统方式写作的人们成了老朽守旧派，和现代世界格格不入，而且他们的作品，因为不合时宜，简直就算不得数。鲁迅的旧体诗似乎是他"真正的"文学作品的附庸，而不是它们的一部分。古典文学体裁的作品在二十世纪二三十年代仍然有人写，有人看，有人欣赏，但是却变得无关紧要。直到现在也还是如此。①

宇文所安以域外学者的敏感注意到了中国现代文学史的一个奇怪现象，即传统诗歌在现代文学史中的缺席。他认为，五四新文学作家和学者出于斗争的需要，对古典文学史进行了重新选择和阐释，"把传统连根拔除了"。似乎历史悠久的中国诗歌传统在五四以后突然中断，或者——更准确地说，由西方诗歌移植而来的"新诗"几乎在一夜之间取代了古典诗歌，成为文学的正宗。事实上，运用传统的诗歌形式——律诗、绝句、乐府、古风，甚至包括词、曲——进行的创作，在文学革命以后仍然相当活跃，陈三立、郑孝胥、柳亚子等旧体诗人的创作自不必说，甚至陈独秀、鲁迅、周作人、郭沫若、郁达夫、老舍、臧克家、胡风等新文学作家也常常以旧体诗这一被

---

① ［美］宇文所安：《他山的石头记》，江苏人民出版社 2003 年版，第 309 页。

认为是"旧文学"的体裁抒写自己的胸怀，可以说佳作纷呈，名家辈出。然而，在近代以来普遍存在的"现代性焦虑"的驱使下，凡是"新"的就是好的（所谓"新"文学），凡是"旧"的就是腐朽的（所谓"旧"文学），要坚决打倒。这种庸俗进化论的文学观念成为文学史家乃至一般读者的思维定式。于是被新文学史家命名为"旧体诗"的传统诗歌，被抹杀了存在的合法性甚至艺术价值，遭到新文艺和文学史的排斥。很长时期以来，几乎所有国内出版的现代文学史，都没有给旧体诗歌以任何地位——如果有的话，那也是被批判和革命的对象，用以衬托新文学的合法性。即使是专门研究近代诗者，其研究视野也多止于诗界革命派与南社，对民国以后的旧体诗则视而不见——这种情况直到近年才开始有所改变。

在主流文学史家看来，旧体文学是古典的、前现代的，白话文学则是现代的。他们有意无意地将"现代文学"等同于"新文学"，从而抹杀了20世纪旧体文学的现代性。他们内心深处的思维定式根深蒂固：中国的传统诗文、小说等旧文学是前现代的，陈旧的文学形式承载着腐朽没落的封建思想，因而没有任何意义和价值。王富仁的看法十分具有代表性，他说："作为个人的研究活动，把它（原注：旧诗词）作为研究对象本无不可，但我不同意写入现代文学史，不同意给它们与现代白话文学同等的地位。……这里的问题不是它还存不存在的问题，而是一个它在现当代中国的意义与价值问题。"① 在王富仁看来，旧文学是没有意义和价值的，根本不配享有与现代白话文学同等的地位。偏见使他不愿意承认，传统经过变革后其

---

① 　王富仁：《当前中国现代文学研究中的若干问题》，《中国现代文学研究丛刊》1996年第2期。

实与现代并不矛盾。没有传统，现代就是无源之水、无本之木。而传统也并非永远与现代二元对立，经过变革的传统其实正是现代不可缺少的有机组成部分。旧体诗词也是如此。近年来，王德威《被压抑的现代性》、杨联芬《晚清至五四：中国文学现代性的发生》等研究成果的问世告诉人们，早在五四之前，中国传统文学内部已经出现了迥异于古典文学的种种变革，这些变革是如此活跃，以至于是它们而不是五四，才应该代表现代中国文学兴起的最重要阶段。虽然王德威、杨联芬的讨论仅限于晚清小说，但是旧体诗歌同样具有活跃的现代性因素。

从 1895 年梁启超、夏曾佑、谭嗣同等人发起"新学诗"、1897 年黄遵宪在《酬曾重伯编修》中正式提出"新派诗"开始，旧体诗歌就开始了现代化的历程。梁启超提倡的"诗界革命"被公认为旧体诗歌现代变革的重要阶段，然而它也同时被公认为最终是失败了的。但是"诗界革命"的失败是否就是诗歌现代转型的失败，需要我们做进一步的辨析。

在《夏威夷游记》中，梁启超提出了"诗界革命"的纲领性理论：

> 欲为诗界之哥仑布、玛赛郎，不可不备三长；第一要新意境，第二要新语句，而又须以古人之风格入之，然后成其为诗。

梁氏对"诗界革命"的"三长"要求，针对诗歌的思想、语言、审美三个方面。在梁启超那里，新意境指的是"欧洲之真精神真思想"，新语句指主要来自西方的新名词，包含了诗歌的思想现代性和语言现代性。但是梁氏在强调思想现代性和语言现代性的同时，却要求"以古人之风格入之"，这固然有尊重传统的一面，但也表明"诗界革命"对审美现代性的认识不足。"诗界革命"被认为最终是失败的，这与它与政治的关系过于密切、功利性太强有关。在"诗界革命"诸诗人笔下，诗歌不幸沦为社会改良和革命的宣传工具，因而缺少深刻的个体生命体验。同时，"诗界革命"的主要参加者除黄遵宪外，其余诗人才学皆不足以自铸伟辞。但是从整体看，"诗界革命"失败的主要原因，愚以为其实在于思想现代性、审美现代性与语言现代性三者关系的割裂，因而未能创作出真正打动人心的优秀作品。

在探讨"诗界革命"失败的原因时，有两种观点长期以来在学术界颇有市场。一种观点认为，"诗界革命"是清末资产阶级改良派的文艺活动，而改良派在中国是行不通的，因此"诗界革命"注定要失败。这种观点以陈子展为代表："其实那个时候的诗界革命，只算维新说不上革命。而且政治上的维新失败，文学的维新也失败。"[1] 这种论断在逻辑上完全不通，郭延礼曾经撰文指出这种观点不仅缺乏历史主义的观点，而且仍是把文学现象等同于政治问题[2]。另一种观点认为，"诗界革命""在冲破传统诗歌观念和艺术规范的束缚后却未能完成现代白话新诗体的建设"，"没有成熟的现代白话是诗界革命未能创立白话新诗的重要原因"[3]。这种观点先验地认定旧体诗现代化的最终结果应当是而且必须是现代白话新诗体，否则就是不成功的。它要求文学的发展遵从单一的现代性，却不知

---

[1]　陈子展：《中国文学史讲话》，北新书局，1933 年 3 月至 1937 年 6 月。

[2]　郭延礼：《"诗界革命"的起点、发展其及评价》，《文史哲》2000 年第 2 期

[3]　赵萍：《诗界革命》，《信阳师范学院学报》2003 年第 2 期。

自己已经陷入历史决定论的泥潭。这种思维模式，正是王德威所说新文学对旧文学现代性的"压抑"。王德威强调指出：

> 即便在欧洲，成为"现代"的方式也是多种多样的，而当这些方式抵达中国时，它们与华夏本土的丰富传统对抗之际，注定会产生出更为"多重的现代性"。从西方的文化垄断直到中国激进的反传统主义，这些因素使得为数不少的现代性在五四期间被压抑下来，以遵从某种单一的现代性。

胡适、朱自清等新文学作家急于宣布"诗界革命"的失败，正是借此为新文学寻找合法性，在这一过程中，旧文学的现代性被压抑了。但是，"诗界革命"失败了，并不意味着旧体诗现代转型的失败。柳亚子曾经说："辛亥革命总算是成功了，但'诗界革命'是失败了。梁任公、谭复生、黄公度、丘沧海、蒋观云、夏穗卿、林述庵、林秋叶、吴绶卿、赵伯先的新派诗，终于打不过郑孝胥、陈三立的旧派诗，同光体依然成为诗坛的正统。"① 柳亚子将郑孝胥、陈三立等人的同光体视为旧派诗，显然没有认识到同光体诗人在旧体诗现代化过程中的重要贡献。如果将"诗界革命"视为旧体诗现代转型过程中滚滚洪流的话，那么同光体就是旧体诗现代化的一股力量强大的潜流，但是这股潜流所取得的成绩又远远超过表面上的洪流。同光体成功的原因，其实正是"诗界革命"所缺少的，它将思想现代性、审美现代性与语言现代性三者进行了有机的融合，使人感觉不到与传统的割裂。加上诗人的才学远胜于

---

① 《柳亚子佚文·柳亚子的诗和字》，《人物》1980 年第 1 期。

"诗界革命"派和以"南社"为代表的革命诗派，因而产生了大量优秀诗作，从而对 20 世纪旧体诗产生了深远的影响。

陈三立对旧体诗歌现代化的最大贡献就在于，他将审美现代性与思想现代性、语言现代化进行了有机的融合，从而为自宋代以来一成不变的诗歌世界开辟了一个新境界。正如梁启超所说，"其诗不用新异之语，而境界自与时流异。酝深俊微，吾谓于唐宋人集中，罕见伦比"①。梁启超的赞语并非溢美之词，他敏锐地意识到陈三立的绝望感、荒诞感和诗歌的意象变形，与其说是古典的，不如说是现代的。这应当视为中国传统诗歌在近代的一大变异和革新，然而这种变异与革新又是完全建立在传统与本土经验上的，因而缝合了新旧之间的断裂，以致被柳亚子等人误认为旧派诗人。

当然，我们不能据此就断言旧体诗歌的现代转型是完全成功的，陈三立诗歌的意象变形就是完全现代的艺术。但他毕竟为中国文学的现代性提供了一种可能，并且这种可能日益引起人们的注意。

陈三立的创作一直持续到 20 世纪 30 年代。与他同时代以及在他之后，中国传统诗歌不仅并未因五四文学革命而消亡，而且以其顽强的生命力，反映了现代以来人们的民主意识、主体意识的觉醒与现代精神的张扬，对社会变迁的思考，对理性与真理的探索，反映了民族的苦难与伟大的斗争精神。如果考察 1919 年以后的旧体诗歌发展史，那一定会使我们有发现新大陆般的惊喜：原来现代文学史上除了拥有徐志摩、冯至、戴望舒的新体白话诗歌，还有如此丰富的旧体诗歌；在现当代旧体诗人群中，除了毛泽东、鲁迅等因个人政治、文化声望而闻

---

① 梁启超：《饮冰室诗话》，人民文学出版社 1959 年版，第 10 页。

名的诗人外，还有吴芳吉、王礼锡、马一浮、启功、聂绀弩、何永沂、廖国华、滕伟明等众多继承传统、锐意创新的杰出诗人。在这里，历史向我们展示了一个完全不同的面貌。

其实，较为理性的新文学作家，如梁实秋不得不承认："诗并无新旧之分，只有中外可辨。我们所谓'新诗'就是外国式的诗。"① 那么，为什么外来的诗歌形式取代了民族的诗歌形式成为文学的正宗？这是一个值得探讨的问题。随着对这个问题的深入思考，同时也出于对新诗百年来发展历程和当前现状的深刻反省，一个更进一步的问题随之而来：外来的诗歌形式，真的能够取代民族的诗歌形式成为文学的正宗吗？

或许我们暂时不需要急于给出答案。我们需要做的，是冷静下来理性地审视百年来新、旧体诗歌各自的成绩和缺点。

历史往往是难以捉摸的，它总是在不经意间给我们创造一个个难以破解的障碍。吊诡的是，旧体诗歌文学地位的丧失，新诗合法性的最终确立，在极大程度上得力于两位旧体诗人。一位是新文学的创始人鲁迅。他在 1934 年 12 月 20 日致杨霁云的信中写道："我以为一切好诗，到唐已被做完，此后倘非能翻出如来掌心之'齐天大圣'，大可不必动手。"② 另一位是新中国的创始人，同时也是一位杰出的旧体诗人的毛泽东，他在 1957 年给《诗刊》的首任主编臧克家写的《关于诗的一封信》中表示："诗当然应以新诗为主体，旧诗可以写一些，但是不宜在青年中提倡，因这种体裁束缚思想，又不易学。"③ 由于二人在当时文化、政治上的领袖地位，"一切好诗，到唐

---

① 梁实秋：《现代中国文学之浪漫的趋势》，杨迅文主编《梁实秋文集》第 1 卷，鹭江出版社 2002 年版，第 38 页。

② 《鲁迅全集》第 13 卷，人民文学出版社 2005 年版，第 307 页。

③ 《诗刊》创刊号，1957 年。

已被做完"和旧体诗束缚思想不宜提倡这样原本是个人之见的观点，被视为不易之论，无人敢于怀疑。这等于宣判了旧体诗的死刑，其影响之深远恐怕也是二人始料未及的。

现在，我们有足够的理由重新审视这两个观点是否符合历史事实。事实上，现代旧体诗人已经用他们的杰出创作给出了答案。一个崭新的时代，需要用诗歌表达新的情感和人生体验，好诗是永远做不完的，因此诗歌的历史永远不会终结。现代旧体诗固然没有出现李白、杜甫那样的伟大诗人和旷世杰作，但其艺术价值是不容抹杀的。在我看来，现代旧体诗的艺术成就虽不足以与唐、宋诸贤颉颃，但不逊色于元、明、清，与新文学相比也不遑多让，至少它的价值应当得到充分肯定。面对现代旧体诗人的不懈努力，出于对历史负责的态度，我们更没有理由自轻自贱，正如胡迎建在考察民国期间中国旧体诗歌的得失后所说："一个没有诗的民族是可悲的，一个有诗而得不到重视的民族也是可悲的。"①

至于旧体诗"束缚思想"的观点，其实质是认为旧体诗难以适应新的时代需要，难以表达现代思想与情感。胡适曾说："五七言八句的律诗决不能委婉达出高深的理想与复杂的情感。"实际情况如何呢？读一读他们的作品就知道，陈独秀、吴芳吉、王礼锡、郁达夫、陈寅恪、聂绀弩等诗人笔下表达的已完全是现代的思想与情感。甚至比这些人更早一些的被许多人视为"遗老遗少"的同光体诗歌，在诗境的创造方面也达到了前人所未达到的境地。可以说现代人的自由与解放、惨烈残酷的现代战争、光怪陆离的都市生活和环球世界，这些现代思想题材已与旧体诗完全融合在一起，部分作品甚至具有

---

① 胡迎建：《民国旧体诗史稿》，江西人民出版社2005年版，前言第5页。

了西方现代主义的某些特征，但是它们又完全是中国式的。在现当代旧体诗中，传统的形式与现代思想情感很好地结合在一起。尽管形式是陈旧的，但在内容上是全新的。诗人的个人身份也完成了由士大夫向现代知识分子的过渡。这已充分说明旧体诗束缚思想的观点是站不住脚的。

当然，旧体诗的现代化之路并非一帆风顺。直到目前，仍有许多问题没有得到很好解决，如诗歌语言、用韵、新意境的创造，等等。但现代以来众多诗家孜孜以求地努力，毕竟取得了令人惊叹的成绩。即使在经历了"文化大革命"那样极端疯狂的文化摧残后，旧体诗仍然展现了顽强的生命力，伴随着无数受难者的灵魂走过艰难动荡的年代，书写了一个民族的心路历程。在新诗因远离诗性而日益被诗歌女神和读者抛弃的今天，旧体诗仍然拥有众多创作群体。我们可以肯定地说，尽管旧体诗歌已不是现代人们日常阅读的中心，但它始终是现代汉语诗歌的重要组成部分，它的未来仍然是值得期许的。

结语 全球化背景下的身份认同

    1949 年底，为庆祝中华人民共和国成立，《人民日报》连续几期以整版的篇幅发表了胡风的长诗。时至今天，许多人已完全记不得它的内容，但是却清楚地记得它那深具象征意味的题目：《时间开始了》。"时间开始了"，意味着中国从此彻底告别过去，告别半殖民地与半封建的旧社会，告别落后、贫穷愚昧，而走上了一条全新的路，民主、自由、平等、博爱的路。一句话：一条现代化的道路。

    "时间开始了"，象征着对此前历史的彻底否定。

    近代以来，中国都是在不断否定历史的过程中进行着现代化的探索。"现代"的历史被界定为 1919 年五四运动以后，此前的历史被称为"近代"而附于古典社会的末端。更确切地说，时间开始于五四，因为在大多数人看来，五四以后中国才真正步入现代社会。五四之前的历史成为现代的"他者"而有意无意地被人们遗忘了，这种遗忘是意味深长的。

    现代性伴随着资本主义工业化大生产出现，并迅速席卷全球，它最突出的特征是世俗化、工具理性和实证主义。英国社会学家吉登斯指出："现代性指社会生活或组织模式，大约十七世纪出现在欧洲，并且在后来的岁月里，程度不同地在世界范围内产生着影响。"① 福柯在《什么是启蒙?》中把现代性归纳为一种态度: "现代性是一种态度,它使人得以把握现时中的'英雄'的东西。现代性并不是一种对短暂的现在的敏感,而是一种使现在'英雄化'的意愿。"② 利奥塔把现代性看成是一个"大叙事"(grand narrative),"这个叙事虽然假借自由、解放的名义,但实际上却总是由一些特殊的发出者(权力者)建构起来。这就是叙事与权力的关系。借助于这样的叙事,所有与之不合的事物、方式、人,都被排斥出去,所谓'顺之者昌,逆之者亡'。这个'大叙事'带有垄断性、强制性,并成为现代专制的合法性论证"③。我国学者汪晖认为:"作为一个时间概念的现代性,在 19 世纪开始与一个迄今为止仍然流行不止的词联系在一起,那就是'时代'或'新时代'(new age)的概念……它体现了未来已经开始的信念。……现代性概念本身是一个悖论式的概念,现代性本身包含了内在的张力和矛盾。在欧洲,现代性是与世俗化过程密切相关的,因此,它集中地表现为对理性的崇拜,对经济发展、市场体制和法律/行政体制的信仰,对合理化秩序的信念。"④

作为现代性"宏大叙事"的他者,身为文化保守主义者的陈三立无疑属于"逆之者亡"的行列,因而他一度被遗忘也是顺理成章的。不过很难说他是现代性的反对者,只不过他选择了一个不同的方案。哈贝马斯在《现代性:一个未完成的方案》(Modernity:An incomplete Project)中,把现代性定

① [英]吉登斯:《现代性的后果》,译林出版社 2000 年版,第 1 页。

② [法]米歇尔·福柯:《福柯集》,上海远东出版社 2003 年版,第 534 页。

③ 汪晖:《现代性问题答问》,《死火重温》,人民文学出版社 2000 年版,第 5 页。

④ 同上书,第 4—9 页。

义为一个"方案"：它是一个启蒙的方案。他把"主体的自由"的实现看作是这个现代性方案的标志。现代历史过程包含了对这个方案的歪曲、异化和压抑。但是这个现代性的方案是以欧洲为唯一蓝本的。近年来西方现代性受到非西方国家的普遍质疑，多元现代性日益成为思想界的主流。从历史的发展过程看，在非西方国家，现代性建构过程中往往出现多种现代性方案，不同方案之间存在诸多的矛盾冲突，最后诸多方案中居于主导地位的方案一统江湖后，总是对其他方案进行歪曲、异化和压抑，甚至贴上"他者"的标签而进行排斥和压抑。从某种意义上说，历史是可选择的，多种方案竞争下来，只有一种方案取得最终合法性，但这种合法性本身就相当可疑，因此利奥塔才提出"重写现代性"。同理，中国选择了激进主义的现代性方案，但这一方案是否就是最合理的方案，这从它诞生之初就受到广泛而深入的质疑。陈三立等文化保守主义者的现代性方案与激进主义的现代性方案之间最根本的不同就是对传统文化的态度。激进主义将中国近代的落后归因于传统文化，因而主张完全否定传统文化，走的是全盘西化的道路；而文化保守主义则坚守本民族传统文化的主体地位，主张吸取西学的有益成分，重新发掘传统文化的现代价值。陈三立的"体合论"正是如此，这与"中体西用"说有异曲同工之处。不同的是陈三立的"体合论"在坚持中学主体地位的同时，很大程度上消弭了中西、体用的二元对立。

如果将近代中国比喻为一个奄奄一息的病人的话，那么激进主义者与文化保守主义者像两位不同的大夫，都在为医治这位病人而努力。但是激进主义的错误首先在于他们弄错了病因。中国近代之所以落后，原因是极为复杂的，传统文化固然要负一部分责任，但一股脑儿地将责任全部推给传统文化，显然过于简单化、片面化了。任何一个民族的传统文化都有负面价值和正面价值两个方面，就像一枚硬币的正反两面，包括激进主义者所推崇的西方文化亦然。对正面价值视而不见，却无限夸大其负面价值，是武断的、轻率的、不负责任的。在许多人看来，陈三立所坚持的保守疗法似乎要比胡适们的"全盘西化"论更加合理，但这一方案虽然更为理性，但却注定成效缓慢，因而是不合时宜的。与此相反的是，虽然没有诊断出真正的病因，但胡适们所开出的一剂猛药——"全盘西化"——却更易在短时间内见效。激进主义者的第二个错误更为明显：将治病的药当饭吃。是药三分毒，更何况一个现代性的药方！于是，中国从此走上彻底否定传统文化的道路，造成传统的断裂和历史的终结。这不仅是陈三立个人的悲剧，同时也是胡适等激进主义者的悲剧，更是中华民族的大悲剧。

文化总是与权力密切相关。作为儒家信徒的陈三立深刻地意识到，文化的断裂必然导致文化权力的失落，这是他最不愿意看到的。因此他像一个虔诚的宗教信徒一般，义无反顾地担当起"文化托命人"的历史使命。陈三立当然没有"文化殖民"的现代概念，士大夫所坚守的"华夷之辨"，在剔除了中央帝国的闭关自守观念等负面价值后，其实正有反抗文化殖民的现代意义。从世界近代史上看，现代性往往沦为殖民主义、文化帝国主义的帮凶与共谋。对于非西方世界来说，西方现代性霸权的建立还伴随着殖民的过程。在阿拉伯的大部分地区，殖民主义竭力要在阿拉伯人的头脑中深深植入一个概念：在殖民主义到来之前，他们所具有的是一段野蛮的历史。于是，"西方文化被等同于文明，而非西方文化天生就下贱。这种西方的霸权在 19 世纪时不仅欧洲人而且非欧洲人都认为是理所当然。在人们看来，西方的优势地位几乎是天经地义，是由上帝安排的"①。这种文化上的自卑、对本民族文化的疏远和对西方强势文化的艳羡之情在陈三立生活的年代成为中国新文化运动知识分子的普遍观念，并在此以后深深地扎根于中国知识分子的头脑深处，至今仍牢牢主宰着知识界和普通民众。

与原有文化疏远，这是殖民时代的一个突出特征。文化殖民与正常的文化交流、文化融合不同，它具有一种暴力式的霸权色彩，具有对原有本土文化的排他性，对原有文化形成一种破坏性的冲击。弗朗慈·法侬在谈到非洲文化殖民的后果时曾痛心地写道："（非洲）本土知识分子曾贪婪地追求西方文化。正如同那些被收养的孩子，当他们在心理上开始有了一些安全感，就会停止对其新家庭结构的思索，而本土知识分子会努力使欧洲文化成为自己的文化。他们不会以熟悉拉伯雷和狄德罗、莎士比亚和埃德加·爱伦·坡为满足，他们要把那些东西尽可能紧密地结合到自己的智慧中去。"② 令人忧虑的是，在长期以来几乎只有西方理论在言说的中国，本土知识分子同样在努力使欧洲文化成为自己的文化，视之为"现代化"并尽可能紧密地结合到自己的智慧中去。强国之梦和自卑心态，造成了普遍的焦灼和浮躁，强化着民族心理的大分裂。西方文明和价值观念构成了虚假的现代文化，并且逐渐成为中国知识分子思考问题的逻辑范畴和价值体系，传统被视为现代性的"他者"而被不加选择地彻底抛弃。

近百年来，随着现代民族意识的出现，日本、韩国等儒家

---

① ［美］斯塔夫里阿诺斯：《全球通史：1500 年以后的世界》，吴象婴、梁赤民等译，上海社会科学院出版社 1999 年版，第 239—240 页。

② ［法］弗朗慈·法侬：《论民族文化》，巴特·穆尔－吉尔伯特等编《后殖民批评》，北京大学出版社 2001 年版，第 167 页。

文化国家出现了"去中国化"的潮流。殊不知作为儒家文化的发源地，中国本土的"去中国化"运动其实更加彻底和激烈。这种令人惊讶的趋势在"文化大革命"中达到顶峰，并且至今仍在发生巨大而深远的影响。事实上，包括非洲在内，近代以来还没有哪个国家像中国那样激烈、彻底、决绝地批判、反对和抛弃自己的传统文化。传统的"原罪"，使中国文化在现代化进程中，不仅成为西方文化凝视（gaze）中的次等文化，而且成为中国人自身凝视中的次等文化。在几乎所有自视"革命"的"新"知识分子的内心深处都有一种"文化弑父"的冲动，并以此为自豪。这种"文化弑父"情结和"自我殖民"的主动选择，是近代以来中国现代性建构的最重要特征之一。最终我们尴尬地发现，当我们使用"现代"这个观念的时候，就自觉与不自觉地以西方作为唯一范型。西方概念不可避免地承担起"代表"东方现代文化观念的责任，于是中国现代的思想文化成为西方文化的附庸，民族文化的历史在现代被自我终结了。

正是这样一种尴尬促使中国学者提出这样的问题："在检讨'现代性'本身的得失之前，先要问：这是'谁'的'现代性方案'？"① 这一问题的提出，是对长期以来支配中国知识分子的西方现代性是世界普遍而同一模式思想的强烈质疑。具有讽刺意味的是，这种现代式的追问，竟然与近百年前近代文化保守主义的追问何其相似。陈三立等近代思想家近乎顽固地坚持"中学为体"、"体合论"，强调"夷夏之辨"，坚持"国性一线之存"，甚至"不惜以身殉之"，正是出于一种对"被

---

① 汪晖：《韦伯与中国的现代性问题》，《汪晖自选集》，广西师范大学出版社 1997 年版，第 9 页。

殖民"可能的忧虑和对民族身份丧失的恐惧。陈寅恪曾自言"平生为不古不今之学，思想囿于咸丰同治之世，议论近乎曾湘乡张南皮之间"①，实是指他信奉"中学为体，西学为用"之说而言，甚至至死不变，从不随俗转移。陈寅恪毕业坚持"中体西用"论，其实是对陈三立思想的继承。近数十年来，国内学者每谈起"中体西用"理论，多斥之为反动、保守之说，而缺乏陈寅恪所说"同情之了解"。其实《劝学篇》固然含有不少维护封建专制主义制度和纲常名教的内容，但今天看来，"中体西用"具有相当的理论弹性，早已经超越了《劝学篇》的理论局限，随着时代的发展出现了理论的"延异"。它确立的不仅仅是以中学为主体，中西兼容的文化体系，更重要的是为我们提供了"一方面吸收输入之外来学说，一方面不忘本来民族之地位"的民族文化本位的现代性方案，这也是陈寅恪所理解的"中体西用"。从这个角度而言，"中体西用"实是近代文化保守主义者对"谁的现代性"问题的回答。正如陈寅恪所说："中国应走第三条路线，独立自主，自体其民族之道德、精神文化，而不应一边倒，为人附庸。"② 陈寅恪此言，主要是指当时政治而言，但又不能仅仅视之为对当时政治路线问题的看法，现今看来更具有文化路线的方向性意义，否则就无法理解其"独立之精神，自由之思想"的真正含义。"独立之精神，自由之思想"，就个人来讲，是指知识分子的现代独立精神和自由品格；就国家与民族而言，是民族精神和文化之独立与自由，也是现代民族国家主体性建设和身份认同

---

　　① 　陈寅恪：《冯友兰〈中国哲学史〉（下册）审查报告》，《陈寅恪集·金明馆丛稿二编》，三联书店 2001 年版，第 285 页。

　　② 　《吴宓日记续编》第 5 册，三联书店 2006 年版，第 160 页。

的必要前提。

"谁的现代性"在当下之所以成为问题,是因为在当今全球化已经成为历史发展不可逆转的大势,几乎世界各国都遭遇了文化身份(Culture Identity)认同的困惑。现代性诞生之初,就伴随着全球化的进程。第二次世界大战以后,随着科学和信息技术的进步,以西方资本主义为主导的全球化的浪潮迅速席卷地球每一个角落。法国思想家鲍德里亚断言:"现代性是一个特殊的文明模式,它不同于传统,也即不同于其他一切先前的或传统的文化:传统文化在地理上和符号上是异质的;而现代性发轫于西方,然后传遍全世界,世界由此成为同质的世界。"① 这种同质化过程不仅是物质层面,而且最终触及文化层面这个所谓"全球化过程的最后一个堡垒",文化全球化日益成为一个难以否认的事实。世界各地的人们尽管历史不同,文化背景各异,但他们穿的是同样的牛仔裤,喝的是同样的可口可乐,吃的是同样的麦当劳,看的也是同样的好莱坞电影,本民族的文化特征正迅速消失。正如联合国教科文组织报告《多种文化的星球》所指出的,全球化出现了"一种文化被另一种文化所摧残"这种如同"一个现存特种的消失"一样的现象②,这种现象令哈贝马斯发出这样的疑问:"有多少不能再被创造的文明成就会因此而陷于'创造性的摧毁'?"③ 捷克思想家哈维尔指出:"我们现在是生活在一个全球性的文明里。由于不断进步的现代观念及其固有的扩张主义,以及直接

---

① Jean Baudrillard, *Forget Foucault*, New York: Semiotext, 1987.

② [美]欧文·拉兹洛编:《多种文化的星球:联合国教科文组织国际专家研究报告》,戴侃、辛未译,社会科学文献出版社2004年版,第9页。

③ [德]哈贝马斯:《全球化压力下的欧洲民族国家》,中国社会科学院哲学研究所编《哈贝马斯在华讲演集》,人民出版社2002年版,第112页。

来自它的迅速演变的科学，在短短的几十年内，我们的星球就被一种单一的文明所覆盖，这在人类漫长的历史中还是第一次——这种文明基本上是技术性的。"① 从某种意义上，全球化实际上正是全世界范围内的资本主义化、美国化、西方化。

由全球化而引发的世界文化生态的危机和同一化趋势，引起了有识之士的忧虑。当世界各国主动或被动地迎接全球化时代到来的同时，他们又努力地保持自身民族国家特性不迷失于"全球化"之中，文化身份的认同无疑在全球化时代已经成为非常尖锐的问题。越是在全球化的状态下，越需要民族身份认同。它所要解决的是"我是谁"、"我从哪里来"、"我向哪里去"的问题。当一个人在各种文化传统的对立、冲撞中无所适从的时候，他（她）就必然陷入认同危机，而这种危机势必带来人的主体性和价值感的失落。

在中国，由于近代以来"全盘西化"成为现代性建构过程中的事实选择，传统文化没有被西方抛弃，却被自己所抛弃。伴随着经济改革的巨大成功，当民族文化自我觉醒的时代到来时，人们对身份认同的渴望更甚。在这一历史背景下，重新审视并汲取陈三立的思想资源是有益的。

尽管对清朝怀有深深的依恋感，但这并不能阻止陈三立成为20世纪前二十年最杰出的文化思想人物之一。以"文化托命人"自许的诗人陈三立和继承了其文化理想的陈寅恪，如虔诚的宗教使徒一般，知其不可为而为之，探索中国文化的未来之路，苦心孤诣地维护传统文化的主体性。这种强烈的"文化托命人"意识，源于一种"子能覆楚，我必复之"的历

---

① ［捷］哈维尔：《全球化的祸福》，转引自王岳川《发现东方：西方中心主义走向终结和中国形象的文化重建》，北京图书馆出版社2003年版，第213页。

史责任感和注定悲剧结局的文化理想。陈三立如先知般预见到文化毁灭给民族带来的灾难性后果，因此严厉批判"全盘西化"论者全面否定民族文化典籍、艺术、文学等传统文化的主张，认为盲目反传统将使传统文化、艺术等遭到毁灭性破坏，其危害更甚于秦始皇焚书坑儒。他对"全盘西化"论的批判，对儒学和宗法制度、"纲常名教"的全力维护，对传统中反人性思想内容不遗余力的批判，是相反相成、矛盾而统一的。他主张"体合论"，要求以孔子学说为本位，折中百家，广泛吸收各家思想的有益成分，使儒学得到进一步发展，为中国文化指明了发展的方向。百年以后，后人重读他的这些论述，仍有历久而弥新的感觉，至少不失为一针有益的清醒剂。陈寅恪继承了陈三立维护民族文化主体性的文化理想，他所提出的"独立之精神，自由之思想"不仅是对知识分子独立人格和自由精神的要求，更意味着一个国家和民族的民族精神和思想文化的独立性与自主性。这正是梁济所称的"国性"，现代知识分子所呼唤的"中华性"，也是对"谁的现代性"问题的最好回答。

作为一位杰出的诗人，陈三立从极为丰富的诗歌遗产中汲取营养，并成功地超越了前人的成就，以不同凡响的艺术创作延长了传统诗歌的艺术生命，成为近代旧体诗歌的大家。相比较"诗界革命"和其他同光体诗人，他在旧体诗歌现代化的历程中取得了扎扎实实的艺术成就，从而证明了传统文化和传统艺术的顽强生命力。这在旧体诗歌等传统的艺术形式早已失去正统地位的今天，尤其具有象征意义。

不可否认，陈三立的思想中也充满了种种矛盾。作为一个自幼就浸淫在旧文化之中的士大夫，他对西学的认识还相当肤浅，这使他在波谲云诡的中西文化大冲撞的大背景下，不可能真正解决中西文化的问题。他意识到必须最大限度地吸取西学以弥补中学的不足，但他并不能够真正了解西学的全部价值，自然也就无法理解激进派"全盘西化"论的某些合理之处。他是一个"浓厚之人道主义者"，其诗中"满含悲悯之旨"，并对传统中反人性的理学糟粕进行了深刻的批判，但是对宗法、纲常等精英与糟粕并存、人文与反人性因素复杂交错的传统观念却又缺少辨别和区分地加以维护，这都使他不得不陷入难以自拔的矛盾之中。对以儒学为代表的传统思想文化失去合法性的残酷现实，他表现了深深的忧患感和悲剧感，并提出了儒学发展的理想道路，但是究竟如何"体合"，他的思考还是相当模糊的，因而始终无法完全超越"中体西用"的理论局限。在他的思想中，深刻与肤浅并存，系统性与破碎性并存，因而他始终只是一位杰出的诗人，而不是杰出的思想家。陈寅恪继承并发展了陈三立的文化理想，他在对南北朝至唐代中国文化转型的历史进行详细考察的基础上，基本形成了比较系统的文化发展观，并最终提出了"独立之精神，自由之思想"的文化发展观，这较之他本人所信奉的"中体西用"理论其实更加深刻。陈寅恪的思想成就在很大程度上应该归功于其父陈三立，正是陈三立的思想探索最终成就了陈寅恪。陈三立固然无法超越他的时代，但他思想和艺术创作中的某些因素却是超时代的，尤其在今天仍然具有值得思考的特殊意义。

附录　陈三立年谱

咸丰三年（1853），癸丑，先生1岁。

先生名三立，字伯严，号散原，江西义宁州人，右铭公陈宝箴长子。

其先自闽上杭来迁，高祖腾远，字鲲池。曾祖克绳，学者称韶亭先生，年八十余卒。祖父伟琳，字琢如，生于嘉庆三年十一月九日。国子监生。以侍母疾精中医之学，知名于乡村间。"以太淑人体羸多病，究心医家言，穷极灵枢素问之精蕴，遂以能医名。病者踵门求治，望色切脉，施诊无倦。"（郭嵩焘《陈府君墓志铭》）著有《北游草》、《松下谈》、《松下吟》、《劝学浅语》、《劝孝浅语》等，不传。子三人：树年；观瑞，早卒；宝箴，即先生之父。

先生之父名宝箴，谱名观善，字右铭，号四觉老人，伟琳公三子。生于道光十一年正月十八日（1831年3月2日）。7岁始入塾，谓其师曰："昨有不能寐者三人。"塾者诘谁何，则曰："吾父、吾母及我是也。"少负志节，诗文皆有法度。娶黄氏，义宁老儒黄彩意女。咸丰元年（1851），21岁，以附生举辛亥恩科乡试。时逢太平天国之乱，宝箴从父治乡团，义宁团练名一时。

九月二十一日，先生生于江西义宁州竹塅里（今江西省修水县义宁镇桃李片竹塅村）。"三立"之义，出自《左传》："太上有立德，其次有立功，其次有立言。"时正当太平天国之乱，母黄夫人负先生避兵乱走邻县界。"咸丰三年，不孝三立生。岁余，避粤寇走邻县界，夫人常襁负不孝，夜群奔。一夕逢乱兵，伏道旁林中，同行妪语夫人持絮塞儿口，夫人恐儿死，不听，儿幸卒不啼。"（《诰封一品夫人先妣黄夫人行状》）

咸丰四年（1854），甲寅，2岁。

八月二十一日，先生祖父伟琳公卒，年57岁。（郭嵩焘《陈府君墓碑铭》、《义门陈氏宗谱》）伟琳公既卒，宝箴哀昏得狂疾，愈后仍与太平天国军作战。（范当世《故湖南巡抚义宁陈公墓志铭》）

咸丰五年（1855），乙卯，3岁。

先生元室罗孺人生。

咸丰六年（1856），丙辰，4岁。

弟三畏生。三畏名绎，字仲宽。"生于咸丰五年五月二十二日，后余三岁也。"（《弟绎年义述》）

按，先生此处记载有误，如三畏生于咸丰五年，则后先生两岁。《季妹圹志铭》："季妹金龄殁于咸丰十一年七月某日，年才三岁，而余九岁，弟三畏六岁也。"据此推断，三畏当生于本年。

咸丰八年（1858），戊午，6岁。

宝箴据母命，以次子三畏为仲兄观瑞嗣。观瑞小字长复，生三岁，以痘殇。（陈宝箴《陈公观瑞墓志》）

本年，先生与伯父树年长女德龄共入邻塾读书。"姊为吾伯父树年公长女，母张宜人，与余同岁生。六岁俱就邻塾读，佣者左右肩负入塾，及夕又共负以归，故姊于余绝爱，诸弟妹莫能。"（《大姊墓碣表》）

咸丰九年（1859），己未，7岁。
季妹金龄生。

咸丰十年（1860），庚申，8岁。
宝箴入赴庚申会试，落第留京师三岁，得交四方隽异方雅之士，而于易佩绅、罗亨奎尤以道义经济相切摩，有三君子之目。英法联军陷京师，火烧圆明园。时宝箴在北京酒楼，见圆明园火，捶案大号，尽惊其座人。"咸丰之世，先祖亦应进士举，居京师。亲见圆明园干霄之火，痛哭南归。其后治军治民，益知中国旧法之不可不变。"（陈寅恪《读吴其昌撰〈梁启超传〉书后》，《寒柳堂集》）不久，抵湖南，就易佩绅、罗亨奎"果健营"击拒石达开军。"石达开以十万众来犯，粮且尽，公乃风雪中著单絮衣走永顺募粮，矢与营士冻饥，感动郡守，输银米济军，而守益坚。寇不逞，引去。"（范当世《故湖南巡抚义宁陈公墓志铭》）八月，英法联军攻陷北京，咸丰帝逃往热河。联军抢掠、焚毁圆明园；九月，恭亲王奕䜣与英、法、俄分别签订《北京条约》。

咸丰十一年（1861），辛酉，9岁。
与弟三畏同学于四觉草堂。"方春夏时，风雾合雷雨飘震楼壁，危动群山汉沉然，余则持君，瑟栗呼：'弟无恐。'君阳高吟，杂以笑语，欲以乱吾意。"（《弟绎年义述》）

先生少好读书，伯父树年爱逾己出。“吾长子三立，自其少时颇好读书，或时不措意服食，伯兄则目注神营，旦暮凉燠之变必亟时其衣襦，饮啖必预谋适其所嗜。孩提至壮，跬步动止，无一息不以萦其虑。”（陈宝箴《诰封奉政大夫陈公滋圃墓表》）

七月，季妹金龄卒，年才三岁。“妹生而端好，机敏绝人。父与兄外归，施施迎于门，而乃奔告祖母：‘父归矣，兄归矣。’母病，守床隅，终夜不肯寐。群儿嬉，惊祖母、母寝，常呵止之。其殁也，得厉疾，以医弗良，遂不救。殁之顷，余父惧余兄弟暴哀，引之他室，再宿而还。母强欢颜以待，问妹，则曰：‘为长姑负去，经三年而后得归。后慎勿问，问则有神击妹，妹痛即不瘳。’于是余兄弟不敢复问妹。每出归，则门外闻母哭声。既数年，余将试于州学，始知妹已死。”（《季妹圹志铭》）

七月十七日，咸丰帝卒于热河。九月，慈禧发动政变，逮捕载垣、端华、肃顺等八大臣。载淳即皇帝位，改元同治。慈禧、慈安两太后垂帘听政，史称辛酉政变。

同治五年（1866），丙寅，14岁。

约于此年，先生始出应州试。“余年十四五始出应州试，其时姻娅朋伍寻逐过从，尤号相得者，则云翩朱君也。君先余一岁，长身玉立，洁濯外饰，被服丽都，顾意度萧远，不屑屑人世声利事，若既有以自守者云。尝与君登郭后鸡鸣山寺，方春时，花树萝竹荫被崖径，紫采翠光葳蕤荡摩，香蔼四极。两人者徒倚陟降，以杂哦吟；竟日晏不顾返。”（《朱云翩墓志铭》）

是年六月，郭嵩焘罢广东巡抚任，归湖南闲居。

同治七年（1868），**戊辰**，16 岁。

同治六七年间，父宝箴以知府发湖南候补。暂系于本年。"曾公移督直隶，府君至是亦欲就官邻省，便养母，遂入觐，以知府发湖南候补。"（《先府君行状》）不久，全家迁居长沙。时郭嵩焘自粤抚离职回湘，以为宝箴"倜傥多才略"，"见解高出时流万万"（《郭嵩焘日记》），其推重宝箴如此。

同治十年（1871），**辛未**，19 岁。

陈宝箴以功擢道员，居长沙，与郭嵩焘、易佩绅等交往。

"陈幼谂，张力臣过谈。幼谂以举人由席研香保知府指省，于事务最为谙练，所言多中肯綮。"（《郭嵩焘日记》第 2 册）

"予读右铭《疏广论》，以为兼有南丰、庐陵之胜。已而出示此帙，则右铭十余年踪迹，与其学术志行，略其于斯。其才气诚不可一世，而论事理曲折，心平气夷，虑之周而见之远，又足见其所学与养之邃也。予不足以知文，而要知右铭之文，非众人之所晓。因其文而窥知其所建树，必更有大过人者。然则右铭所以自豪于此者，又岂少哉。"（《郭嵩焘日记》第 2 册）

同治十一年（1872），**壬申**，20 岁

六月，父宝箴赴黔筹抚降苗，苗地赖以安。

同治十二年（1873），**癸酉**，21 岁。

先生侍父在湘，居长沙闲园。

正月十六日，梁启超出生。

秋，先生至南昌应试。是年，入赘罗亨奎酉阳知州官所，娶罗氏女，罗孺人年方十九。"年十九，外舅知酉阳州，赘余于官。及来归，余祖母爱之逾诸孙女，余母爱之逾其女也。……孺人沉厚寡言如其父，于余容顺而已，然务规余过，言皆恳切。余尝醉后感时事，讥议得失辄自负，诋诸公贵人，自以才识当出诸公贵人上，入辄与孺人言之，孺人愀然曰：'有务为大言对妻子者邪？'余为面惭不能答。"（《故妻罗孺人行状》）

同治十三年（1874），甲戌，22 岁。

应陈宝箴之请，郭嵩焘为伟琳公撰墓碑铭。（《郭嵩焘诗文集》）

十二月，同治帝卒。

光绪元年（1875），乙亥，23 岁。

宝箴署湘西辰沅道事，治凤凰厅（今湖南凤凰县），教当地以薯为粮，"将薯刨丝晒干，可久藏不坏，可掺大米蒸成饭"（《郭嵩焘日记》第 2 册）。

先生以文才初露头角，序《鲁通甫集》。

光绪二年（1876），丙子，24 岁。

长男衡恪生，乳名师曾，后以为字。

九月初七，祖母李太夫人病卒，得年 78 岁。（郭嵩焘《陈母李太夫人墓志铭》、《义门陈氏宗谱》）

光绪三年（1877），丁丑，25 岁。

居长沙闲园。廖树蘅馆于陈氏闲园，课先生弟三畏、子衡恪。"是岁馆陈氏闲园，在长沙局关祠右。学生三人，陈公次

子三畏，兄子三恪，侄婿黼丞。时公以内艰辞去戎政，无笺奏
之烦，专主课徒。公营葬平江。公子三立，字伯严，同居园
舍。五月，隆无誉观易与湘乡王文鼎来家。园誉有嵇绍之痛，
遁迹梅山二十年。此次为怨家牵涉，拟游关陇避之。予引之闲
园，与宁州父子相见。宁州赏其诗，为之序行，所谓《罘恩
山人集》也。临别赠诗。七月，因事暂归，伯严赋诗两首。"
（《廖树蘅自订年谱》，见徐一士《一士类稿》）

光绪四年（1878），**戊寅，26 岁。**

妻罗氏生子不育。

与毛庆藩、廖树蘅游。

腊月，送弟三畏就婚永州。"是岁馆闲园。三月，丰城毛
庆藩实君来湘，同寓园庐。四月，伯严邀同实君作麓山游，作
游记一首。六日复与两君游衡山，寓祝圣寺，听默安上人谈
禅。……腊月，伯严送其弟就婚永州。"（《廖树蘅自订年谱》）

光绪五年（1879），**己卯，27 岁。**

赴南昌应试，与文廷式相识。

闰三月，郭嵩焘卸驻外公使任回国，定居长沙。"郭公方
言洋务负海内重谤，独府君推为孤忠阔识，殆无其比"（《先
府君行状》）。郭推重先生之才，尝谓："陈伯严、朱次江，皆
年少能文，并为后来之秀，而根底之深厚，终以陈伯严为
最。"（《郭嵩焘日记》第 4 册）

光绪六年（1880），**庚辰，28 岁。**

正月，次子同亮生。"有儿在乳，其兄五龄。"（《故妻罗
孺人哀祭文》）罗氏卒后，同亮亦殇。

七月，父宝箴改官河北道（河南省之河北道，治武陟），先生携家侍父赴任。

临行，郭嵩焘登门送行，首识先生。"七月廿一日。以陈右铭明日赴河北道，夜往谈。适邹少松、朱香荪并至，因留饮，并见其子伯严。"（《郭嵩焘日记》第4册）此前，郭氏曾阅先生之文，激赏不已。"阅陈三立（旁注：伯严），朱文通（旁注：次江）所撰古文各一卷。次江笔力简括，而不如陈君根柢之深厚，其与袁绶瑜论《汉学师承记》一书，尤能尽发其覆，指摘无遗，盖非徒以文士见长而已。"（《郭嵩焘日记》第4册）

次颍水之溜犊湾。十月初五，夫人罗氏病卒于溜犊湾，得年26岁。"孺人病当弥留时，余母抱五岁儿师曾问疾，孺人辄呼曰：'师儿，而母何日病起乎？'儿漫应曰：'明日。'孺人曰：'当后日耳。'果越二日而卒。"（《故妻罗孺人行状》）

光绪七年（1881），辛巳，29岁。

侍父在武陟任所。

宝箴以为学之为用，实为世运人材升降之原，乃筑致用精舍，授资购群书，延名师课之。"宝箴不敏，少湛于俗，不学堕废，长而妄有意当世，窃尝与于见闻之末，乃信学之为用，实为世运人材升降之原。会分守河北，不避僭妄延访隽异有志之士，与为讨论，筑精舍以居之。储典籍，立规则，延师儒以为之导，使之优游于学问思辨之中，见诸行事，而希古者有用之学。"（陈宝箴《致用精舍记》）

十一月二十日，先生伯父树年卒，得年59岁。"其病居屺阿也，以吾长子妇罗新丧，为亟营葬，得斯穴，如吉卜，疾且革，遗诫：'毋以兹穴葬我。'既殁，三立涕泣曰：'是吉壤

也。伯父为慈至矣！吾属纵不能自致，奈何为不义？'乃卒厝而葬之。"（陈宝箴《诰授奉政大夫陈公滋圃墓表》）

光绪八年（1882），壬午，30岁。

正月，以所著诗文寄郭嵩焘，郭氏颇为激赏。"又接陈伯严寄示所著《杂记》及《七竹居诗存》、《耦思室文存》，并所刻《老子注》、《龙壁山房文集》五种。……伯严年甫年冠，而所诣如此，真可畏。"（《郭嵩焘日记》第4册）

秋，还南昌乡试中举，座师陈宝琛。时题为以"岁寒然后知松柏之后凋"，先生不以时文（八股）答卷，而以古文答之。初选时曾遭摒弃，后被主考官陈宝琛发现，大加赞赏，破格予以录取。（陈小从《先祖散原老人轶事数则》）

试后至长沙，娶绍兴望族俞文葆女。"余侍余父分巡河北，已免前妻罗淑人之丧，归应乡试，道长沙，故人李太守有棻之妻，淑人之从姊也，李传其妻之言曰：公子诚续图娶者，无如吾妹贤。力媒合，于是试后就赘焉，淑人年十八也。"（《继妻俞淑人墓志铭》）俞氏名明诗，字麟洲，时年18岁，擅书法、古琴，亦能诗。

是年秋，宝箴擢升浙江按察使。

光绪九年（1883），癸未，31岁。

陈宝箴抵杭州，就浙江按察使职，仅数月，因河南武陟任内狱事，被（张佩纶）诬劾免，返长沙，自放山水间。"初，河南临刑呼冤，王树汶本盗也，言者掇以闻，命总河巡抚杂治，既定谳，总河强府君与其狱，因诖吏议。顷之，有副都御史张佩纶劾府君，至京师，营营干讯吏，语绝诬蔑。府君曰：'一官进退轻如毫毛比，岂足道哉？然朝廷方以言语奖进天下士，不思竭忠补阙，反声气朋比，颠倒恣横，恐且败国事，吾当不恤自明，藉发其覆，备兼听。'因抗疏申辨，且推及言路挟持弄威福之由。诏下阎文介公察问，阎公首鼠两解之，府君遂归，自放山水间。"（《先府君行状》）

光绪十年（1884），甲申，32 岁。

仍居长沙。宝箴为冯桂芬《校邠庐抗议》撰序。

七月，清廷下诏对法宣战。

光绪十一年（1885），乙酉，33 岁。

卞宝第欲致先生入幕府，以其虚浮无实，不通洋务，未应。"卞公闻之李香缘，以陈伯严优于文，谋致之幕府。伯严以其先施也，往见之。出而见语，所言虚浮无实，无适听者，于洋务尤远。彼此言论不能相入，而可以共事乎？"（《郭嵩焘日记》第 4 册）

夏六月二十三日，葬伯父树年于百步岭。

光绪十二年（1886），丙戌，34 岁。

春，先生会试中式。"闻陈右铭至，一往慰问，辞不见。见进士报，门人中式者二人，一李杜生，一余尧衢；而陈伯严与焉。三人皆佳士也。"（《郭嵩焘日记》）以楷法不中律，格于廷试。（张求会《陈三立丙戌"未应殿试"考辩》）在京友朋文酒，盛极一时。"丙戌会试入都，四方之士云集，如陈伯严、文芸阁、刘镜仲、杨叔乔、顾印伯、曾重伯、袁叔舆辈，友朋文酒，盛极一时。……伯严是时，于此体（诗钟）尚不甚工，'来本鹤膝'所为一联云：'如我更多来日感，劝君莫作本朝文'。"（易顺鼎《诗钟说梦》）继而抵上海。

五月，返长沙，参加释芳圃、敬安所开碧湖诗社，从郭嵩焘论文论学。

九月，两广总督张之洞奏调宝箴至粤，任辑捕局，治群盗。十一月启行，郭嵩焘送之。本年四月，弟三畏卒于长沙，年31岁。"四月，陈生三畏暴亡，寓通泰街蜕园，父兄均不在。余临其丧，一哀出涕。"（《廖树蘅自订年谱》）

光绪十三年（1887），丁亥，35岁。

仍居长沙蜕园。与郭嵩焘、罗顺循、文廷式、王闿运、释敬安等交往，文酒之会，几无虚日。

夏秋间，河决郑州，宝箴往助治水塞河，为李鸿藻谋划。河员群起阻难，李不能决，及悟，已不能及。久之河乃塞。

是年，光绪帝始亲政。

光绪十四年（1888），戊子，36岁。

正月初四，次男隆恪生。

冬十月丙申，作《弟绎年义述》。

光绪十五年（1889），己丑，37岁。

二月，与王闿运、瞿鸿礽等乘船离长沙，抵沪。

四月，在京应殿试，成进士，授吏部主事，为正六品。时部吏弄权，积重难返，先生未尝一日居官。"时有吏部书吏某冠服来贺，散原误以为搢绅一流，以宾礼接见；书吏亦昂然自居于敌体。继知其为部胥，乃大怒，厉声挥之出。书吏惭沮而去，犹以'不得庶常，何必怪我'为言，盖强颜自饰之词，散原岂以未入翰林而迁怒乎？部吏弄权，势成积重，吏部尤甚，兹竟贸然与本部司员抗礼，实大悖体制，散原折其僭妄，弗予假借，

亦颇见风骨。散原非无经世之志，而在部觉浮沉郎署，难有展布，未几遂修然引去，侍亲任所。"（徐一士《一士类稿》）

湘抚王文韶上疏荐"陈宝箴大可用"，宝箴遂被召入都。

光绪十六年（1890），庚寅，38 岁。

仍赁居长沙通泰街周达武提督宅。正月十八，父宝箴六十初度，有《侨寓湘中六十初度避客入山咏怀》六首，又称《寓感六章》。（《陈寅恪先生编年事辑》、《陈宝箴集》）

五月十七日，三子寅恪生于长沙。

十月十七日，父宝箴授湖北按察使，视事三日，改署布政使。先生随侍湖北任所。

光绪十七年（1891），辛卯，39 岁。

侍父武昌官署。时张之洞为湖广总督，建两湖书院，先生任都讲。"当是时，张文襄方督湖广，竞兴学，建两湖书院，选录湖南北高才数百人，设科造士，海内通儒名哲就所专长延为列科都讲，特置提调员，拔君董院事。余以都讲或阙，谬承乏备其一人焉。院中前后凿大池，长廊环之，穿楼复阁临其上，岁时佳日，辄倚君要遮群彦联文酒之会，考道评艺，续以歌吟，文襄亦常率宾僚临宴杂坐，至午夜乃罢，最称一时之盛。"（《〈余尧衢诗集〉序》）

六月十三日，郭嵩焘卒，得年 73 岁。

冬十一月十五日，四子方恪生。

光绪十八年（1892），壬辰，40 岁。

父宝箴还任湖北按察使。先生在武昌侍父，与易顺鼎、梁鼎芬、张之洞过从。张之洞时任鄂督，尝聘先生校阅经心、两湖书院卷，先施往拜，备极礼敬。（钱基博《现代中国文学史》）先生虽未入张之洞幕，然常为之洞座上客。

光绪十九年（1893），**癸巳，41 岁**。

三月初三，女康晦（1893—1962）生。

春夏间，偕易实甫、范仲林、罗达衡等游庐山。其诗存于《庐山志》。

父宝箴复署湖北布政使、直隶布政使，先生随侍。

秋，过杨守敬藏书楼，遍览所藏金石秘籍，中有日本所得宋椠《黄山谷内外集》，为海内孤本，颇欲广其流传。

光绪二十年（1894），**甲午，42 岁**。

正月，为汪康年《振绮堂丛书》撰序。序云："吾观国家一道德同风俗，盖二百余年于兹矣。道咸之间，泰西诸国始大通互市，由是会约日密，使命往还，视七万里之地如履户阈，然士大夫学术论议亦以殊异。夫习其利害，极其情变，所以自镜也。蔽者为之溺而不返，放离圣法，因损其真。矫俗之士至欲塞耳闭目，摈不复道。二者皆惑，非所谓明天地之际，通古今之变者也。"（《〈振绮堂丛书〉序》）

八月二十五日，女新午（1894—1981）生。

冬，长子衡恪娶范当世女孝嫦。

宝箴由湖北按察使调直隶布政使，入都觐见，上疏言畿防事宜，命督东征湘军转运，驻天津，及专折奏事。（赵炳麟《陈中丞传》、范当世《故湖南巡抚义宁陈公墓志铭》、陈三立《先府君行状》）先生与子衡恪、寅恪留武昌按察使署中侍母，并延师在家塾教二子读书。"每逢新聘塾师到来，先祖必亲往拜会，并要求塾师对学童不施体罚，不背书。故父叔辈之启蒙学馆生涯，较之同龄辈，远为宽舒愉快，却能自觉攻研，日至精进。"（陈小从《庭闻忆述》，《纪念陈寅恪先生百年诞辰学术论文集》）

中日甲午战争，北洋海军大败。

光绪二十一年（1895），乙未，43 岁。

宝箴擢任直隶布政使，先生侍母留武昌。谭继洵（谭嗣同父，时任湖北巡抚）赠鱼翅、酒及银票五百两，领鱼翅及酒。"一日忽见佣工携鱼翅一榼，酒一瓮并一纸封，启先祖母曰，此礼物皆谭抚台所赠者。纸封内有银票五百两，请查收。先祖母曰：银票万不敢收，鱼翅与酒可以敬领也。谭抚台者，谭复生嗣同丈之父继洵，时任湖北巡抚。曾患疾甚剧，服用先祖所处方药，病遂痊愈。谭公夙知吾家境不丰，先祖又远任保定，恐有必需，特馈重金。寅恪侍先祖母侧，时方五六岁，颇讶为人治病，尚得如此报酬。在童稚心中，固为前所未知。"（陈寅恪《寒柳堂记梦》）

廖树蘅过访，为序其诗。"二月，由上海换江轮返汉口，过江访伯严，留居旧邸，招饮菱湖楼。伯严为予序诗，劝刊行。"（《廖树蘅自订年谱》）

四月，为黄遵宪《人境庐诗草》卷五至卷八作跋云："驰域外之观，写心上之语，才思横轶，风格浑转，出其余技，乃近大家。此之谓天下健者。"又云："奇篇巨制，类在此册。较前数卷自益有进。中国有异人，姑于诗事求之。"（钱仲联《人境庐诗草笺注》）

日军陷我威海卫、刘公岛。五月，中日签订《马关条约》。宝箴痛哭曰："无以为国矣！"历疏陈利害得失，言甚痛。"李公鸿章自日本使还，留天津，群谓且复总督任，府君愤不往见，曰：'李公朝抵任，吾夕挂冠去矣。'人或为李公解，府君曰：'勋旧大臣如李公首当其难，极知不堪战，当投阙沥血自陈，争以生死去就，如是十可七八回圣听。今猥塞责望谤议，举中国之大、宗社之重，悬孤注，戏付一掷。大臣均休戚，所自处宁有是邪？其世所蔽罪李公，吾盖未暇为李公罪矣。'卒不往。"（《先府君行状》）

时先生在武昌侍母，亦致电张之洞，请诛李鸿章。"原电云：'读铣电愈出愈奇，国无可为矣，犹欲明公联合各督抚数人，力请先诛合肥，再图补救，以伸中国之愤，以尽一日之心，局外哀鸣，伏维赐察。三立。'"（黄秋岳《花随人圣庵摭忆》）此电于五月十七日由武昌发，戌刻至江宁。"盖义宁父子，对合肥之责难，不在于不当和而和，而在于不当战而战。以合肥之地位，于国力军力之綦审，明烛其不堪一战，而上迫于毒后仇外之淫威，下劫于书生贪功之高调，忍以国家为孤注，用塞群昏之口，不能以死生争。义宁之责，虽今起合肥于九京，亦无以自解也。"（黄秋岳《花随人圣庵摭忆》）

秋八月，宝箴诏授湖南巡抚。是时湖南旱饥，赤地千里，清廷以为忧，趣宝箴赴任，勿入觐。宝箴遂取海道入长沙，先生随侍。

十月，上海强学会成立，先生与焉。

是年，三女安醴（1895—1927）生。

光绪二十二年（1896），丙申，44 岁。

宝箴抚湘，乃欲以湖南一隅为天下先，创立富强根基，使国家有所凭恃，乃效法日本明治维新，以变法开新治为己任，办时务学堂、武备学堂、算学馆、《湘报》、南学会；整顿湖南政治、经济及文教，一时群贤毕至，湖南风气为之一变。先生参与新政，多所赞划。梁启超、黄遵宪、谭嗣同、江标与焉。

"是年八月，诏授湖南巡抚。……府君以谓其要者在董吏治、辟利原，其大者在变士习、开民智、赖军政、公官权。……既设矿务局，别其目曰官办、商办、官商合办。又设官钱局、铸钱局、铸洋圆局……而时务学堂、算学堂、湘报馆、南学会、武备学堂、制造公司之属，以次毕设。……其他蚕桑局、工商局、水利公司、轮舟公司，以及丈勘沅江涨地数十万亩，皆已萌芽发其端，由是规模粗定。当是时，江君标为学政，徐君仁铸继之，黄君遵宪来任盐法道、署按察使，皆以变法开新治为己任。其士绅负才有志意者复慷慨奋发，迭起相应和，风气几大变。外人至引日本萨摩、长门诸藩以相比，湖南之治称天下，而谣琢首祸亦始此。"（《先府君行状》）

"十月，湖南陈中丞宝箴，江督学标，聘主湖南时务学堂讲席，就之。"（梁启超《三十自述》）

先生随侍其父抚湘，与当时贤士大夫交游，讲学论文，慨然思维新变法，以改革天下。与谭嗣同（壮飞）、吴保初（彦复）、丁惠康（叔雅）有"四公子"之名，而陈、谭之名尤著。

当是时，先生与其父广延四方俊杰之士，襄助新政。"相与剖析世界形势，抨击腐败吏治，贡献新猷，切磋诗文，乐则啸歌，愤则痛哭，声闻里巷，时人称之为'义宁陈氏开名士行'。"（陈小从《庭闻忆述》，见张杰、杨燕丽选编《追忆陈寅恪》）

光绪二十三年（1897），丁酉，45 岁。
正月十一日，五子登恪（1897—1974）生。
春夏之交，为时务时堂事，东游上海、南京。

十一月，江西倡议立学堂，招先生往。

十二月十八日，母黄氏卒，享年66岁。（《诰封一品夫人先妣黄夫人行状》，《散原精舍文集》卷5）

是年，宝箴仍在湘巡任上行新政。德军占胶州湾，沙俄侵占旅顺、大连，宝箴大哭。

光绪二十四年（1898），戊戌，46岁。

先生随侍父宝箴推行新政。张百熙保举二人参与新政，一为康有为，次即先生。（《皮锡瑞日记》）时先生丁母忧，依例丁忧人员不列保荐。"先君苟入京，当与四章京同及于难。可谓不幸中之大幸矣。"（陈寅恪《寒柳堂记梦》）

是年，先生在变法宗旨上与谭嗣同发生分歧。

秋八月六日，戊戌政变，慈禧训政，囚光绪帝于瀛台。康、梁出奔海外。十三日，六君子死难。宝箴以"滥保匪人"被罢免湖南巡抚职。先生一同被革职，一生政治抱负遂尽于此。"光绪二十四年八月壬寅，谕：湖南巡抚陈宝箴，以封疆大吏，滥保匪人，实属有负委任。陈宝箴着即行革职，永不叙用。伊子吏部主事陈三立，招引奸邪，着一并革职。"（《光绪朝东华录·光绪廿四年八月》）

革职前，清廷捕拿文廷式。时文在湘，先生赠三百金，属其速赴上海，廷式由沪游日本，遂得不死。（陈寅恪《寒柳堂记梦未定稿（补）》："戊戌政变未发，即先祖、先君尚未革职以前之短时间，军机处电寄两江总督，谓文式当在上海一带。又寄江西巡抚，谓文式或在江西原籍萍乡，迅速拿解来京。其实文丈既不在上海，又不在江西，而与其夫人同寓长沙。先君既探知密旨，以三百金赠文丈，属其速赴上海。而先祖令发，命长沙县缉捕。长沙县至其家，不见踪迹。复以为文丈在妓院宴席，遂围妓院搜索之，亦不获。文丈后由沪东游日本。"）

　　冬，随父返江西南昌。原拟在九江安家，但托人代为觅宅之事不果。"罢归时原拟在九江安家，乃舟抵埠，方悉前托代为觅宅及其他一切庶务均无头绪。祖父恚甚，一拳击在船窗玻璃上，碎片伤指。事已至此，不得已，只好乘原船改起点南昌。"（陈小从《庭闻忆述》）乃归南昌。初寓居磨子巷，后于西山筑屋三楹，以为归隐计。宝箴取青山字相关属之义，名之曰"崝庐"，又自撰门联："天恩与松菊，人境拟蓬瀛。"（《先府君行状》）西山又名散原山，先生以此为号。"先生既罢官，侍父归南昌，筑室西山下以居。益切忧时爱国之心，往往深夜孤灯，父子相对欷歔，不能自已。"（吴宗慈《陈三立传略》）

光绪二十五年（1899），己亥，47 岁。

　　侍父居南昌崝庐。"光绪二十五年之四月也，吾父既大乐其山水云物，岁时常留崝庐不忍去，益环屋为女墙，杂植梅、竹、桃、杏、菊、牡丹、芍药、鸡冠红、踯躅之属，又辟小坎，种荷蓄倏鱼。有鹤二，犬猫各二，驴一。楼轩窗三面，当西山，若列屏，若张图画。温穆杳蔼，空翠蓊然，扑几塌须眉，帷帐衣履皆掩映黛色。庐右为田家老树十余亏蔽之，入秋叶尽赤，与霄霞落日混茫为一。吾父澹荡哦对其中，忘饥渴焉。"（《崝庐记》）

　　"光绪二十五年中，先祖、先君罢职后，归寓南昌磨子巷。忽接一函，收信人为'前湘抚陈'。寄信人不书姓名，唯作'湘垣缄'。字体工整。启视之，则为维新梦章回体小说之题目一纸，别附七绝数首。其中一段后二句云：'翩翩浊世佳公子，不学平原学太原。'乃用史记平原君传及新旧唐书太宗纪。先母俞麟洲明诗夫人览之，笑曰：'此二句却佳。'此戊戌时，湘人反对新政者，谣喙百端，谓先祖将起兵，以烧贡院为号，自称湘南王。寓南昌时，后有人遗先君以刘伯温烧饼歌钞本一册，以其中有'中有异人自梦归'句，及'六一人不识，山水倒相逢'，暗藏'三立'二字语。"（陈寅恪《寒柳堂记梦未定稿（补）》）

四月，葬母黄夫人于西山下青山之原，墓左预留宝箴生圹。启樏之日，宝箴适落一齿，遂投其中埋之，赋一绝去："一齿先予同穴去，顽躯犹自在人间。青山埋骨他年事，未死还应饱看山。"陈隆恪民国十四年诗《中元日偕闺人婉芬青山展墓宿崝庐》："盘桓布松竹，唾手成蓬瀛。朕诗封蜕齿，瘗鹤依柴荆。"（《陈宝箴集》下）

十月，先生伯父树年长女德龄卒，得年47岁。"自吾母以丁酉腊告终湖南巡抚官廨，明年正月，姊遂于家奔数百里来哭，留数月，吾父得罪免。其冬，携家扶枢浮江绝重湖抵南昌，偕姊行，以余妻及长儿妇皆病。姊又留数月，既葬吾母，余复得病几死，姊又少留至七月始告归。将归，大哭连昼夜，别时遍与家人相向哭，而持吾父裾拜哭尤绝哀不止，取道过吾母墓又往哭焉。未三月，则吾姊以病死矣。姊病气逆累岁，来吾家稍久病徐除而归，竟以死。"（《大姊墓碣表》）

光绪二十六年（1900），庚子，48 岁。

二月，先生仿宋刻《黄山谷内外集》刊印完成，题辞曰："光绪十九年，方侍余父官湖北提刑。其秋，携友游黄州诸山，遂过杨惺吾广文书楼，遍览所藏金石秘籍，中有日本所得宋椠黄山谷内外集，为任渊、史容注。据称不独中国未经见，于日本亦孤行本也。念余与山谷同里，余父又嗜山谷诗，尝憾无精刻，颇欲广其流传，显于世。当是时，广文意亦良厚，以为然。乃从假至江夏，解资授刊人。广文复曰：吾其任督校。越七载而工讫，至其渊源识别，略具于广文昔年所为跋语云。光绪二十六年二月，义宁陈三立题。"

四月，先生挈家移居江宁，初赁屋鸽子桥畔珠宝廊（今建康路），与薛次申对门居，后迁中正街（今白下路）与魏源之孙魏季词为邻。陈宝箴暂留西山崝庐。先生原拟秋后迎父迁居。子寅恪少时多病，先生常自为诊。自此始延西医治病，渐不用中医。（陈寅恪《寒柳堂记梦》）

八国联军围攻北京，局势危急，维新人士发起勤王运动，欲迎慈禧后与光绪帝南下江宁或武昌，迫使慈禧还政光绪。先生与焉，六月十三日有与梁鼎芬密札："读报见电词，乃知忠愤识力犹曩日也。今危迫极矣，以一弱敌八强，纵而千古，横而万国，无此理势。若不投间抵隙，题外作文，度外举事，洞其症结，转其枢纽，但为按部就班，敷衍搪塞之计，形见势绌，必归沦胥，悔无及矣。窃意方今国脉民命，实悬于刘、张二督之举措（刘已矣，犹冀张唱而刘可和也）。顾虑徘徊，稍纵即逝。独居深念，讵不谓然。顷者：陶观察之说词，龙大令之书牍，伏希商及雪澄，斟酌扩充，竭令赞助。且由张以劫刘，以冀起死于万一。精卫之填，杜鹃之血，尽于此纸，不复有云。节厂老弟密鉴，立顿首。六月十三日金陵发。"（《与梁鼎芬密札》，参见汪荣祖《陈寅恪评传》）时梁随銮驾护卫。

六月二十六日，宝箴忽以微疾卒，享年 70 岁。《巡抚府君行状》："二十六年四月，不孝方移家江宁，府君且留崝庐，诚曰：秋必往。是年六月廿六日忽以微疾卒，享年七十。"近来有学者研究认为，宝箴实为慈禧密旨赐死。据宗九奇引戴远传《普之文录》："光绪二十六年（庚子）六月二十六日，先严千总公（名闳炯）率兵弁从巡抚松寿往西山峭庐，宣太后密旨，赐陈宝箴自尽。宝箴北面匍匐受诏，即自缢，巡抚令取其喉骨，奏报太后。"（戴远传《普之文录》，见宗九奇《陈宝箴之死的真相》、刘梦溪《慈禧密旨赐死陈宝箴考实》、叶绍荣《陈寅恪家世》等）

夏，长子（师曾）妇范孝嫦卒于江宁，得年 25 岁。

七月，慈禧用义和团对抗列强，八国联军入北京，慈禧与光绪帝奔西安。

光绪二十七年（1901），**辛丑，49 岁。**

自此年，先生一肆意于诗，《散原精舍诗》始于是年。

定居金陵头条巷，读《天演论》等严复译著，接受启蒙思想。

在家办学堂，延师教读。除四书五经外，设有数学、英文、音乐、绘画等课程。除方便家中子弟外，亲戚朋友家子弟也附学。茅以升兄弟也在其中。先生藏书甚丰，为寅恪诸子打下了坚实的国学基础。（封怀《回忆录》，见蒋天枢《陈寅恪先生编年事辑》）

春，长子衡恪 26 岁，至沪入法国教会学校。

光绪二十八年（1902），**壬寅，50 岁。**

居江宁。

日本教育家嘉纳治五郎来宁考察教育，宴集陆师学堂，先生有诗相赠。

春，次子寅恪随衡恪至沪，欲东渡日本留学。

冬，返南昌谒墓。

是年金陵大水。

光绪二十九年（1903），癸卯，51 岁。

范肯堂时来江宁，间与先生唱和，多身世之感。

由南昌返金陵，路过上海，小住。

十二月二十三日，日俄战争爆发。二十七日，清政府宣布中立。

光绪三十年（1904），甲辰，52 岁。

五月，以本年为慈禧 70 寿辰，戊戌党人除康梁外，皆复原官，但先生始终无意仕进。（陈寅恪《寒柳堂记梦未定稿》）

夏，从张之洞游燕子矶。"甲辰夏，从张文襄游此，回首十四年矣。"（《八月二十一日携儿子寅恪登恪孙封怀买舟游燕子矶遂寻十二洞历其半至三台洞而还》）

八月，文廷式卒于金陵。

秋，经九江赴南昌。

十月二十七日，子隆恪、寅恪考取官费留日，先生至上海送行。在沪期间，与丁惠康、吴保初等酬唱。严复随张翼离沪赴伦敦，对质开平矿局讼事，先生与之自此相识，有诗送之。

十二月，抵南昌西山扫墓。是月十日，范肯堂卒于沪，有诗哭之。

光绪三十一年（1905），乙巳，53 岁。

正月，至南通会葬范肯堂。

秋，返南昌，继至武昌。重九日从张之洞至洪山保通寺饯送梁鼎芬。"伯严在武昌，重九日张文襄招同登高，伯严有诗，末二句云：'作健逢辰领元老，夕阳城郭万鸦沉。'元老自指文襄，文襄批驳领字，谓何以反见领于伯严也。余言伯严早以此事告余，笑文襄说诗之固，领元老岂吾领之哉？"（陈衍《拾遗室诗话》卷18）按，"作健逢辰领元老，夕阳城郭万鸦沉"两句，出自《九日从抱冰宫保至洪山宝通寺饯送梁节庵兵备》。

冬至沪，晤座师陈弢庵（宝琛），筹办南浔铁路。有诗相赠（《赋呈弢庵阁学师》），陈宝琛次韵答之（《次韵答和伯严》）。先生自光绪八年中乡试，与宝琛别已24年。张允侨《闽县陈公宝琛年谱》（光绪三十一年）：（陈宝琛）"到上海晤严几道。……又晤陈伯严，自赣中一别已廿四年，亦丰颐瘦损、白发渐生矣。"继再赴南昌崝庐，返金陵。

本年《国粹学报》在上海创刊，主编为邓实。先生诗文常发表于此刊。

光绪三十二年（1906），**丙午**，54岁。

春，居南京。四月，返南昌上坟，寓崝庐。三月廿九日（4月23日），熊季廉卒于上海。薛次申、顾石公卒，以诗哭之。

是月，袁世凯授意毛庆藩、罗顺循、吴保初等电邀先生北游。四月下旬由武昌乘汽车至保定。闰四月，过天津，继循原路回汉口，登江舟还金陵。五月，抵沪。六月朔返南京。"袁世凯入军机，其意以为废光绪之举既不能成。若慈禧先逝，而光绪尚存者，身将及祸。故一方面赞成君主立宪，欲他日自任内阁首相，而光绪帝仅如英君主之止有空名。一方面欲先修好戊戌党人之旧怨。职是之故，立宪之说兴，当日盛流如张謇郑孝胥皆赞佐其说，独先君窥见袁氏之隐，不附和立宪之说。是时江西巡抚吴重憙致电政府，谓素号维新之陈主政，亦以为立宪可缓办。又当时资政院初设，先君已被举为议员，亦推卸不就也。袁氏知先君挚友署直隶布政使毛实君丈〔庆蕃〕，署保定府知府罗顺循丈〔正钧〕及吴长庆提督子彦复丈〔保初〕，依项城党直隶总督杨士骧寓天津，皆令其电邀先君北游。先君复电谓与故旧聚谈，固所乐为，但绝不入帝城。非先得主君誓言，决不启行。三君遂复电谓止限于旧交之晤谈，不涉他事。故先君至保定后，至天津，归途复过保定，遂南还金陵也。"（陈寅恪《寒柳堂记梦未定稿》）

秋，再至武昌。又以事至九江，与省绅李有棻等创办南浔铁路。因人事废罢。秋末还家。

"会有南昌达九江设铁道之役，父老强起公（李有棻）总其事。……初，江西铁道专纠士民立公司，于海内为创举，公亦稍未谙其向背，乡之人以非隶于官，众可自便，要权利、私干朋、挟无纪，不获则造作讪谤、拒投资者，牵掣排挠，使即于败。……公初颇易之，后乃劳精焦思，吞声含垢，卒以此自戕其生。"（《清故太子少保衔江宁布政使护理总督李公墓志铭》）

"散原督办南浔铁路，恨无献替，则施其薪于金陵刻经处办祇桓精舍。未久，格人事废罢。"（欧阳渐《散原居士事略》）

八月，学部奏派先生为二等咨议官。（《郑孝胥日记》）

光绪三十三年（1907），丁未，55 岁。

夏日，子衡恪、隆恪因暑假自日本还家。

七月十三日与全家照相，写诗纪之。

八月，李有棻因沉船事故卒于九江。"岁丁未八月，舟趋九江视工，雨夜遇他舟，穿沉鄱阳湖中，公遂溺不起。"（《清故太子少保衔江宁布政使护理总督李公墓志铭》）

秋，因病卧床。

是年，子寅恪回国，入复旦公学就读。

光绪三十四年（1908），戊申，56岁。

夏、秋间至沪，晤陈宝琛，留宿洋务局。与郑孝胥等交往。

中秋，患足疾，不出户匝月。

清廷宣布预备立宪以九年为期，颁布《钦定宪法大纲》。

十月二十一日，光绪帝卒，溥仪继位，改元宣统，摄政王载沣监国。次日，慈禧亦卒。

是年，与汤寿潜等发起组织中国铁路公司；同时担任中国公学董事。

宣统元年（1909），己酉，57岁。

仍居南京。

五月，请郑孝胥删定诗集，并请为序。"伯严诗余读至数过，尝有越世高谈、自开户牖之叹。己酉春始欲刊行，又以稿本授余曰：'子其为我择而存之。'余虽亦喜为诗，顾不能为伯严之诗，以为如伯严者，当于古人中求之。伯严乃以余为后世之相知，可以定其文者耶？大抵伯严之作，至辛丑以后，尤有不可一世之概。源虽出于鲁直，而莽苍排奡之意态，卓然大家，未可列之江西社里也。往有钜公与余谈诗，务以清切为主，于当世诗流，每有张茂先我所不解之喻。其说甚正。然余窃疑诗之为道，殆有未能以清切限之者。世事万变，纷扰于外，心绪百态，腾沸于内，宫商不调而不能已于声，吐属不巧而不能已于辞。若是者，吾固知其有乖于清也。思之来也无端，则断如复断，乱如复乱者，恶能使之尽合？兴之发也匪定，则儵忽无见，悄怳无闻者，恶能责以有说？若是者，吾固知其不期于切也。并世而有此作，吾安得谓之非真诗也哉？噫嘻！微伯严，孰足以语此？"（宣统元年刊《散原精舍诗》卷首）

《散原精舍诗》两卷本年由商务印书馆出版，伊立勋隶书题端，卷末附郑序。收集先生1901—1908年诗作共769首。

五月十一日，清廷调端方为直隶总督，张人骏接任两江总督，就职之前由江宁布政使樊增祥署理。后先生曾应张人骏之邀，入两江总督幕府，时间当在宣统元年至宣统三年之间。潘益民《陈方恪先生编年辑事》系于宣统三年（1911），理由是1911年《南洋官报》载先生部分诗词活动，恐不确（潘益民《陈方恪先生编年辑事》）"张安圃督两江以师生之谊，强延先君入幕府，为时亦暂。"（陈隆恪《致吴宗慈书》，转引自张求会《陈寅恪佚文〈吾家与丰润之关系〉试考》）按，张人骏，字千里，号安圃，为张佩纶堂侄，光绪十二年丙戌（1886），先生在京参加会试，张人骏充同考官，以此有师生之名。

夏，至沪，晤八指头陀，有诗赠之。（《沪上遇八指头陀赋诗见诒于灯下和之》）

八月，到九江，夜宿九江铁路局，有"陋于知人心"之慨。（《八月廿一日夜宿九江铁路局楼感赋》）旋至南昌，留七日，调解铁路局纠纷，无果，返宁。（《留南昌七日预乡议无效遂宵别放舟题以纪游》）

秋，三子寅恪毕业于复旦公学，将赴德国柏林大学留学，至沪送之。（《抵上海别儿游学柏灵》）

冬，南京地震。

除夕，座师陈宝琛由沪抵宁。

宣统二年（1910），庚戌，58 岁。

春，回南昌扫墓。清明后三日（4 月 8 日）出发，三月三日（3 月 12 日）至南昌。

秋，长子衡恪自日本回国。赴武昌视黄小鲁疾，抵南昌西山谒墓。

是年，于南京城东青溪上游西岸西华门头条巷筑新宅，名之曰"散原精舍"。"余营新宅金陵青溪旁，居数月而乱作。"（《于乙庵寓楼值汪鸥客出示所写山居图长卷遂以相饷余与乙庵各缀句记之》）其时余明震宅亦在此巷，与先生为邻。

《散原精舍诗》由商务印书馆出版，此为宣统元年商务石印本之再版，郑孝胥题端，其序亦移至卷前。

宣统三年（1911），辛亥，59 岁。

四月，清廷组成皇族内阁。

秋九月，辛亥革命爆发，南京革命军起义，先生避兵乱挈家迁沪，暂居俞明颐寓所，与沈曾植、朱祖谋、沈渝庆、梁鼎芬、樊增祥等交游。"（十月）初七日，陈伯严来，初八日，报言革党已踞狮子山炮台，南京将失守。"（《郑孝胥日记》第 3 册）

十月初七，端方在四川资州为起义新军所杀。端方，字午桥，号陶斋，谥忠敏，河北丰润人。宣统三年起用为川汉、粤汉铁路督办大臣。四川保路运动兴起，端方由湖北率新军前往镇压，被杀。

十一月，孙中山当选临时大总统。

民国元年（1912），壬子，60 岁。

是年全家仍居沪。2 月 12 日，清帝宣布退位。先生怀念

清朝，不肯剪辫。"陈伯严来谈。陈犹辫发，尝至张园，有革
党欲强剪去，伯严叱曰必致若于捕房，囚半年乃释。其人逡巡
逸去。"（《郑孝胥日记》）

正月，初游上海哈同园。与沈曾植、梁鼎芬、郑孝胥、陈
曾寿、沈瑜庆等交游。哈同园为犹太商人欧爱司·哈同与其夫
人罗迦陵所建。又名爱俪园，初建于 1909 年，位置在今南京西
路上海展览中心，后成为在沪遗老游吟之所，敌伪时毁于大火。

严复欲聘先生入京师大学堂任职，辞不受。列入中华民国
联合会。

梁启超主办《庸言》杂志在天津创刊。

秋九月二十一日，60 岁生日。

十月初七，端方遇害一周年，于张园设祭悼之。

冬，释敬安卒，至上海静安寺哭之。

民国二年（1913），癸丑，61 岁。

2 月 25 日，教育部致函严复及蔡元培、王闿运、张謇、
梁启超、章太炎、马良、辜汤生（鸿铭）、钱恂、汪荣宝、沈
曾植、沈曾桐、陈三立、樊增祥、吴士鉴等人，商请编撰国
歌，并附送世界各国国歌译意及原文各一册，以资参考。
（《教育部编纂处月刊》第 1 卷第 3 册，1913 年 4 月）结果，
仅得章太炎、张謇、钱恂、汪荣宝四人回复。先生未复。

春，与李瑞清、樊增祥、郑孝胥、沈瑜庆、陈衍、周树模
等在上海樊园成立超社，年内十余集，诗酒酬和。

春暮，偕家人暂返南京，居散原别墅，留十日返沪。

五月，与俞明震、陈曾寿等人游焦山。

六月，与俞恪士等至杭州游西湖。

九月二十四日，伯母张宜人病卒于义宁，享年 84 岁。张

宜人十几岁嫁先生伯父树年，即长姊德龄之母。先生因避乱不及奔视丧，越四岁乃葬。

冬，再度孤身返金陵旧居。有《留别散原别墅杂诗》十首，纪乱后景象。

是年，长子衡恪（师曾）续妇汪春绮病卒于北京。

民国三年（1914），甲寅，62岁。

仍居沪。

三月，回南昌西山上冢。

回沪后，至辛园晤康有为。

七月十二日，再还金陵散原别墅（《七月十二日还金陵散原别墅雨中遣兴》），留月余返沪。

仲冬，返江宁，有《留别墅遣怀》九首。在宁过阳历年。

本年7月，第一世界大战爆发。孙中山领导中华革命党兴兵讨袁。

民国四年（1915），乙卯，63岁。

元旦，访王伯沆不遇，登扫叶楼。仍返沪渡岁。

正月廿五日，参加逸社第一集。

春，南浔铁路初成。溯江至九江，转南浔乘火车至南昌，抵崝庐谒墓。

夏，挈家自沪还居金陵别墅。

是夏大旱，蝗虫成害，继又暴雨成灾。

12月12日，袁世凯宣布接受"帝位"。15日，封黎元洪为"武义亲王"，黎不受。22日，蔡鄂、唐继尧、李烈钧等宣布拥护共和，反对帝制，25日，宣布云南独立，组织护国军。

民国五年（1916），**丙辰**，64 岁。

二月初八，从下关出发，经九江抵峭庐扫墓。

三月二十五日，盛宣怀卒于沪，年 73 岁。

春末，长女康晦嫁张宗义，为此至沪，留两月。与诗友相聚甚欢。子寅恪随侍。

九月二十一日，64 岁寿辰，与家人合影于南京俞宅竹园。（陈小从《图说义宁陈氏》）二十四日，乘车赴杭州，访陈仁先、俞明震。夜抵南湖俞氏新宅。

十月十九日，携方恪由江宁至沪。

是年，陈叔通执宝箴致陈仁和书札数通，属先生缀其末。（《陈宝箴集》下）

是年《散原精舍诗》由文艺杂志社石印出版。此为初集第三版。

本年，袁世凯宣布为“洪宪元年”。1 月 1 日，中华民国护国军政府成立，发表讨袁檄文。3 月 22 日，袁申令报销承认帝制案。5 月 9 日，孙中山在上海发表《第二次讨袁宣言》，正式提出“三民主义”。6 月 6 日，袁世凯卒。黎元洪就任大总统。

民国六年（1917），**丁巳**，65 岁。

仍居南京。正月初二，南京地震。

春秋间至沪。

八月，携寅恪、登恪、封怀游燕子矶，有长诗纪游。（《八月二十一日携儿子寅恪登恪孙封怀买舟游燕子矶遂寻十二洞历其半至三台洞而还》）

九月二十四日，抵杭州南湖俞明震宅，与朱祖谋、夏敬观、陈曾寿游。经上海返江宁。

是年，沈瑜庆卒。沈瑜庆，沈葆桢子，别号涛园。

本年，胡适在《新青年》第 2 卷第 5 号上发表《文学改良刍议》，征引先生诗："涛园钞杜集，半岁秃千毫。所得都成泪，相过问奏刀。万灵襟不下，此老仰弥高。胸腹回滋味，徐看仆命骚。"评曰："此大足代表今日'第一流诗人'摹效古人之心理也。"7 月 1 日，张勋入京拥清废帝溥仪复辟。各省拥护共和，纷出兵讨张。9 月，孙中山发起"护法运动"。11 月 7 日，俄国爆发"十月革命"。

民国七年（1918），戊午，66 岁。

仍居南京。

三月十五日，瞿鸿机以疾卒，年 69 岁。赴沪吊之。瞿鸿机（1850—1918），字子玖，号止盦，晚号西岩老人，湖南善化人。同治十年进士，官兵部尚书、军机大臣等职。清亡后，与先生多有唱和，有《瞿文慎公诗选》。

立秋日，卧病，弥月方起。子方恪自京回宁省视。时俞明震亦病。

九月初二，沈渝庆卒，年 60 岁。沈渝庆（1858—1917），字志雨，号爱苍，别号涛园。沈葆桢子，曾官江西巡抚，有《涛园诗集》。

冬十二月，妻俞明诗兄俞恪士（明震）卒于杭州，有《哭恪士三首》。

先生晚年，颇有学佛之志。是年，与章太炎、欧阳境无在南京金陵刻经处筹建支那内学院，为作《缘起》。

本年 11 月，第一次世界大战结束。

民国八年（1919）年，己未，67 岁。

正月十七，重访俞恪士故居。

清明，赴西山上冢。

子寅恪至美入哈佛大学，登恪毕业于北京大学，回南京省亲，旋赴法国留学。

本年，五四运动爆发。

民国九年（1920），庚申，68 岁。

仍居南京金陵别墅。暮春，抵上海，与袁思亮、陈诗等游。

四月，仍返宁。

夏，再至沪，继复返宁。

六月十六日，妹胥席曜衡卒于长沙，年 60 岁。席曜衡为席宝田次子。

十一月二日，喻兆藩卒。

民国十年（1921），辛酉，69 岁。

八月，至杭州，十三日会葬俞恪士。中秋后至丁家山访康有为不遇。

是年 10 月，严复卒于福州，有诗挽之。

民国十一年（1922），壬戌，70 岁。

闰五月，至沪，视女康晦疾。

八月，《散原精舍诗》由商务印书馆刊行，初集两卷，续集两卷。续集收录先生 1909—1921 年诗作 1035 首。仍请郑孝胥删定，并为序。

九月二十一日，70 寿辰。沈曾植、冯煦、郑孝胥、诸宗元、夏敬观、姚华等人皆以诗贺寿。“先生志节文章，并负重于当世，宜夫言者词无溢美，受者意可泰然也。”（邵祖平《无尽藏斋诗话》）

秋，与梁启超晤于金陵散原别墅。时梁任教南京东南高师，将北归。欧阳渐（竟无）亦在场。“壬戌，梁任公研唯识学来，尝相聚于散原别墅。一日酒酣，嘘唏长叹。盖散原任公湘事同志，不见二十年，见则触往事而凄怆伤怀也。任公语予：蔡松坡以整个人格相呈，今不复得矣。散原语予：蔡松坡考时务学堂，年十四，文不通。已斥，予以稚幼取之。以任公教力，一日千里，半年大成。今不可复得矣。”“散原问何佛书读免艰苦，任公以《梦游集》语之。散原乃自陈矢，今后但优游任运以待死，不能思索，诗亦不复作也。”（《欧阳竟无集》）

是年，沈曾植卒，得年72岁。

民国十二年（1923），癸亥，71岁。

一月十五日，梁启超在东南大学讲学期满，将北归。临行，特来拜会，先生以诗赠之。

夏六月二十九日，夫人俞明诗卒，得年59岁。“淑人讳明诗，字麟磷州，籍山阴，以父文葆公举京兆，复为宛平人。……初，余侍余父分巡河北，已免前妻罗淑人之丧，归应乡试，道长沙，故人李太守有棻之妻，淑人之从姊也，李传其妻之言曰：‘公子诚续图娶者，无如吾妹贤。’力媒合，于是试后就赘焉，淑人年十八也。……余素不问治生，淑人综烦碎、御艰穷、敛幽忧危苦于痞寐，不以少溷余，余亦相忘与淑人之所历矣。淑人居处温温，终其身无疾言剧色，不解樗博嬉弄事，垂为戒子弟仆妪无敢犯者。余性卞急，喜绳人过，且纵酒，淑人辄婉讽切谏，颇用资捡摄，其得不召祸伤生，由淑人也。壮岁患晕眩，遂成锢疾，然非甚剧，必起治事，模书鼓琴，悠然自遣。凡余所撰著，皆淑人力疾为细楷录副至数十万言。故余丁扰攘污浊之世，往往杜门偃仰，累月不复出，为得淑人相师友。养德性，永天趣，犹有以坚其志而自适其适也。著《神雪馆诗》若干卷。旧说神雪者，列仙琴名，淑人好琴，因取此。"（《继妻俞淑人墓志铭》）

衡恪自大连接家信，驰还南京，亲调汤药，又冲雨市棺，病甚。八月初七，亦卒于南京，得年48岁。女康晦等请先生迁居杭州净慈寺。"余长男衡恪，乳名师曾，遂为字，元妻罗淑人所出也。……既冠，余父母皆弃养，乃走日本留学，卒业于师范高等校。还国，南通州、长沙先后延课学徒。寻入都，充教育部不列为官者，主图书编辑累十年，颇以文艺播士夫间。画笔、镌章印尤为时所推，即海东西诸国类有嗜而购致者。衡恪迂拙守俭素，不解慕声利，往往徒步张盖穿风雪趋吏舍，治事刻厉自苦，谨身而矫俗，其诸弟皆莫及也。岁癸亥盛暑，继母俞淑人寝疾，驰还金陵调药，竟不起。素屧，哀劬触宿痟，又冲雨市棺，寝苫侵地气，病甚，亦卒，距俞淑人之丧逾一月，为八月初七，得年四十有八。当是时，三女怵余以忧死，挟居杭之明圣湖上。嗟呼！死生相保之岁月同尽矣。湖漪岩霭间徒出游魂支皮骨遭而偷娱斯须耳，天穷无告，惨惨终古，果孰为余之死所哉？"（《长男衡恪行状》）

民国十三年（1924），甲子，72岁。

居杭州。

4月，印度诗人泰戈尔访华，至杭州晤先生，并合影。泰氏以自己诗集赠先生，并请先生以《散原精舍诗》相赠。先生曰："您是位世界闻名的大诗人，足以代表贵国，我却不敢代表我国。"诗集终未送成。（《晨报》1924 年 4 月 23 日第 6 版，转引自陈小从《图说义宁陈氏》）"泰戈尔来游吾国，曾偕徐志摩特访先君于杭州，两人同摄一影。"（陈隆恪 1943 年 3 月《致吴宗慈函》）

七月初九，友毛庆藩卒于苏州，得年 79 岁。"公于三立之交，相摩以道义，相输以肝胆，规我之过，警我之顽，诱掖我，爱护我，终始数十年如一日，平生所兄事，引为畏友，盖无以逾公云。"（《清故护理陕甘总督甘肃布政使毛公墓志铭》）

是年，郑孝胥奏废帝溥仪请召见先生，先生未行。"入内，奏请召见陈三立，上许之。"（《郑孝胥日记》民国十三年六月廿四日）"入内，召见，奏陈三立俟秋凉来京。"（《郑孝胥日记》）

9 月 3 日，江浙军阀战争爆发。第二次直奉战争爆发。冯玉祥发动北京政变。11 月，驱逐溥仪出宫。

民国十四年（1925），乙丑，73 岁。

仍居杭州，养病西湖净慈寺。

秋，康有为至丁家山，过访先生不遇，复馈盆菊池鱼，先生以诗相酬。

十月十八日（12 月 3 日），葬妻俞氏、长子衡恪于杭州牌坊山之原。

是年 3 月 12 日，孙中山在北京逝世。7 月，中华民国国民政府成立。

民国十五年（1926），丙寅，74 岁。

仍居杭。

秋七月，子寅恪至北京，任清华学校国学研究院教授。

初冬，孙传芳部战败，溃兵入杭，先生避兵至沪，居虹口唐山路，与王雪澄、朱祖谋唱和，人称"虹口三老"。隆恪携家随侍。

是年，《散原精舍诗集》由商务印书馆刊行，此为民国十一年版本之再版。

本年 7 月，蒋介石就任国民革命军总司令，国民革命军出师北伐。

民国十六年（1927），丁未，75 岁。

居上海。

二月二十八日（3 月 21 日），康有为卒于青岛，年 70。

夏五月初三（6 月 2 日），国学大师海宁王观堂国维自沉昆明湖，终年 51 岁。子寅恪为王氏好友，撰《王观堂先生挽词》。先生亦有联挽之曰："学有偏长，与乾嘉诸老相抗；死得其所，挟鲍屈孤愤同归。"（《王忠悫公哀挽录》）

初夏，幼女安醴病逝于上海，年 32 岁，葬于上海公墓。"安姑（指安醴）幼年时就许给了四川薛家……两家虽结秦晋之好，但方处髫龄之安姑却有抵触情绪，她听不得一个'薛'字，一听就大哭，就连与'薛'字音近之'雪'字，家人也得避讳。……安姑结婚后，终日郁郁寡欢。""她去世那年，刚满 32 岁。"（陈小从《图说义宁陈氏》）

是年 4 月 12 日，蒋介石在上海发动"四·一二"政变。18 日，南京国民政府成立。8 月 1 日，中共南昌起义。

民国十七年（1928），戊辰，76 岁。

秋七月十七日，子寅恪与唐晓莹在沪结婚。寅恪未娶时，先生曾累加催促，尝厉声曰："尔若不娶，吾即代尔聘定。"寅恪乃请稍缓，先生许之。"乃至清华，同事中偶语及：见女教师壁县一诗幅，末署'南注生'。寅恪惊曰：'此人必灌阳唐公景崧之孙女也。'……未几，遂定偕老之约。"（陈寅恪《寒柳堂记梦未定稿（补）》）唐晓莹生三女：流求、小彭、美延。

是年夏，国民党军队进入北京，改北京为北平。

民国十八年（1929），己巳，77 岁。

仍居沪。

1 月 19 日，梁启超病逝于北京，得年 57 岁。

十月二十一日，乘舟迁居庐山牯岭，赁屋居住。子隆恪夫妇及孙女小从随侍。

民国十九年（1930），庚午，78 岁。

三月二十一日，女新午、婿俞大维携子赴柏林，有诗送之。徐悲鸿偕夫人蒋碧薇来游牯岭，与先生登鹞鹰嘴，并为先生写照。同月，子登恪由武昌来牯岭相聚。

四月，由牯岭新居迁至松树林新宅（《首夏移居松树林新宅》）。新宅为隆恪用江西省教育厅偿还寅恪留德时欠寄官费款购置，占地面积 170 平米。初无名，后先生题刻"虎守松门"四字于宅前巨石，遂名之曰"松林别墅"。隆恪于别墅二楼辟一室，名"同照阁"。

七月十三日，携子隆恪、登恪访琴志楼，有诗纪之。十七日，诗友余肇康卒，得年 77 岁。余肇康，字尧衢，号敏斋，晚号倦知老人，湖南长沙人。

八月，游王家坡瀑布，刻石记之，曰："憩石挹飞泉"、"洗龙碧海"。

十月，离庐山避寒，寓九江桑树岭。隆恪全家随侍。

《散原精舍诗》编年至此终。

民国二十年（1931），辛未，79岁。

五月，欲避暑北平，途中不适，返居牯岭。"辛未夏，散原避暑北平。升车，将发，忽不适，而住庐山。予《叙涅盘》久不成，乃亦住庐山，月余而就。稿甫脱，亟视散原，悲鸿次彭俱在，距跃无已。散原翌日造予，邀游黄龙观双树。予献诗曰：'剩有婆娑一散原，天工鬼使滞征辕。才探《般涅盘经》秘，便示婆罗双树痕。散木斧斤终莫夭，至人渊嘿总无言。黄花翠竹都饶笑，秀北能南两弗谖。'散原曰：永矢勿谖也。自后一晤于支那内学院而住北平，遂不复见。寄余书曰：住北平，终日不出户庭，寂坐如枯僧。"（欧阳渐《散原居士事略》）

是年夏，江西吴宗慈亦上庐山牯岭创办南昌采矿公司牯岭转运公司，得以结识先生。先生创议重修《庐山志》，命吴主其事。

"民十九年，余寄寓牯岭。翌岁，先生亦以避暑至，遂得昕夕过从，亘三载，讲学论世，亲聆声叹，大遂平生之愿，时先生近八旬，余亦垂垂老矣。先生创议重修《庐山志》，命余主其事。商志例，先生主应注重科学。论撰志文体，先生以风会不同，文体亦异，应旧从其旧，新从其新。志成，先生为点定，顾余曰：'斯作亦可空前矣。'"（吴宗慈《陈三立传略》）

是岁曾游龙潭，赏其幽邃。"闻欧阳竟无大师谈：陈散原先生性渊默，寡言笑，高年而步履甚健，登山临水，终日不疲。民国二十年，曾游匡庐龙潭，散原赏其幽邃。大师请选石为书'散潭'刻之，以易其名，先生谢未遑也。"（徐一士《一士类稿》）

居庐山以来，吟就各体诗百余首，汇成一卷，请姻亲张劼庄（张觐珖，字鹏霄，号劼庄，张国焘之父）用楷书缮写庐山诗作石印，名《匡庐山居诗》，分赠亲友。收诗始于《己巳十月别沪就江舟入牯岭新居》，终于《庚午十月朔别庐山》，后收入《散原精舍诗别集》。（陈小从《图说义宁陈氏》）

9月，日军制造九一八事变。

是年《散原精舍诗》由商务印书馆出版，初集两卷，续集两卷，别集一卷。别集收录 1922—1931 年诗作 311 首。

民国二十一年（1932），壬申，80 岁。

一月，日寇占上海闸北。三月，溥仪伪满洲国由日人操纵在长春市成立，郑孝胥出任总理。

居庐山牯岭，闻日人占上海，日夕不宁。"于邮局定阅航空沪报，每日望报至，至则读，读竟，则愀然若有深忧。一夕忽梦中狂呼杀日本人，全家醒。"（吴宗慈《陈三立传略》）

春正月，撰《花径景白亭记》。

7月，被征参加国难会议，先生未与。"在'九·一八'事变发生之二百九十日以后，洛阳召开国难会议……当时被征而未赴会之会员，有最可注意之数人，如诗人陈散原先生、大经师章太炎先生，及段芝泉、吴子玉、熊秉三诸氏。"（张慧剑《辰子说林》）

夏，子登恪在松门别墅与贺黔云完婚。

九月二十一日，八十大寿。亲友赴庐山祝之，陈宝琛亦寄诗贺寿。诗云："平生相许后凋松，投老匡山第几峰？见早至今思曲突，梦清特地省闻钟。真源忠孝吾犹敬，余事诗文世所宗。五十年来彭蠡月，可能重照两龙钟？"（陈宝琛《沧趣楼诗集》）首句本事在壬午闱中。时宝琛为主考官，以"岁寒然后知松柏之后凋"命题，入毂者多知名士，先生与焉。"平生相许后凋松"，五十年往事重提也。先生读之曰："吾师正念我。"（李渔叔《鱼千里斋随笔》）

时蒋介石亦在庐山，献巨额寿金，先生不受。张元济诗："衔杯一笑却千金，未许深山俗客临。"注云："君隐居庐山数年，八十生日时帅有献千金为寿者，峻拒不纳。余同居山中，时相过从。"（据陈隆恪诗、陈小从及张元济子张树年《我的父亲张元济》）

民国二十二年（1933），癸酉，81岁。

三月，吴宗慈《庐山志》成稿，为撰《庐山志序》。

是年夏，在庐山参加"万松林诗会"，盛极一时。

秋，寅恪夫妇接先生离庐山，暂留南京。在宁知交好友重阳节集于清凉山扫叶楼，为先生接风，参加者六十余人，得诗八十余首，编成《癸酉九日扫叶楼登高诗集》。（刘经富《义宁陈氏与庐山》）旋乘火车至北平，居西四牌楼姚家胡同三号。时寅恪任教清华，每周五进城与老父团聚。先生离开庐山原因，或以为患癃闭之疾（前列腺炎），庐山医疗卫生条件较差之故。

是年，黄节持诗稿《蒹葭楼诗》求正于先生，先生读后叹服。

民国二十三年（1934），甲戌，82岁。

居北京姚家胡同。晤座师陈宝琛于北平，执弟子礼。宝琛时年87岁。"幡然二老，聚首旧都，共话畴曩，盖欢然亦复黯然。"（《一士类稿》）

民国二十四年（1935），**乙亥，83 岁。**

二月朔，座师陈宝琛卒于北京，享年 88 岁。先生挽之曰："沆瀣之契，依慕之私，幸及残年赏小聚；运会所遭，辅导所系，务攄素抱见孤忠。"

秋，与诸子游北平西郊八大处，连叹曰："国耻！"

十二月，齐白石为先生写照，不收润笔，以报先生长子师曾知遇之恩。（陈小从《图说义宁陈氏》）

民国二十五年（1936），**丙子，84 岁。**

作为旧文学的代表，被邀请赴伦敦国际笔会，以年迈不果行。（郑逸梅《艺林散记》）

是年，《散原精舍诗》由商务印书馆出版。其中《别集》补入 1931—1935 年诗作 14 首。

民国二十六年（1937），**丁丑，85 岁。**

7 月 7 日，日军陷北平，卢沟桥事变发生。抗日战争开始。

日军既入北平，欲招致先生，说者日环伺其门。先生终日忧愤，疾发，拒不服药。八月初十（9 月 14 日）去世。享年 85 岁。

"二十六年丁丑七月，日寇发难于芦沟桥，平津寻沦陷。先生忧愤，疾发拒不服药，十一月弃世，年八十五岁。寝疾时，辄以战讯为问。有谓中国终非日本敌，必被征服者，先生愤然斥之曰：'中国人岂狗彘不若，将终帖然任人屠割耶？'"（吴宗慈《陈三立传略》）

"二十六年秋，倭陷北平，欲招致先生，游说百端，皆不许。诇者日伺其门，先生怒呼庸媪操彗帚逐之。因发愤不食五

日死。"（《汪旭初先生遗集·义宁陈伯严丈挽诗》自注）

"七七事变，北京沦陷。八十五岁的老父亲因见大局如此，忧愤不食而死。"（陈寅恪《第七次交代底稿》）

隆恪等刊登讣告云："祖考伯严府君殁于国历九月十四酉时寿终平寓正寝。哀此报闻。承重孙陈封可，孤哀子隆、寅恪，方、登恪泣血稽颡。"（1937 年 9 月 18 日《申报》，上海书店 1985 年缩印本）

先生殁后，隆恪、寅恪、方恪、登恪等编定先生所为文为《散原精舍文集》17 卷，1949 年由中华书局出版。诸子识语云："先君于光绪八年壬午乡举后，丙戌会试中式。是年未应殿试，己丑成进士，以主事分吏部行走。未几即引去，嗣侍先祖中丞公湘抚任内，锐行新政，网罗人才，多所赞画。戊戌政变，中丞公获谴，先君亦坐是革职。庚子回銮，诏与先祖一并开复原官。宣统初年，迭征不出，一意肆力诗古文辞，遂为世所宗仰。先君壮岁所为文，多与湘阴郭筠仙侍郎嵩焘、湘潭罗顺循提学正钧辈往复商榷，故去取独谨。今集编次，率依年手订，其所未载者，除经乱散失外，胥列入别集待刊。男隆恪、寅恪、方恪、登恪敬识。"

因战火频仍，先生灵柩暂厝于北平长椿寺。卒后 11 年（1948），始归葬于杭州西湖九溪十八涧之牌坊山。

主要参考文献

一 著作

陈三立著，李开军校点：《散原精舍诗文集》（上、下），上海古籍出版社 2003 年版。

陈三立著，潘益民、李开军辑注：《散原精舍诗文集补编》，江西人民出版社 2007 年版。

陈三立著，钱文忠标点：《散原精舍文集》，辽宁教育出版社 1998 年版。

马卫中、董俊珏：《陈三立年谱》，苏州大学出版社 2010 年版。

刘纳选编：《陈三立：传记、作品选》，文史出版社 1998 年版。

汪叔子、张求会编：《陈宝箴集》（上、中、下），中华书局 2003 年版。

陈寅恪：《陈寅恪集》，三联书店 2001 年版。

陈寅恪著，刘桂生、张步洲编：《陈寅恪学术文化随笔》，中国青年出版社 1996 年版。

蒋天枢：《陈寅恪先生编年事辑》（增订本），上海古籍出版社 1997 年版。

北京大学中国中古史研究中心编：《纪念陈寅恪先生诞辰

百年学术论文集》，北京大学出版社 1989 年版。

陈小从：《图说义宁陈氏》，山东画报出版社 2004 年版。

汪荣祖：《陈寅恪评传》，百花洲文艺出版社 1992 年版。

刘以焕：《一代宗师陈寅恪：兼及陈氏一门》，重庆出版社 2001 年版。

胡迎建：《一代宗师陈三立》，江西高校出版社 2005 年版。

刘克敌：《陈寅恪与中国文化》，上海人民出版社 1999 年版。

叶绍荣：《陈寅恪家世》，花城出版社 2001 年版。

王永兴编：《纪念陈寅恪先生百年诞辰学术论文集》，江西教育出版社 1994 年版。

陆键东：《陈寅恪的最后二十年》，三联书店 1995 年版。

张杰、杨燕丽编：《追忆陈寅恪》，社会科学文献出版社 1999 年版。

潘益民：《陈方恪先生编年辑事》，中国工人出版社 2005 年版。

潘益民：《陈方恪年谱》，江西出版集团 2007 年版。

陈隆恪：《同照阁诗集》，中华书局 2007 年版。

赵尔巽、柯劭忞等：《清史稿》，中华书局 1976 年版。

［美］费正清编：《剑桥中国晚清史（1800—1911）》，中国社会科学院历史研究编译室编译，中国社会科学出版社 1985 年版。

高阳：《清末四公子》，华夏出版社 2004 年版。

梁启超：《饮冰室合集》，中华书局 1989 年版。

梁启超：《清代学术概论》，天津古籍出版社 2003 年版。

康有为著，舒芜、陈迩冬、王利器选注：《康有为选集》，人民文学出版社 2004 年版。

严复：《严复集》（全五卷），中华书局 1986 年版。

严复著，王宪明编：《严复学术文化随笔》，中国青年出版社 1999 年版。

孙应祥：《严复年谱》，福建人民出版社 2003 年版。

严复译：《天演论》，科学出版社 1971 年版。

张之洞：《劝学篇》，华夏出版社 2002 年版。

章炳麟：《訄书》，华夏出版社 2002 年版。

郑观应：《盛世危言》，华夏出版社 2002 年版。

郑孝胥：《海藏楼诗集》，上海古籍出版社 2003 年版。

郑孝胥：《郑孝胥日记》，中华书局 1993 年版。

郭嵩焘：《郭嵩焘日记》，湖南人民出版社 1981—1983 年版。

郭嵩焘：《郭嵩焘诗文集》，岳麓书社 1984 年版。

黄遵宪著，钱钟联笺注：《人境庐诗草》，中国青年出版社 2000 年版。

汪辟疆：《光宣以来诗坛旁记》，辽宁教育出版社 1998 年版。

汪辟疆：《汪辟疆说近代诗》，上海古籍出版社 2001 年版。

张慧剑：《辰子说林》，上海书局出版社 1997 年版。

陈衍：《陈衍诗论合集》，福建人民出版社 1999 年版。

陈衍：《石遗室诗话》，辽宁教育出版社 1998 年版。

陈衍选辑：《近代诗钞》，商务印书馆 1935 年版。

钱基博：《近代中国文学史》，岳麓书社 1986 年版。

钱仲联主编：《近代文学大系》，上海书店 1991 年版。

钱仲联主编：《近代诗钞》，江苏古籍出版社 2001 年版。

钱仲联主编：《清诗纪事》光宣朝卷，江苏古籍出版社1989年版。

钱钟书：《石语》，中国社会科学出版社1996年版。

钱钟书：《谈艺录》（补订本），中华书局1984年版。

胡适：《胡适文存》，北京大学出版社1998年。

［美］宇文所安：《他山的石头记》，田晓菲译，江苏人民出版社2003年版。

刘纳：《嬗变：辛亥革命时期至五四时期的中国文学》，中国社科出版社1998年版。

严迪昌：《清诗史》，浙江古籍出版社2002年版。

郭延礼：《中西文化碰撞与近代文学》，山东教育出版社1999年版。

陈子展：《中国近代文学之变迁·最近三十年中国文学史》，上海古籍出版社2000年版。

［日］吉川幸次郎：《中国诗史》，复旦大学出版社2001年版。

莫砺锋：《江西诗派研究》，齐鲁书社1986年版。

程亚林：《近代诗学》，湖南人民出版社2000年版。

刘世南：《清史流派史》，人民文学出版社2004年版。

游国恩等编：《中国文学史》，人民文学出版社1964年版。

章培恒、骆玉明主编：《中国文学史》，复旦大学出版社1997年版。

张炯主编：《中华文学发展史·近世史》，长江文艺出版社2003年版。

钱仲联：《梦苕庵清代文学论集》，齐鲁书社1983年版。

时萌：《中国近代文学论稿》，上海古籍出版社1986

年版。

袁进：《近代文学的突围》，上海人民出版社 2001 年版。

袁进：《中国文学观念的近代变革》，上海社会科学院出版社 1996 年版。

袁进：《中国文学的近代变革》，广西师范大学出版社 2006 年版。

马卫中、张修龄：《近代诗论丛》，安徽文艺出版社 1995 年版。

胡晓明主编：《近代上海诗学系年初编》，上海教育出版社 2003 年版。

李金涛：《艰难的突围：中国近代诗歌转型论》，中国文联出版社 2002 年版。

郭延礼：《中国近代文学发展史》，山东教育出版社 1991 年版。

朱文华：《风骚余韵论——中国现代文学背景下的旧体诗》，复旦大学出版社 1998 年版。

陈植锷：《诗歌意象论》，中国社会科学出版社 1990 年版。

袁伟时：《帝国落日：晚清大变局》，江西人民出版社 2003 年版。

李喜所主编：《梁启超与近代中国社会文化》，天津古籍出版社 2005 年版。

王玉华：《多元视野与传统的合理化——章太炎思想的阐释》，中国社会科学出版社 2004 年版。

汪荣祖：《走向世界的挫折——郭嵩焘与道咸同光时代》，岳麓书社 2000 年版。

钟离蒙、杨凤麟编：《中国现代哲学史资料汇编》，辽宁大学哲学系 1982 年版。

余英时：《现代儒学新论》，上海人民出版社 1998 年版。

余英时：《现代儒学的回顾与展望》，三联书店 2004 年版。

余英时：《现代危机与思想人物》，三联书店 2005 年版。

余英时：《文史传统与文化重建》，三联书店 2004 年版。

余英时：《中国思想传统的现代诠释》，江苏人民出版社 2003 年版。

杜维明：《东亚价值与多元现代性》，中国社会科学出版社 2001 年版。

昌切：《清末民初的思想主脉》，东方出版社 1999 年版。

殷海光：《中国文化的展望》，中国和平出版社 1988 年版。

金耀基：《从传统到现代》，中国人民大学出版社 1999 年版。

喻大华：《晚清文化保守思潮研究》，人民出版社 2001 年版。

胡逢祥：《社会变革与文化传统：中国近代文化保守主义思潮研究》，上海人民出版社 2000 年版。

汪林茂：《晚清文化史》，人民出版社 2005 年版。

夏晓虹：《晚清社会与文化》，湖北教育 2001 年版。

葛兆光：《中国思想史》，复旦大学出版社 2001 年版。

钱穆：《中国文化史导论》，商务印书馆 1994 年版。

李泽厚：《中国思想史编》，安徽文艺出版社 1999 年版。

王尔敏：《中国近代思想史论》，社会科学文献出版社 2003 年版。

王尔敏：《中国近代思想史论续集》，社会科学文献出版社 2005 年版。

郑大华、邹小战：《思想家与近代中国思想》，社会科学文献出版社 2005 年版。

汪晖：《现代中国思想的兴起》，三联书店 2004 年版。

丁三青：《现代性与近代中国》，中国矿业大学出版社 2000 年版。

龚鹏程：《近代思想史散论》，台湾东大图书公司 1991 年版。

王义军：《审美现代性的追求》，上海文艺出版社 2003 年版。

户晓辉：《现代性与民间文学》，社会科学文献出版社 2004 年版。

杨联芬：《晚清至五四：中国文学现代性的发生》，北京大学出版社 2003 年版。

王一川：《中国现代性体验的发生》，北京师范大学出版社 2001 年版。

刘禾：《语际书写——现代思想史写作批判纲要》，上海三联书店 1999 年版。

陈晓明编：《现代性与中国当代文学转型》，云南人民出版社 2003 年版。

王晓明主编：《二十世纪中国文学史论》（修订本），东方出版中心 2003 年版。

汪晖：《死火重温》，人民文学出版社 2000 年版。

汪晖：《汪晖自选集》，广西师范大学出版社 1997 年版。

汪晖、陈燕谷编：《文化与公共性》，三联书店 2005 年版。

吴冠军：《多元的现代性——从 9·11 灾难到汪晖"中国

的现代性"论说》，上海三联书店 2002 年版。

刘小枫：《现代性社会理论绪论：现代性与现代中国》，上海三联书店 1998 年版。

高力克：《求索现代性》，浙江大学出版社 1999 年版。

夏光：《东亚现代性与西亚现代性》，广西师范大学出版社 2005 年版。

王岳川：《全球化与中国》，山东友谊出版社 2002 年版。

王岳川：《发现东方：西方中心主义走向终结和中国形象的文化重建》，北京图书馆出版社 2003 年版。

中共中央党校第十九期中青班文化问题课题组：《全球化背景下中国文化竞争力研究》，中国时代经济出版社 2004 年版。

王宁编：《全球化与文化：西方与中国》，北京大学出版社 2002 年版。

［美］本杰明·史华慈：《求寻富强：严复与西方》，叶凤美译，江苏人民出版社 1996 年版。

［美］张灏：《梁启超与中国思想的过渡（1890—1907）》，江苏人民出版社 1995 年版。

［美］柯文：《在传统与现代之间——王韬与晚清改革》，江苏人民出版社 2003 年版。

［美］柯文：《在中国发现历史——中国中心观在美国的兴起》（增订本），林同奇译，中华书局 2002 年版。

［美］艾恺：《世界范围内的反现代化思潮——论文化守成主义》，贵州人民出版社 1991 年版。

［德］马克斯·韦伯：《儒教与道德》，洪天富译，江苏人民出版社 1995 年版。

［日］柄谷行人：《日本现代文学的起源》，三联书店

2003 年版。

［英］汤因比：《历史研究》（修订插图本），刘北成、郭小凌译，上海人民出版社 2000 年版。

［法］米歇尔·福柯：《福柯集》，上海远东出版社 2003 年版。

谈瀛洲译：《后现代性与公正游戏——利奥塔访谈、书信录》，上海人民出版社 1997 年版。

［法］利奥塔：《后现代状态：关于知识的报告》，三联书店 1997 年版。

［美］本尼迪克特·安德森：《想象的共同体——民族主义的起源与散布》，吴叡人译，世纪出版集团 2003 年版。

［英］吉登斯：《现代性的后果》，译林出版社 2000 年版。

［德］哈贝马斯：《现代性的哲学话语》，曹卫东译，译林出版社 2004 年版。

中国社会科学院哲学研究所编：《哈贝马斯在华讲演集》，人民出版社 2002 年版。

［法］弗朗兹·法农：《黑皮肤，白面具》，万冰译，译林出版社 2005 年版。

［美］塞缪尔·亨廷顿、彼得·伯杰主编：《全球化的文化动力》，康敬贻、林振熙、柯雄译，新华出版社 2004 年版。

［德］卡尔·曼海姆：《保守主义》，李朝晖、牟建君译，译林出版社 2002 年版。

［英］罗杰·斯克拉顿：《保守主义的含义》，王皖强译，中央编译出版社 2005 年版。

［美］爱德华·W. 萨义德：《东方学》，王宇根译，三联书店 1999 年版。

［英］巴特·穆尔－吉尔伯特等编撰：《后殖民批评》，北

京大学出版社 2001 年版。

[英] 特里·伊格尔顿:《后现代主义的幻象》,华明译,商务印书馆 2000 年版。

二 期刊（报纸）论文

郭延礼:《散原诗论》,《山东大学学报》1995 年第 3 期。

刘纳:《陈三立:最后的古典诗人》,《文学遗产》1999 年第 6 期。

康文:《陈三立诗歌简论》,《福建省社会主义学院学报》2003 年第 1 期。

胡晓明:《散原论诗诗二首释证》,《华东师范大学学报》2000 年第 11 期。

胡晓明:《义宁陈氏之"变"论》,《文汇读书周报》2000 年 11 月 4 日。

张求会:《义宁陈氏诗歌初探》,《华南师范大学学报》1999 年第 2 期。

张求会:《散原精舍文杂说》,《江汉论坛》2000 年第 4 期。

张求会:《义宁陈氏诗歌初探》,《华南师范大学学报》1999 年第 2 期。

张求会:《义宁陈氏的"文化保守主义"情结》,《寻根》2001 年第 5 期。

张求会《"陈学"研究中的几类不良倾向》,《九江师专学报》2000 年第 2 期。

张求会:《陈三立丙戌"未应殿试"考辩》,《文献》1996 年第 3 期。

张求会:《陈三立与谭嗣同》,《近代史研究》1996 年第

3 期。

邓小军：《陈三立的政治思想》，《原道》（第 5 辑），贵州人民出版社 1999 年版。

胡迎建：《论陈三立政治思想的三个阶段》，《南昌大学学报》2000 年第 10 期。

刘克敌、刘经富：《"圣人所以为圣人，中国所以为中国"——谈陈寅恪关于中国文化之家族》，《世纪中国》2001年 7 月。

闵定庆、邓耀东：《论陈三立的儒学史观》，《九江师专学报》2003 年第 1 期。

郑彧文：《散原"袖手"别说》，《九江师专学报》1995年第 1 期。

余建明：《论郭嵩焘对"人心风俗"的关注》，《太原教育学院学报》（增刊）2002 年 6 月。

李善峰：《在价值理性与工具理性之间——文化保守主义思潮的历史评判》，《学术界》1996 年第 1 期。

钱中文：《文学理论现代性问题》，《文学评论》1999 年第 2 期。

马克锋：《全盘西化思潮与近代文化激进主义》，《天津社会科学》2005 年第 2 期。

郑大华：《西化思潮的历史考察》，《湖南师范大学社会科学学报》2005 年 3 月。

吴展良：《严复〈天演论〉作意与内涵新诠》，《台大历史学报》1999 年第 24 期。

李善峰：《在价值理性与工具理性之间——文化保守主义的历史评判》，《学术界》1996 年第 1 期。

袁洪亮：《论郭嵩焘的"人心风俗"思想》，《云梦学刊》

2003 年 5 月。

　　闵定庆：《生命的尊严与卑微——江州义门陈氏家规读后》，《东方文化》2001 年第 1 期。

　　摩罗：《冷硬与荒寒：中国当代文学的基本特征》，《南方文坛》1999 年第 1 期。

　　哈贝马斯：《信仰·知识·开放》，《读书》2001 年第 11 期。

　　龙泉明：《现代性与现代主义》，《文艺研究》1998 年第 1 期。

　　周宪：《审美现代性与日常生活批判》，《哲学研究》2000 年第 11 期。

　　王富仁：《当前中国现代文学研究中的若干问题》，《中国现代文学研究丛刊》1996 年第 2 期。

　　郭延礼：《"诗界革命"的起点、发展其及评价》，《文史哲》2000 年第 2 期。

　　赵萍：《诗界革命》，《信阳师范学院学报》2003 年第 2 期。

后　记

2004 年初春，我因种种原因告别了学习、工作十二年之久的兰州，来到上海，进入上海大学文学院攻读博士学位。在导师袁进教授的指导下，我决定以陈三立作为我毕业论文选题。这对我来说是一个巨大的挑战，因为我踏入的是我几乎从未涉足的研究领域。更何况，从手拿话筒的记者，到埋头书斋的学生、研究者，对我来说也是人生的一大转折。现在看来，研究陈三立是一次艰难但却充满了乐趣的学术之旅。初始时的茫然无绪，写作过程中的艰辛困难，思考过程中偶有所得的欢欣快乐，都成为值得反复回味的人生经历。在我阅读和研究的过程中，陈三立这位原本似乎面目模糊的文化保守主义者、维新志士、"同光体"诗人，在我面前逐渐清晰起来：倔强、顽固，但又不乏开明的思想，对灾难深重的祖国有着赤子般的挚爱，对传统文化有着宗教信徒般的虔诚，甚至在许多地方显得有些可爱。于是，就有了这样一本显得还不是那么完美的成果。

感谢业师袁进教授在指导我研究过程中付出的种种努力。没有他的谆谆教诲和悉心指导，本文不可能按时完成。先生学问精深，治学严谨，高尚的人品和学品对我来说都是一笔宝贵的精神财富。本书中的许多观点，实际上来自袁先生，这是我永远难以忘怀的。上海大学文学院的王晓明教授、王鸿生教授、王光东教授、蔡翔教授、葛红兵教授、陈晓兰副教授，复旦大学中文系的黄霖教授、朱立元教授，上海师范大学文学院的曹旭教授，华东师范大学文学院的胡晓明教授、杨扬教授，上海市社科院文学研究院的陈伯海研究员，江西社科院的胡迎建研究员等学界前辈，在本书的构思和写作、修改的过程中提出了中肯的意见和有益的建议；江苏省公安厅的潘益民先生、苏州大学的马卫中教授曾无私赐书相助，在此一并表示感谢！

　　我要特别感谢多年来默默地深爱我、支持我的父亲和已在天国的慈母，以及一直鼓励我、支持我的妻子常立霓博士。是他们给我了克服困难、不断前进的勇气和力量。

　　本书受到上海市教育委员会科研创新项目（项目编号：08YS132）资助，特此表示感谢。

　　由于本人水平有限，书中错误、疏漏之处在所难免，敬祈读者指正。

杨剑锋

2010 年 12 月 3 日